인가대 총서 23 / 교부학 1

# 초월($\Delta\theta$), 흔적(vestigium)을 통해 바라보다

정승익 지음

인천가톨릭대학교 출판부

# 차 례

들어가는 말 ················································· 8

## 1. 삼위일체론의 시작 ································· 10

1) 인간의 초월적 특성 ······························· 10
  (1) 문제제기 - 초월에 관한 딜레마 ············ 10
  (2) 작가와 작품의 관계를 통한 유비-분유(partecipatio) ······ 12
  (3) 걸작품으로서의 인간 ······················· 15
  (4) 내 머릿속의 발자국 ························ 19

2) 하느님 모상과 로고스 그리스도론 ············· 23
  (1) 하느님을 수용할 수 있는 능력, capax Dei ········ 25
  (2) 익명의 그리스도인 ························· 28
  (3) 모상(imago)의 관계성 ······················· 32
    ① 모상과 유사함의 차이(ad imaginem et similitudinem) ······ 32
    ② 모상, 하느님과의 관계성의 완성 ··········· 38

## 2. 오리게네스: 의식 현상학을 통한 삼위일체론 ······ 43

1) 태양의 비유 ····································· 44

2) 의식 현상학적 분석(analogia psicologica)의 시초 ·········· 47
  (1) 의식 현상학 구조: '생각하는 나'와 '생각의 대상이 되는 나' ···· 47
  (2) 생각의 주체로서의 '정신'과 그 작용으로서의 '의지' ·········· 50

# 차 례

**3. 본성과 위격**(οὐσία와 ὑποστάσις – natura et persona) ···· 54

  1) 아타나시우스와 동일본질 ································· 54
    (1) 실체 개념의 차이: 알렉산드리아 **vs.** 안티오키아 ······ 57
    (2) 실체와 구원 ······································· 60
    (3) 다섯 분파 ········································· 62
      ① 단원론 ·········································· 64
      ② 비유사파(ἀνόμοις) ······························· 65
      ③ 유사파(ὁμοιος κατὰ γράφας) ···················· 66
      ④ 동일본질파 혹은 니케아파(ὁμοούσιος) ············ 67
      ⑤ 유사본질파(ὁμοιος κατ' οὐσιαν) ················· 69

  2) 카파도키아 교부와 삼위일체론 ························· 70
    (1) 바실리우스 ······································· 70
      ① 보편실체와 개별실체 ····························· 70
      ② 위격(persona) ··································· 72
        a. 위격과 프로소폰 ···························· 72
        b. 위격의 여러 개념들. 보에티우스, 리카르두스 ········· 75
      ③ 동일흠숭 ········································ 78
    (2) 나지안주스의 그레고리우스와 니사의 그레고리우스 ······ 82

**4. 아우구스티누스** ············································· 90

  1) 초기: 신플라톤주의적 경향, esse-vivere-nosse ········ 90

## 차 례

   **(1)** 플로티누스의 일자와 그 영향 ·················································· 90
   **(2)** 삼위일체 하느님이신 일자의 운동과 창조 ····························· 95

**2)** 존재론적 삼위일체론 ········································································ 97
   **(1)** 세 가지 질문 ······················································································ 97
   **(2)** 지혜 11,20 ························································································· 99
   **(3)** 삼중구조를 통한 삼위일체 하느님에 관한 이해 ······· 106

**3)** 성경에서의 삼위일체론 ································································· 109
   **(1)** 창세 1,1-2에서의 창조주 삼위일체 하느님 ··············· 109
      ① 창조의 주체로서 성부 하느님 ································· 109
      ② 창조주의 영원한 생각으로서 로고스 하느님 ············· 109
      ③ 성부의 작용으로서 하느님의 영인 성령 ····················· 112
   **(2)** 아직 형성되지 않은 재료(materia informis) ················· 117
      ① 몇 가지 전제들 ···························································· 117
      ② "땅은 아직 꼴을 갖추지 못하고 (…)" 성자의 흔적이 없는 'invisibilis' ···· 119
      ③ "땅은 (…) 질서 잡히지 않았다." 성령의 흔적이 없는 'incomposita' ···· 121
      ④ '(아직) 형성되지 않은(materia informis)', 하늘과 땅과 물 ·········· 122
   **(3)** 창세 1,26 하느님 흔적으로서의 모상(imago)과 유사함(similitudo) ····· 125
      ① 성자의 흔적으로서의 모상에 관하여 ··············· 126
      ② 성령의 흔적으로서의 유사함 ···································· 128

**4)** 인간학적 전환- 심리학적 삼위일체 ································· 131
   **(1)** 『고백록』의 시기: 'esse-nosse-velle' ······················· 131
      ① 외부로부터 내면으로 ················································ 131

# ▌차 례 ▌

  ② 위격들의 상호 개방적 관계성 ················· 132
  ③ 의식 현상학적 분석을 통한 삼위일체론 ················· 137
  ④ 세 번째 요소에 관한 이해의 어려움 ················· 142
  ⑤ 세 요소의 삼위일체론적 적용 ················· 145
 (2) 삼위일체 유비에 관한 다양한 접근. 『삼위일체론』·· 151
  ① 『삼위일체론』-인간 의식 구조의 역동성, 사랑 ················· 151
  ② 『삼위일체론』의 삼중구조: mens-notitia-amor ················· 154
  ③ 관계성의 해결: 기억-지성-의지(memoria-intelligentia-voluntas) ··· 156
  ④ 『삼위일체론』에서의 내면화 ················· 159
   a. 외적 바라봄(visio exterior), 'res-visio-intentio' ················· 159
   b. 내적 바라봄(visio interior), 'memoria-visio interna-voluntas' ··· 162

5) 언어 현상에서의 삼위일체 ················· 165

6) 구원 = 삼위일체 하느님 모상으로서 삼중구조의 완성
 De civ. 11,28 ················· 172
 (1) 인간 존재(esse hominis)와 본질의 완성 ················· 172
 (2) 인간의 완성과 신화 ················· 176
 (3) 인간 의지의 완성 ················· 183
  ① 인간 의지의 왜곡으로서의 원죄(perversio voluntatis) ········ 184
  ② 죄를 짓지 않을 수 있는 상태(posse non peccare 혹은 posse non mori) ·· 187
  ③ 죄를 지을 수밖에 없는 상태(non posse non peccare 혹은 non posse non mori) ················· 188
  ④ 죄를 지을 수조차 없는 상태(non posse peccare 혹은 non posse mori) ·· 190

## ▌ 차 례 ▌

**5. 삼위일체론의 확장: 총체적 그리스도(Totus Christus), 온 우주의 완성으로서의 삼위일체**(에페 1,10; 창세 1,26) ········ 196

  1) 승천의 의미 ················································································ 196
     ① 구름, 하느님 현존의 상징 ················································ 196
     ② 그리스도 신비체 ······························································· 198
  2) 인류의 연대성과 총체적 그리스도 ····························· 199

**나가는 말** ························································································ 205

**참고 문헌** ························································································ 207

# ▮ 들어가는 말 ▮

'신학(theologia)'이란 인간이 도달할 수 없는 '저 너머'의 초월에 대해 '논리적으로 상상하는 것(imaginatio logo)'을 일컫는다. 한계 안에 조건 지어진 '유한한' 인간이 어떻게 '무한한' 하느님을 인식할 수 있겠는가? 그것도 논리적인 이성적 추론의 과정을 통하여 보편타당한 결론에 도달한다는 것은 실로 불가능한 일일 것이다. 그래서 신학은 더더욱 '상상(imaginatio)' 그 이상의 것이라 말하기 어렵다. 따라서 누군가 '초월의 세상은 이렇다 혹은 저렇다.'라고 말한다면 이미 그가 말한 초월이란 더는 초월이라 말할 수 없게 된다. 그것은 초월의 영역은 인간이 접근할 수 없는 '저 너머'에 끝까지 남아있어야만 그 단어의 의미를 충족시키기 때문이다.

그런데도 역사 안에서 인간은 초월에 관해 무수한 의견들을 피력해 왔으니 이러한 현상들을 어떻게 해명해 낼 수 있을까? 그것은 인간 편에서는 불가능한 일일지라도 초월의 영역으로부터 무언가 유한한 영역으로 건네진 것들이 있다면, 그것에 관해서는 '적어도' 무언가를 말하고 분석해 볼 수 있지 않을까 하는 추정에서 시작된다. 마치 '사진(imago)'처럼 말이다. 즉 인간은 사진처럼 지극히 '수동적으로' 주인공의 무언가에 관한 정보를 소유하고 있다. 그러나 이것은 사진이라는 하나의 창조물

(creatura)을 남긴, 그 행위 존재자의 '존재(esse)'로부터 사진 안에 남겨진 일종의 '흔적(vestigium)'일 뿐이다. 따라서 사진이 소유한 것은 어디까지나 '만들어진(creata)' 차원에 해당하는 것이지, 그 사진을 남긴 주인공의 본성(natura)과는 본질적으로 다른 것이다.

하지만 사진과 그 주인공 사이의 좁힐 수 없는 이 간극에도 불구하고 이 둘 사이에는 일종의 '유사함(similitudo)'이 존재한다. 바로 이 때문에 사진을 보고 그 주인공에 관하여 무언가를 말할 수도 있다는 가능성이 열리게 된다. 특별히 이 유사함은 어떤 피조물보다도 탁월한 방식과 내용으로 인간 영혼 안에 새겨져 있기에, 성경에서는 인간을 '하느님의 모상 imago Dei'이라 정의하며 인간을 분석함이 초월의 하느님에 이르는 가장 확실한 길임을 천명하고 있다. 여기서 '하느님의 모상'은 다른 말로 '하느님의 사진'이라고 말할 수 있다. 따라서 이 '사진(imago)'이야말로 초월을 '어렴풋하게라도(videmus nunc per speculum in aenigmate)' 이해할 수 있게 해주는 열쇠가 된다.1)

그런데 이 사진은 인간 영혼 안에 무엇에 해당하는가? 그것은 바로 인간이 선험적으로 부여받은 이성(ratio, logos)에 해당한다. 이에 따라 인간은 초월에 관해 무언가를 이미 논리적인 영역에서도 소유하고 있으며 그분을 알고 하나이기를 갈망한다. 따라서 사람은 하느님을 알고 그분을 사랑할 능력(capax Dei)을 인간 내면 안에 지니고 있기에, 이제 하느님을 향한 신학적 질문이 인간의 이 내밀한 영역(par interior animi)에 관한 성찰로 이어짐은 매우 당연한 귀결이다.2) 그래서 신학은 하느님을 닮은 인간에 관한 학문을 중심으로 이어지고, 이 때문에 인간이 지니는 모상(imago, 하느님의 사진)을 논리적으로 분석하는 상상(imaginatio logo)이 된다.

---

1) 1코린 13,12.
2) De trin. 14,8,11; In Io. tr. 18,10.

# 1. 삼위일체론의 시작

## 1) 인간의 초월적 특성

### (1) 문제 제기 - 초월에 관한 딜레마

초월의 개념: 우리가 일반적으로 '초월(超越, transcendence)'이라고 부르는 차원에 관해 어떠한 방식으로든 인식하는 것이 가능한가? 단어 자체가 함유하는 의미는 근본적으로 불가능하다는 뜻을 내포한다. 왜냐하면, 초월이 의미하는 바는 인간 인식 '저 건너편(trans-)'이라는 뜻을 지니고 있기 때문이다. 이는 마치 방 안에서만 나고 자란 인간과 같다. 그의 세상은 오직 사방이 벽으로 둘러싸여 가지적으로 제한적인 공간 안에 처해 있는 조건이기 때문에, 그가 알 수 있는 범위는 그의 인식 능력이 미치는 방 공간이 전부인 것과 같다. 그러므로 방을 벗어나 '저 너머'의 초월 세계에 관해 무언가가 존재하는지도 알 수 없다. 따라서 초월에 관해 즉 저 너머에 관해 묘사한 그 어떠한 말들도 논리적으로 그리고 진실하게 성립될 수 없다.

이러한 성찰을 칸트(Kant)도 비슷한 논증을 한 바 있다. 그는 인간 이성이 미치는 범위와 이성 자체의 능력에 관해 분석하며, 결국 도출해 낸 결론은, 인간이 물자체(物自體, Ding an sich)에 관해 알 수 없다는 것이었다. 인간은 자신이 지니는 한계까지만 알 수 있다는 분석은 현대인들에게 특히 엄밀한 학문을 전개하려는 사람들에게 큰 영향을 주었다.

그렇다면 유한한 인간이 무한한 하느님에 관해 전혀 아무것도 인식할 수 없단 말인가? 이러한 신학적 질문은 앞서 언급한 초월에 관한 불가지성이라는 전제를 통해 보면, 인간 역사 안에 생겨난 많은 종교의 존립에도 어려움을 주는 내용이기도 하다. 과연 초월의 저 너머에 존재하는 초월자를 향한 종교란 그 출발이 가능한 것인가? 즉 초월에 관하여 인간 인식이 직접적으로든 간접적으로든 혹은 온전한 방식으로든 제한적으로든 가능한 것인가? 신학의 출발점은 이에 관해 증명하는 것으로부터 출발해야 한다.

이러한 이유로 삼위일체론을 논하기에 앞서 한 가지 극복하고 설명되어야 할 한 가지 전제가 있다. 과연 신(Theos)에 관해 논리적으로 말하는 것($\lambda \epsilon \gamma \epsilon \iota \nu$-logia)이 근본적으로 가능한가에 관련된 것이다. 사실 인간의 이성이 인지할 수 있는 한계 상황을 고려해 볼 때, 하느님의 영역이라고 말하는 '초월(transcendentalitas)'에 관해 알 수 있단 말인가? 만일 인간 지성이 알 수 있다고 말한다면, '초월'이라 부르는 것 자체가 성립될 수도 없고, 단지 인간의 지고한 부분의 연장선 너머에 해당하는 그 무엇이라고 지칭하는 편이 옳을 것이다. 결국 초월이라는 말 자체는 인간의 그 무엇으로도 도달할 수 없는 영역을 전제로 상정된 개념이다. 인간은 그것이 무엇인지 어떻게 존재하는지 알지 못한다.

그런데도 인간은 인식 능력 저 너머의 존재가 어떻다는 둥, 그 초월적 존재자에 근간을 두고 세상이 생겨났다는 둥, 확인하기 어려운 서술을 참으로 많이들 한다. 특히 종교라는 영역에서는 매우 활발하게 다루고 있다. 과연 초월에 관해 무언가를 말한다는 것은 전적으로 불가능한 것인가? 만일 그것이 가능하다면 어디서부터 어떻게 시작해야 하는가?

## (2) 작가와 작품의 관계를 통한 유비-분유(partecipatio)

자연현상을 관찰해볼 때 놀라운 규칙성(regularitas)을 발견하곤 한다. 가령 1년은 12달로 되어 있고, 하루는 24시간, 한 해는 24개의 절기로 특징지어지고 구별되며, 4계절은 각각의 특성들로 일련의 현상들을 반복적으로도 규칙적으로도 느끼게 한다. 이러한 규칙들은 어디서 발생하는 것일까? 마치 온 우주가 거대한 톱니바퀴들의 조합처럼 '척척' 들어맞는 조화로움에 직면해서 일련의 규칙들을 있게 만든 근원적이면서 절대적인 '원리(Principium)'를 떠올리게 된다. 세상 만물의 규칙들은 그것들을 존재케 하는 가장 크고 원대하고 지혜로운 '규칙 자체(Regula ipsa)' 내지는 우주의 최종적인 제1 원리(Principium)를 전제로 하지 않고서는, 온통 우연적인 것들로만 가득해 보이는 세계 안에 모든 존재자를 존재케 하며 그들 안에 공통으로 존재하는 여러 규칙성을 드러내는 이러한 모든 현상을 제대로 설명할 수 없다.

고대의 철학자들은 이러한 자연현상 안에 존재하는 규칙성에 관한 성찰로서, 우주 만물을 존재케 하는 보편적 관념인 이데아(Idea)라든가, 만물을 구성하고 유지케 하는 원리로서 로고스(Logos) 등등의 명칭들과 함께 우주의 생성과 소멸을 이루는 원리들에 관하여 설명했다.

우리가 신앙을 고백할 때 "한 분이신 하느님을 믿나이다."라고 말한다. 왜 하필이면 하느님은 한 분밖에 존재하지 않으면 안 되는 것일까? 그리스-로마 신화 속에는 다양한 신들이 삼라만상의 다채로운 일들에 관해 다양한 직책을 수행하는 여러 신이 존재하는데, 왜 그리스도교 신앙에 있어서는 '한 분(Unus)'이라고 콕 집어 한정 지어 말하는가? 그것은 신의 속성 중에 '초월과 전능'이라는 차원을 충족시켜야 하기 때문이다. 즉 가장 완전하고 가장 크며 가장 전능한 존재자라면, 당신 자신을 제외하고 또 다른 존재의 기원이나 신적 기원을 둘 수 없기 때문이다.

그러므로 우리가 믿는 신이 최고의 존재자(Summum Esse)라면, 모든 존재자는 하나 같이 그분으로부터 말미암아 생성되어야 하기에, 그분은 우주 삼라만상의 기원 자체(Origo ipsa)이어야 한다. 여기서 존재의 기원이 되는 존재 자체는 인격적 관점을 통해 기술해 보자면, '창조주(Creator)'이기도 하다. 왜냐하면, 모든 존재자가 그로부터 생성되었으니, 인격적 차원의 표현을 빌려 말하자면 모든 것을 만들었다고도 할 수 있겠다.

창조에 관한 성찰들에는, 인간이 무언가를 만들어 내는 과정을 유비적으로 연결해 생각해 보면 훨씬 수월하게 이해할 수 있다. 한 인간이 책상이나 조각품 등의 작품을 만들 때, 우선 창작(creatio)의 구상(idea)을 한다. 가령 크기나 색깔이나 구체적인 쓰임새 등등과 어떤 재료를 사용해서 만들 지에 관해서 계획한다. 그런 뒤에 설계도를 만들거나 스케치 등의 밑그림을 그리고, 재료를 준비해서 구상했던 바대로 순서대로 작품을 만들어 낸다. 이때 작가의 능력이 뛰어나면 뛰어날수록 원래 구상했던 바 그대로 정확하고 동일하게 본래의 생각을 따라(ad ideam suam) 완성도 높게 만들어 낸다.

이 작품에는 그것을 만든 작가의 생각으로 통칭하는 기호나 경험이나 성격이나 숙련도나 추억이나 인생철학 등등의 것들이 녹아 들어가 있다. 이 때문에 작가를 만나 보지 못한 다른 사람들도 그 작품을 보면 대충 작가의 생각을 읽어 낼 수가 있는데, 이는 작가의 생각(idea)이 작품 안에 흔적(vestigium)처럼 새겨져 있기 때문이다.

이러한 '작가-작품'의 관계에서 보면, 작품이 소유하고 있는 흔적은 만나지 못한 작가의 무언가 정보를 알려 주는 일종의 계시(revelatio) 사건이 되기에 작품 안에 새겨진 흔적을 분석하면 작가의 생각 즉 창작의 원리와 목적에 관해 알 수 있게 된다. 바로 이러한 유비(analogia)가 초월에 관한 실마리가 된다. 인간은 자신의 한계를 넘어서는 초월에 관해 알지 못한다. 만일 인간이 초월에 관해 '이러쿵저러쿵' 직접적으로 말한다면, 그것은 이미 '초월'에 해당하는 것일 수 없다. 그러나 초월자의 그 무엇이 '흔적'처럼 가지적인 세상에 존재한다면, 그 흔적을 통해 존재의 기원이나 목적이 무엇인지 간접적이고 제한적일지라도 접근할 수 있게 된다. 따라서 흔적은 초월을 향해 열려 있는 하나의 창문이 되고, 초월의 하느님을 알려 주고 드러내는 하나의 성사적(sacramentalis) 사건이 된다.3) 그러므로 초월의 흔적을 연결고리 삼아 유한한 한계 '저 너머'에 관해 성찰의 가능성이 열리게 된다.

이 세상을 만든 창조주인 존재 자체(Esse)는 자신의 영원한 생각(Idea 혹은 Logos)에 따라서 만들었기에, 세상 만물에는 작가가 작품 안에 흔적을 남기듯이, 영원하고 지혜로운 생각(Idea)의 흔적들이 파편들(partes)처럼 그 본래의 원형과 유사한(similis) 그 무엇으로 존속하게 된다. 이러한 현상을 그리스 철학자들은 '분유(partecipatio)'라는 개념으로 설명하곤 하였다. 다시 말해 존재하는 모든 것들은 자신이 존재하는 그만큼 존재 자체(Esse ipsum)에 참여하며, 그 참여하는 만큼 존재의 기원을 닮았으며, 개별 존재자의 완성이란 결국 각자가 소유한 존재(esse)의 유사함을 완성하는 것이다.

따라서 '작가–흔적–작품'이라는 차원에서, 흔적은 다름 아닌 작가와 작품의 '유사함(similitudo)'을 의미하고, 작품인 모든 피조물은 흔적인 그 유사함의 정도에 따라 작가의 구상(Idea)에 근접하게 되어 결국 작가의 존재(Esse)를 닮은 존재자(imago)로서 자신의 존재의 기원인 작가의 존재에 참여(partecipatio)한다.

이제 초월에 논리적 접근에 관한 딜레마는 제한적이나마 해결되었다고 본다. 흔적을 연결고리 삼아 초월에 관해 논리적 추론을 시작해 보겠다. 인간의 인지 능력 저 너머에 있는 초월의 존재자는 어떤 존재인가? 이 물음에 관한 답변 또한 우리가 이미 살펴본 흔적의 내용을 극대화하

---

3) '성사적(sacramentalis)'이라는 의미가, 보이지 않는(invisibilis) 하느님의 것을 보이게끔(visibilis 즉 지각할 수 있게끔) 해주는 것이라는 차원에서, '흔적'이 지니는 근본적 특성과 부합한다.

는 신학적 방법을 통해 제한적이나마 접근할 수 있다. 즉 흔적이 지니는 긍정적이고 뛰어난 속성(attributio)들에 '최고(Primus)' 내지는 '지고의 (Summus)'라는 최상급 수식어를 붙여 기술할 수 있겠다. 가령, 세상 만물의 조화로움과 규칙성을 토대로 초월의 궁극적인 존재자는 '지고의 법칙(Summa Regula)' 자체이고, 모든 존재하는 만물을 존재케 하는 '제1 원인(Prima Causa)'이며, 그 존재자들의 '존재의 기원(Prima Origo)'으로서 모든 존재하는 것들을 수렴하는 '존재 자체(Esse ipsum)'이기도 하고, 삼라만상의 다채로운 변화를 일으키고 주도하는 '제1 원동자'이며, 모든 변화와 운동의 근원적인 원인과 운동 자체(Motus)이다. 이렇게 철학과 종교에서는 초월자를 '존재 자체'니 '신(Deus)'이니 하는 여타의 명칭들로써 현상(natura) 너머의 저세상 즉 변화하는 것들을 넘어서는 불변하고 영원한 초월의 현상(supernatura)을 탐구하기를 갈망해 왔다.

### (3) 걸작품으로서의 인간

그런데 한 작가의 여러 작품 중에는 일반적으로 가장 뛰어난 방식으로 작가의 창작 의도와 구상(idea creationis)을 드러내는 걸작품이 하나쯤은 있게 마련이다. 따라서 한 작가의 예술 사상을 분석하는 데 있어서 걸작품은 분석의 대상 중 반드시 다루어야 할 필수불가결한 출발점이 된다. 그것은 다른 여타의 작품들보다도 걸작품은 가장 응집적인 방식으로 작가의 생각이나 예술관 철학 등등의 흔적을 탁월하게 담고 있기 때문이다. 가령 박물관이나 미술관에 가서 시간이 부족하다면 그곳에서 가장 손꼽는 대표작인 걸작품을 골라 본다면 조건이 제한적인 상황에서 이보다 더 가성비 뛰어난 방식이 또 없을 것이다.

이 세상 안에도 존재 자체이며 창조주인 하느님의 생각(Logos)을 가장 응집적이고 탁월하게 드러내는 흔적으로서의 걸작품이 있는데, 바로 인간 존재이다. 그렇다면 어째서 여러 피조물 가운데 인간만이 비교불가의 우월한 위치를 차지하는 것인가? 아우구스티누스는 이에 관하여 『마니교도 반박 창세기 해설』 1,17,28에서 매우 친숙한 비유를 들어 설명한다. 그것은 인간만이 직립 보행한다는 특성에서 시작한다. 즉 다른 여타의 피조물과는 달리 하늘을 향해 서 있다는 사실, 인간의 영혼이 세상 만물의 물리적인 법칙에만 연결되어있는 것이 아니라 하늘 그러니까 자연현상을 초월하는 그 무엇을 향해(ad Deum) 직면해 있다는 인간의 초월적 특성에 관하여 지칭한다. 아우구스티누스는 인간의 초월적 특성과 관련된 **창세 1,26**의 '하느님 모상(imago Dei)'을 다른 동물들과 구별되는 이성과 지성이 위치하는 인간 내면(inerioritas)에 연결 지어 논술한다. 인간은 초월의 작가인 하느님을 단순한 차원에서만 그저 닮은 것이 아니라 그분과 특별한 관계를 맺고 있음을 의미한다. 즉 다른 피조물들은 세상 만물의 법칙성 안에서만 매몰되어 있는 '본성적인 차원에서의 흔적(vestigium naturale)'만을 소유하고 있지만, 인간은 그 현상 너머의 창조주를 생각하고 갈망하는 '초월의 흔적(vestigium transcendentale 혹은 vestigium supernaturale)'을 소유하고 있다.

    이를 비유적으로 설명해 보자면, 모래벌판 위에 누군가가 남겨 놓은 흔적으로서의 발자국에 견줄 수 있다. 밤사이 모래벌판에 누군가 다녀간 것은 발자국을 보아 분명한데 도대체 '누가(qui)' 다녀갔는지는 알 길이 없다. 그런데 전혀 모른다기보다 그 발자국 주인에 관해 무언가 정보를 제공해 주는 것이 있다. 바로 발자국이라는 흔적이다. 발자국을 자세히 살펴보면 그 길이가 긴지 짧은지를 알 수 있는데, 이를 통해 키가 큰지 작은지를 어렴풋하게나마 대충 알게 된다. 또한, 그 발자국이 깊이 패어 있는지 살짝 찍혀 있는지를 보면 흔적의 주인이 뚱뚱한지 날씬한지를 알게 되고, 그 발자국들의 간격을 보아 넓게 떨어져 찍혀 있는지 보폭이 촘촘히 찍혀 있는지를 보아 그가 달려갔는지 잰걸음으로 다녀갔는지도 알게 된다. 또한, 발자국 문양을 보면 그가 신고 있던 신발의 종류가 운동화

인지 구두인지 등산화인지도 알게 되고 그로부터 당시의 복장과 성별 등에 대해서도 확장적으로 앎이 발생하게 된다. 그러나 이 모든 정보로부터 얻은 지식은 객관적 진실에 비추어 매우 제한적이고 부분적인 차원에서 벗어나지 못한다는 사실 또한 그 인식의 한계로서 늘 남는다는 사실도 주목해야 한다. 그것은 흔적이란 어디까지나 그것을 남긴 행위자의 한 부분도 아닌 단지 그 작용의 결과물에만 해당하기 때문이다. 따라서 흔적과 그것을 남긴 존재자 사이에는 좁힐 수 없는 간극이 언제나 존재할 수밖에 없는데, 이것이 바로 '초월'에 담긴 '저 너머'가 지니는 의미이다.

모든 피조물은 자신이 지니는, 하느님 로고스로부터 창조된 형상(forma)에 따라 발생하는 유사함을 통해 존재를 분유 받은 만큼 하느님의 존재에 참여한다. 그러나 이 놀라운 참여의 관계성에도 불구하고, 창조한 실체와 창조된 실체와의 차이는 어떠한 식으로든 좁혀지지 않는다.

그런데 하느님 차원으로부터 '신적 자기 비움(semetipsum exinanivit)'을 통해 피조물 차원으로 내려와 일치를 이루는('formam servi accipiens')[4] 하느님의 사람 되심이 일어났다. 이 때문에, 모든 피조물 중에서 특히 인간은 다른 여타의 피조물과는 달리 무언가 하느님과 더 친밀한 관계를 이루는 동시에 그분을 닮은 존재가 될 수 있게 되었다. 왜냐하면 유사함의 완성이 지칭하는 바는, 그저 단순히 자신의 존재에 해당하는 것들만을 완전하게 만들었다기보다는, 유사함을 건네준 그 본래 존재자의 무언가로 제한적이나마 도달했음도 포함하기 때문이다. 예를 들면, 발자국은 앞서 설명했듯이 그것을 남긴 보이지 않는 주인의 흔적이다. 우리는 어떤 방식으로든 흔적을 남긴 주인을 직접 바라볼 수는 없다. 그러나 남겨진 그 흔적을 통해 주인에 관해 무언가 논리적 상상의 여지는 열려 있고, 이러한 과정을 통해 제한적이나마 주인을 그렇게 바라볼 수 있다.

여기서 유한한 인간은 흔적이라는 인간의 차원을 넘어서는 초월의

---

4) 필리 2,7.

차원을 직면한다. 이는 분명 흔적을 통한 간접적인 앎일지라도, 간접적이라는 차원에만 매몰되어 있지도 않다. 오히려 그 이상의 그 무엇에 해당한다. 얼마나 놀라운 일인가! 유한한 인간이 무한한 그분을 그렇게 바라볼 수도 있다니 말이다. 우리가 구원의 또 다른 이름으로 '하느님을 바라봄(visio Dei)'이라고 불렀던 구원의 상황은 유한함이 극복된 것은 아닐지라도, 무한함을 향해 열린 채로 마주 서게 될 것이다. 흔적이 지니는 유사함을 완성하는 순간에는 무한과 유한의 경계는 일부 허물어지게 될 것이다.

어떻게 이러한 일들이 가능한가? 그것은 흔적이 지니는 유사함이라는 관계성 덕분이다. 초월의 하느님께서 모든 피조물 안에 새겨 놓으신 흔적은 '단순히 닮았다.'라는 차원에 머물러 있지만은 않다. 사실 이 세상에는 비슷한 것투성이다. 가령, 나도 가끔 TV에 나오는 어느 연예인하고 닮았다느니 하는 농담을 들을 때도 있다. 그런데 닮았다고 해서 그 연예인과 나 사이에 본질적인 차원에서의 그 무언가를 공유하고 있는 것은 아니다. 그저 매우 표면적인 차원에서 비슷하다고 느낄 뿐이다.

반면에 하느님과 인간의 관계는, 아버지와 아들의 관계에 비유될 수 있다. 아버지와 아들은 외적인 차원에서의 용모도 닮음의 관계를 지니지만, 동시에 체질이나 유전적인 차원과 더불어 개별 인격과 성격의 본질적인 부분에서도 닮았다는, 매우 '특별한 관계'를 지닌다. 이 관계성으로 아들을 보고 아버지의 것들을 추론해 볼 수도 있다. 인간이 알고 깨닫고 바라보는 것은 바로 이 관계성에서 비롯된 것이다.

이 때문에 인간은 영원한 것들을 동경한다. 이 얼마나 비논리적인 역설인가? 기껏해야 80년이라는 유한한 시간 안에 내던져진 인간이 도대체 무엇을 근거로 영원히 살 것같이 욕심을 부리며 산단 말인가? 어차피 영원에 비추어보면 한순간일 뿐인 인생을 살면서도, 우리가 소유하고 꿈꾸고 갈망하는 그 폭은 마치 영원을 살 것처럼 생각하니 말이다.

이 모든 현상은 인간 스스로 영원의 것을 본성적 차원에서는 지니지 못했을지라도 영원의 흔적을 지니고 있기 때문이다.

## (4) 내 머릿속의 발자국

그런데 흔적으로서의 발자국이 자연과 만물이라는 인간 외부 세계에도 존재하지만, 인간의 내면 안에도 존재한다. 특히 인간의 지성적 차원에서도 존재하고 의지적인 차원에서도 존재하는데, 이를 성경에서는 '하느님 모상(imago Dei)'이라 불렀고, 인간이 소유한 하느님과의 '유사함(similitudo)'이라고도 지칭한다. 인간 내면 안에 존재하는 흔적으로서의 하느님 모상은 그 어떤 피조물이 지니는 하느님에 관한 정보보다 훨씬 탁월하게 초월의 하느님을 알게 해 준다. 바로 이 때문에, 성경에서도 인간 창조의 순간에만 "하느님 모습대로 하느님과 비슷하게(ad imaginem et similitudinem Dei)"라고 특별한 강조점을 부각해 기술하고 있다. 그러므로 인간을 그 어떠한 피조물보다 뛰어난 걸작품으로서 초월을 향한 학문의 첫 자리에 두어야 함은 마땅하다.

> "이제 인간 정신 안에 하느님 모상을 발견하기 위하여 정신의 더욱 중요한 부분에 관해 탐구해야 할 순간에 도달했는데, 이 인간 정신의 더욱 중요한 부분에 의해 (정신은 이미) 하느님을 알고 있거나 혹은 알 수 있을 것이다. 비록 인간의 정신이 하느님에게 속한 본질에 해당하는 것은 아니지만, 다른 모든 그것보다 우월한 본질에 속하는 모상은 당연히 우리 안에서 탐구되고 찾아져야만 한다."[5]

---

5) De trin. 14,8,11 (CCL 50/A, 435-436): "Nunc vero ad eam iam pervenimus disputationem, ubi principale mentis humanae, quo novit Deum vel potest nosse, considerandum suscepimus, ut in eo reperiamus imaginem Dei. Quamvis enim mens humana non sit illius naturae cuius est Deus: imago tamen naturae eius qua natura melior nulla est, ibi quaerenda et invenienda est in nobis (…)"

우선 인간의 지성적 차원에 존재하는 흔적의 특성에 관해 고찰해 보면, 인간이 지니는 지성(intelligentia)의 의미와 중첩되어 있음을 보게 된다. 인류의 사상사 안에서는 이 부분에 관해 일반적으로 크게 두 가지 관점에서 기술해 왔다. 하나는 합리론적 사고의 틀로부터 기인한 성찰로서 인간의 '선험적(a priori) 앎'을 말하고, 다른 하나는 경험론적 입장으로부터 생겨난 결과로서 인간 정신(mens)의 사유 능력 즉 '추상 능력(abstractio)'을 말한다. 이 두 가지 모두 눈에 보이는 현상세계를 초월한 그 무언가를 이미 소유하고 있다거나, 아니면 내용적 측면이 아니라 형식적 측면에서 소유하고 있음을 의미하기에, 결국 초월에 관해 무언가를 인간은 이미 소유하고 있음을 논증해 주고 있다.

이러한 두 가지 경향 중에 합리론적 경향을 따라 하느님 모상에 관해 기술해 보면, 인간은 이미 초월에 관한 정보를 제한적이나마 갖고 있다. 이 때문에 인간의 음식문화나 민간요법 등의 의료체계나 건축과 예술 등의 찬란함을 살펴볼 때 단지 경험으로만 축적된 결과물들이라기보다는, 선험적으로 소유한 불특정한 앎의 내용들을 대대손손 새롭게 발견하고 확인하고 공유한 것들이 아닌가 한다. 따라서 '비어 있는 칠판(tabula rasa)'처럼 태어나서 경험만을 통하여 인식한다기보다, '씨앗'처럼 제한적일지는 몰라도 인간의 선험적 앎에 관한 불완전한 인식은 경험을 통해서도 확인하고 발전시켜서 꽃과 열매를 맺어 가는 인식의 완성을 향해 나아간다.

그런데 아우구스티누스에 따르면, 이러한 인식은 참된 진리 인식 자체일 수가 없다. 왜냐하면, 인간이 소유한 모든 것이 참된 진리 자체이거나 초월 자체의 것이 아니기 때문이다. 단지 참된 진리의 흔적으로서 존재할 뿐이기에 인간의 인식은 결국 제한적이거나 부분적일 수밖에 없다. 이는 '태양 빛-달빛'의 관계와도 같다. 달은 빛을 비춘다고 말하지만 실제로 그 빛의 기원을 자신에게 두지 못한다. 그저 태양으로부터 뿜어져 나오는 빛을 다시금 반사해 낼 뿐이다.6) 또한 사람의 눈도 마찬가지다. 흔히들 사람의 눈도 빛(lumen)이라고 부른다. 그렇지만 빛이 없는 어둠 속에서는 아무것도 볼 수 없다. 왜냐하면 인간의 눈은 스스로 자존적으로 빛 자체를 소유하고 있지 않기 때문이다.7)

**시편 36,10**에 "당신 빛으로 빛을 봅니다."라는 구절에서도 두 가지 빛을 구분하여 언급한다. 시편에서 말하는 첫 번째 빛은 다름 아닌 진리 자체로서의 빛을 가리킨다. 이 빛은 태양 빛처럼 모든 것을 비춘다. (Lumen illuminans) 그렇다고 그 빛은 어디서 조명 받아 빛을 반사해 내는 것이 아니라(et non indiget alio lumen ut lucere possit), 스스로 빛을 뿜어내는 빛이다(a seipso lumen est, et sibi lumen est). 그러나 그 빛 자체를 제외하고는 다른 모든 존재자는 빛을 발하기 위해서 빛의 근원인 그분을 필요로 한다. 그래야 비추어진 사물을 비로소 인식하게 된다. 시편에서의 두 번째 빛은 바로 인간이 인식하고 소유한 차원을 의미한다. 따라서 우리는 요한처럼 빛 자체는 아니고 단지 그 빛을 증언하러 온 것일 뿐이다.(요한 1,6-9 참조) 따라서 인간이 진리나 초월에 관해 무언가를 안다고 말할 때는 언제나 '부분적'이라는 수식어를 조건으로 달아야 한다. 바로 이 때문에 바오로 사도가 "지금은 거울에 비친 모습처럼 어렴풋이 보지만(...)"이라고 말한 것도 이와 일맥상통한다고 하겠다.8)

그러므로 인간 정신이 육신의 눈(oculus corporalis)처럼 어둡거나 눈을 감으면 아무것도 볼 수 없듯이, 진리의 빛으로 조명 받지 않는다면 (nisi veritatis lumine radietur) 영혼의 눈(oculus animae)으로 인식할 수 없을뿐더러 지혜와 정의에 도달할 수도 없다.9)

---

6) In Io tr. 1,18. 인간은 하느님 모상으로서 그 유사함을 분유 받은 이성을 통해서 지혜를 인식할 수 있다. 그러나 우리가 완전한 지혜 자체를 이미 소유한다고 말할 수 없다. 인간 이성이 지니는 빛이란 그저 수동적으로 주어진 참 빛을 반사하는 조명된 부분적인 빛일 뿐이다.
7) In Io tr. 3,4; 14,1
8) 정승익, "아우구스티누스의 '조명(illuminatio)'에 대하여", 『누리와 말씀』 31(2012), 119-125.
9) In Io tr. 35,3

결국 인간이 소유한 이 어렴풋한 선험적인 앎은 초월을 반사해 낸 흔적으로 유일한 세계 속에서도 무한의 영역에 관해 접근 가능성을 보증해 준다. 우리 인간이 초월의 신적 영역에 관해 무언가 말하고 경배하는 데 있어서, 연결고리가 우리 인간 내면 안에 흔적처럼 새겨져 있기 때문이다.

> "밖으로 나가지 말라. 너 자신 (내면) 안으로 돌아가라. (왜냐하면) 인간 내면 안에 진리가 있기 때문이다. 그리고 만일 그대의 본성이 가변적이라는 사실을 깨닫는다면 너 자신도 (넘어) 초월하라! 그런데 그대가 자신을 초월할 때 생각하고 있는 너의 영혼도 초월하고 있음을 기억하라! 그러므로 이성의 빛 자체가 빛나고 있는 (바로) 그곳으로 향하라!"[10]

가령 어떤 사람이 우리에게 이미 친숙한 음식들의 이름을 열거할 때 그것을 듣는 사람들은 그 언급된 음식을 상상하게 되고 군침이 돈다거나 하는 반응을 보일 것인데 반해, 전혀 들어 보지 못한 미지의 음식 이름이거나 그 사람만이 창작해 내고 고유하게 이름 붙인 음식의 이름을 열거할 때는 그 누구도 상상하거나 군침을 흘리는 일은 발생하지 않을 것이다. 이렇듯 한 사물이나 사건에 관하여 선지식이 있을 때는 그것이 무엇인지에 관하여 인식이 성립하고 각자의 구체적 경험이나 기호에 따라 공감대도 형성되거나 그에 따라 상응하는 작용이 뒤따르게 된다. 그러므로 인간이 소유한 '초월의 흔적(vestigium transcendentale)'은 삼위일체 하느님을 이해하려는 탐구 여정에 확실한 지름길이 될 것이다.

---

10) De ver. Rel. 39,72(CCL 32, 234): "Noli foras ire, in teipsum redi; in interiore homine habitat veritas; et si tuam naturam mutabilem inveneris, transcende et teipsum. Sed memento cum te transcendis, ratiocinantem animam te transcendere. Illuc ergo tende, unde ipsum lumen rationis accenditur"; De ord. 2,2,5-6; In Io. tr. 23,10; De Mag. 11,38; 12,39.

## 2) 하느님 모상과 로고스 그리스도론

인간이 소유한 초월적 특성을 초월자가 남긴 하나의 흔적으로 바라보는 시각은, 고대 철학자들로부터 성경의 내용 특히 **창세 1,26**에 나타난 '하느님 모상'이라는 언급에서도 매우 명확하게 나타나 있다. 그것은 앞서 기술한 바와 같이, 온 우주는 '한 분(Unus)'이신 존재 자체(Esse)로부터 생겨났다. 그 때문에 그분의 영원한 생각(Idea, Logos, Sapientia)에 의한 창조 작용으로 세상 만물 안에는 존재 자체와 그리고 그의 생각과 유사함을 지니는 흔적들로서 저마다 '존재하는 바의 내용 (quodditas, essentia)'을 지닌다. 이것들은 영원한 이데아로부터 비롯된 형상(forma, idea, eidos)이기도 하다. 그런데 모든 사물이 제각기 무질서하게 존재하는 것이 아니라 우주 전체를 지배하는 법칙(Regula, Logos)에 순응하는 저마다의 존재 법칙(regula essendi, logos)을 지닌다.

이러한 존재론적 성찰은 플라톤의 '분유(partecipatio)' 사상으로 많은 사람에 의해 전해지고 설명되기도 하였는데, 유스티누스(Justinus)도 이러한 논리를 따르면서 그리스도교적으로 재해석하였다. 우선 그는 **요한 1,1-3** "한 처음에 말씀(Logos)이 계셨다. (...) 말씀은 하느님이셨다 (...) 모든 것이 그분을 통하여 생겨났고 그분 없이 생겨난 것은 하나도 없다."라는 구절에서 '말씀(Logos)'에 주목한다. 특별히 이 '말씀'을 우주 만물의 '존재 원리(Principium essendi)'인 이데아(Idea)처럼 생각하는 동시에 사람이 되신 하느님인 성자 하느님과 동일시한다.

로고스에 관한 고대 철학자들의 성찰 사이에는 관점의 차이가 있기는 하더라도 근본적으로 공통되는 생각이 있다. 그것은 만물을 구성하고 유지하는 근본적 '원리(Principium)'로서 로고스를 바라보았다는 점이다. 가령, 헤라클레이토스(Herakleitos)는 변화하는 만물 안에 내재하는 불변의 원리로서 모든 삼라만상의 변화를 규제하는 근원으로서 이해했다.

스토아(Stoa)에서도 로고스를 우주적 힘으로 모든 존재자 안에 내재한 원리로 파악했다. 이들의 생각은 우주를 거대한 하나의 신적 존재자처럼 바라본 데서 기인한다. 그리고 그 우주를 생성하고 유지하고 지탱하는, 신적 존재자의 영원한 정신(Nous) 내지는 절대 이성(Ratio)으로서 언제나 보편적으로 참된 진리 자체(Veritas)요 지혜(Sophia)요 이데아(Idea)로 이해하였다.

그러므로 우주는 세상에 관해 이러한 규칙과 원리를 부여하는 로고스를 통하여, 마치 한 사람이 자신의 이성적 생각(idea)을 통해 작품을 만들고 보존하고 바라보듯이 생성되었기 때문에 조화로운 법칙에 따라 존재하고 변화한다. 바로 이 때문에 모든 존재자와 원형인 로고스 사이에는 생각으로부터 파생된 일종의 '유사함(similitudo)'이 존속한다. 유스티누스는 바로 이 점에 관심을 기울인다. 그는 그리스도교를 믿지 않는 이방인들도 이미 잘 알고 있는 '로고스 자체와 인간의 로고스'라는 유사함의 관계성에 주목한다. 왜냐하면 하느님과 인간 사이에 존재하는 유사함이 하느님 모상에 관한 신학적 성찰에 연결된다고 보았기 때문이다. 이렇게 유스티누스는 세상과 그리스도교 사이의 연결고리를 통하여 그리스도교적 진리를 새로운 문화권 안에서 전파하고 토착화하려 시도했다.

초월의 로고스(Logos)와 인간 안에 존재하는 로고스(logos) 사이에는 유사함과 동시에 메꿀 수 없는 간극의 차이가 있다. 여기서 유사함에 관련된 부분은 인간의 초월성을 다루는 부분에서 설명했듯이 일종의 흔적들로 존재한다. 비교할 수 없는 차이에 관련해서, 흔적은 결국에 제한적인 흔적일 뿐이고, 그것을 남긴 작용인인 원형으로서의 주체와는 아무런 실체적 차원에서의 그 무엇을 공유하지 않기 때문이다. 따라서 초월의 하느님인 로고스는 모든 사람에게 자신과 닮은 흔적을 남긴 계시하는 로고스로서 '씨앗을 주는 로고스(λόγος σπερματικός)'라고 부른다. 반면에 인간 안에 내재하는 흔적으로서의 로고스는 '로고스의 씨앗(σπέρματα τοῦ λογοῦ)'

이라고 불렀다.11) 바로 이 부분이 **창세 1,26**의 하느님 모상에 관련한 유스티누스적인 해설이고, 플라톤의 분유론적 존재론과 구별되는 지점이다. 플라톤은 모든 만물이 이데아의 파편처럼 분유되었다고 바라보았던 반면에 유스티누스는 창조주와 창조된 피조물의 차이를 강조하면서 그 둘 사이의 유사함을 설명했다.

> "그들이 선한 것으로 가르친 것은 모두 우리 그리스도인들에게 속한다. 우리는 하느님 다음으로 로고스를 경배하고 사랑하는데, 로고스는 하느님으로부터 나셨지 생성되신 분은 아니며, 형언할 수 없는 분이시다. 우리가 그렇게 하는 것은 그분이 우리의 악을 당신 것으로 삼으시고 우리를 치유하기 위해 사람이 되셨기 때문이다. 모든 (이교) 저술가들은 자기 안에 심겨 있는 로고스의 씨앗 덕택에 어느 정도 진리를 볼 수 있지만 흐릿하게만 본다. 각자 고유한 기능에 따라 배분되어 지니는 씨앗 또는 유사함은 로고스 자체와는 다른 것이다. 우리는 로고스에서 오는 은총의 덕택으로 그분께 참여하고 합치되는 것이다"12)

### (1) 하느님을 수용할 수 있는 능력, capax Dei

유한한 인간이 무한한 초월의 하느님을 제한적일지라도 인식할 가능성의 시작은 바로 이러한 유사함 때문이다. 마치 사진을 보면 사진 속의 주인공에 관해 특정한 앎이 발생하는 것과 같다. 이를 성경에서 가장 잘 표현해 준 말이 '하느님 모상'이다. 더 쉬운 일상의 용어로 표현해 보자

---

11) 유스티누스, 둘째 호교론, 13,3.
12) 유스티누스, 둘째 호교론, 13,4-6(SCh 507, 362-364): "῞Οσα οὖν παρὰ πᾶσι καλῶς εἴρηται, ἡμῶν τῶν Χριστιανῶν ἐστι· τὸν γὰρ ἀπὸ ἀγεννήτου καὶ ἀρρήτου θεοῦ Λόγον μετὰ τὸν θεὸν προσκυνοῦμεν καὶ ἀγαπῶμεν, ἐπειδὴ καὶ δι' ἡμᾶς ἄνθρωπος γέγονεν, ὅπως καὶ τῶν παθῶν τῶν ἡμετέρων συμμέτοχος γενόμενος καὶ ἴασιν ποιήσηται· Οἱ γὰρ συγγραφεῖς πάντες διὰ τῆς ἐμφύτου τοῦ Λόγου σπορᾶς ἀμυδρῶς ἐδύναντο ὁρᾶν τὰ ὄντα· Ἕτερον γάρ ἐστι σπέρμα τινὸς καὶ μίμημα κατὰ δύναμιν δοθέν, καὶ ἕτερον αὐτὸ οὗ κατὰ χάριν τὴν ἀπ' ἐκείνου ἡ μετουσία καὶ μίμησις γίνεται·"

면, '인간은 하느님의 사진이다.' 따라서 초월 저 너머에 존재하는 하느님에 관해, 인간 스스로 소유하고 있는 사진 그만큼 초월을 갈망하고 인식할 수 있다.

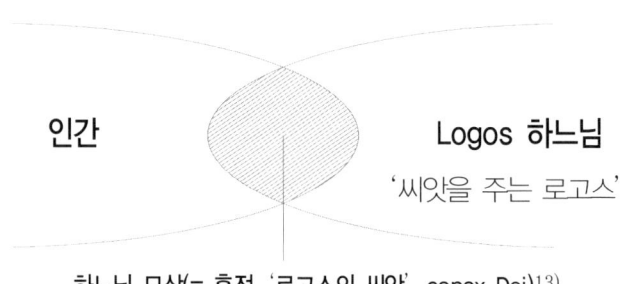

하느님 모상(= 흔적, '로고스의 씨앗', capax Dei)[13]

유스티누스는 하느님과 인간 사이의 이러한 유사함의 연결고리를 '로고스의 씨앗'이라 불렀는데, 이는 오늘 우리가 이성(ratio)이라 부르는 것과 같은 개념이기도 하다. 또한 합리론자들이 말하는 선험적인 앎으로서, 인간만이 다른 피조물과 구별되어 존재하는 초월적 특성이요 실존이기도 하다.

교부들은 인간의 초월적 특성으로 유사함을 하느님 모상이라는 성경의 용어 말고도 '하느님을 수용할 수 있는 능력(capax Dei)'이라고도 불렀는데, 이 표현은 하느님 모상보다 인간의 초월적 특성에 관해 훨씬 더 구체적으로 설명할 수 있게 해주는 용어이다. 사전적인 의미에서의 'capax'는 무언가를 담아낼 수 있는 '여유'나 '공간' 등을 의미하는 것으로부터 무언가를 해 낼 수 있음을 뜻한다. 따라서 'capax Dei'는 초월의 하느님을 수용할 수 있는 즉 그분에 관해 지성적으로 인식할 수 있는 인간의 존재론적 특성을 의미한다. 또한 그분을 (인간이 지니는 유사한 연결고리만큼의 차원에서) 담아내고 하나로 일치하는, 그래서 결국엔

---

13) 도표에서 빗금 친 부분은 하느님과 무언가 공통된 부분을 공유하는 것을 뜻하지 않는다. 단지 초월의 하느님과 인간이 지니는 관계성 안에서의 유사한 흔적을 가리킬 뿐이다.

그분을 사랑해서 그분만을 바라보는(visio Dei) 인간의 의지적 특성도 의미한다.

그러므로 성경에서 언급한 하느님 모상은, 인간의 지성적 차원과 의지적 차원의 두 가지 측면에서의 유사함을 의미한다. 그러나 인류 사상사 안에서는 지성적 차원에 훨씬 큰 비중을 두고 인간의 초월적 특성을 분석했다. 유스티누스의 작품 안에서도 이러한 경향이 나타난다. 그래서 **창세 1,26**의 '하느님 모상'은 인간의 지성적 측면에서의 하느님과의 유사함으로써 주로 다루어져 왔다. 그러나 인간의 의지적인 차원에서도 하느님과의 유사함을 따져 물어야 한다. 그것은 하느님 모상이라는 표현 안에는 인간 존재 전체 안에서의 유사함을 말하기 때문이다. 그러므로 인간은 지성과 의지의 두 가지 측면을 지니는 존재이기에, 유사함을 논하는 데에서 어느 한 부분만 배제할 수는 없다.

**로마 5,5** "우리가 받은 성령을 통하여 하느님의 사랑이 우리 마음에 부어졌기 때문입니다."라는 구절에 의지적인 차원에서의 유사함이 암시된다. 하느님의 사랑 자체인 성령의 작용을 통하여 인간 영혼 안에 하느님 사랑이 흔적처럼 새겨지게 되었다고 나타난다. 즉 인간이 소유한 하느님과의 유사함은 (다른 말로 인간의 초월적 특성은) 하느님이 누구신지 지성적으로 깨달아 알 수 있는 능력과 함께, 그분이 누구신지 알기를 갈망하고 그분처럼 되기를(deificatio) 열망함을 통하여 그분과 결국 하나 되려는 의지적 사랑도 포함된다.

유사함이란 분명 두 가지 존재자 사이의 관계에서 연결고리가 되어 인식 가능성의 실마리가 되어 준다는 논거는 타당하다. 그러나 흔적은 그것을 남긴 작용인과 비슷하다는 평가를 받을지는 몰라도 같지는 않다. '유사함'과 '같음'은 전적으로 다른 것이다. 여기에는 메꾸어지지 못하는 존재론적 본성(natura)의 차이가 존재한다. 가령 사진과 그것을 남긴 원형 사이에는 유사함을 지니기는 하지만 같지는 않다. 왜냐하면, 사진은 어디까지나 원형의 흔적으로서 그림자에 불과하기 때문이다. 그러므로 인간은 유사함에 관한 성찰을 통해 초월의 하느님에 관해 무언가 알게 되었을 때 동시에 유사함이라는 연결고리가 끊어지는 저 너머의 무한한 간극 앞에 서게 된다. 따라서 무언가를 깨달았다는 밝은 빛과는 대조를 이루는 끝없는 '어둠'에도 직면하게 된다. 결국, 인간은 하느님께서 보여 주시고자 정한 만큼, 즉 창조를 통해 피조물 안에 새겨진 흔적의 차원에 해당하는 그만큼만 인식에 도달할 수 있을 뿐이다. 이러한 인식마저 초월한 저 너머에 존재하는 하느님은 여전히 신비 속에 싸여 있어서 근본적으로 알 수 없다. 바로 이것이 '창조한 실체(substantia creans)'와 '창조된 실체(substantia creata)' 사이의 유사함과 차이점이고, 플라톤 계열의 철학자들이 주장했던 존재의 분유(partecipatio)와 차별을 보이는 대목이기도 하다.

> "(마찬가지로) 정결하다, 영원하다, 아름답다, 선하다, 지혜롭다 라고 일컫는 것들은, 참여(participatio)를 통해 그러한 가능성을 갖는 것이지, (앞서 말한 대로, 그 존재자체로) 정결하거나 영원하거나 아름답거나 선하거나 지혜롭기 때문이 아니다."14)

### (2) 익명의 그리스도인

그런데 이 로고스는 한 존재자의 생각(idea)처럼 신적 존재의 기원인 존재자체(Esse)인 성부로부터 그분의 영원한 생각(Idea)처럼 유출되었다고 유스티누스는 보았다. 이것은 한 불꽃으로부터 다른 것에 불이 붙여질 때 손상되거나 분리되거나 축소되지 않은 것과 마찬가지 방식으로, 성부로부터 로고스인 성자가 유출되었다고 보았다.15)

---

14) De div. qq., 23 (CCL 44/A, 28): "Item illa quae participatione sunt vel casta vel aeterna vel pulchra vel bona vel sapientia recipiunt, ut dictum est, ut possint nec casta esse nec aeterna nec pulchra nec bona nec sapientia."

따라서 로고스는 성부의 영원한 생각으로만 머물러 존재할 때가 있었다. 그리고 그 생각이 작품들로 실현되는 '생각의 물질화(incarnatio Ideae)' 내지는 '로고스의 외연화(extensio Logi)' 혹은 '로고스의 현실화(realization of Logos)'라는 창조의 과정이 진행되었다. 그리고 시간과 공간이라는 물리적 속성을 지닌 인간이 된 육화(Incarnatio)의 시기로 구별된다. 물론 하느님 로고스가 인간 역사 안에 육화했다는 사실을 받아들이는 것은 전적으로 개개인의 믿음에 달려 있다. 그러나 나자렛 예수로서 로고스의 육화를 받아들이지 않는다고 하더라도, 즉 그리스도교라는 종교적 관점이 아니라 존재론적 철학의 관점에 의해서 로고스에 관한 문제는, 더욱 폭넓게 사람들의 이성적 성찰에 그리스도교적 공감대를 제한적일지라도 불러일으킬 수 있다.

오늘날 우리가 '익명의 그리스도인'이라 부르고 전개하는 신학적 성찰이 바로 유스티누스로부터 시작되었다. 비록 적극적으로는 그리스도를 믿는다고 고백하지 않더라도 만물을 지배하는 로고스의 법칙에 따라 생각하고 일생을 살아간 사람들 모두, 육화한 그리스도를 믿는다고 말하지 않았을 뿐이지 결국 그리스도교에서 말하는 제2 위격인 성자를 믿고 따른 것과 크게 다르지 않음을 유스티누스 그 시절에도 포용적으로 선언하고 있다. 이에 관련하여 유스티누스의 표현을 빌려 기술하자면, 아직 로고스의 육화가 있기 이전 구약의 시대의 사람들도 그와 관련되지 않은 문화권의 다른 여타의 철학자들도 로고스의 씨앗을 소유하고 있다. 그 때문에, 이들 모두는 로고스에 참여한다. 따라서 소크라테스나 헤라클레이토스와 같은 그리스 사람들도 그리고 심지어 무신론자들이라 하더라도, 그리스도교에서 믿는 이 로고스에 따라 일생을 살았다면, 그들 모두도 그리스도인이라고 역설하였다.

---

15) 유스티누스, 유대인 트리폰과의 대화, 61,2.

"그리스도는 하느님의 맏아들이며 로고스이신데, 모든 인간은 그 로고스에 참여하고 있다. 이것은 우리가 전해 받은 것이며 또 선포하는 내용이다. (…) 그리스의 소크라테스나 헤라클레이토스, 그 외 이와 비슷한 다른 이들이 무신론자로 지냈다 하더라도 로고스에 따라 살았다면 그들도 또한 그리스도인들이다."16)

실로 놀랍고 대단한 성찰이다. 오늘날 근본주의가 강요와 폭력을 통해 전파하면서 일으키는 종교적 문제들의 해법으로 유스티누스의 신학적 성찰에 관해 깊은 연구와 명상이 필요하지 않을까 생각한다. 초기 그리스도교가 지녔던 관용과 대화의 정신이 역사 안에 십자군 운동이나 중세 마녀사냥의 폐쇄된 근본주의로 변질하였던 오류들에 관해 그리스도교 원천으로 돌아가 성찰함은 오늘날에 절실히 요구되는 일이다.

그런데 유스티누스의 로고스 그리스도론으로부터 파생되는 하나의 질문이 있을 수 있겠다. 그것은 그리스도교와 세상의 철학 및 종교에 본질적인 차이가 없다면, 굳이 우리가 왜 그리스도인이어야만 하는가에 관한 당위성 내지는 그리스도교만의 정체성에 관련한 문제이다. 사실 종교 다원주의자들 중의 일부는 모든 종교의 가르침들 사이에 무차별하게 같음을 설파하는 경향이 많을뿐더러 때에 따라서는 혼합주의에 빠져드는 경우도 존재한다. 가령 모든 종교의 본질은 결국 하나의 목적지로 같고, 그에 이르는 구체적 길만이 다를 뿐이라고 주장한다. 이들은 등산의 비유를 들어 설명하기를 좋아한다. 산 정상은 하나로 모든 종교가 추구하는 근본 목적은 같고, 그에 도달하는 등산로가 A코스, B코스 등으로 구별될 뿐이라고 말한다. 그러나 그렇다면 굳이 어느 특정한 종교의 길 A코스만이 정당하

---

16) 유스티누스, 첫째 호교론, 46,2-3 (SCh 507, 250): "Τὸν Χριστὸν πρωτότοκον τοῦ θεοῦ εἶναι ἐδιδάχθημεν καὶ προεμηνύσαμεν Λόγον ὄντα, οὗ πᾶν γένος ἀνθρώπων μετέσχε· Καὶ οἱ μετὰ Λόγου βιώσαντες Χριστιανοί εἰσι, κἂν ἄθεοι ἐνομίσθησαν, οἷον ἐν Ἕλλησι μὲν Σωκράτης καὶ Ἡράκειτος (…) καὶ ἄλλοι πολλοί, ὧν τὰς πράξεις ἢ τὰ ὀνόματα καταλέγειν μακρὸν εἶναι ἐπιστάμενοι τανῦν παραιτούμεθα."

다는 당위성은 어디서 찾을 수 있겠는가? 모든 것이 같은 길이라면 굳이 종교적 계율에 따라 때로는 엄격하게, 때로는 희생을 감수하면서 손해 보거나 불편한 삶의 방식을 고생하며 걸어가야 할 필요가 있겠는가? 그저 이 모든 것이 개인의 선택이나 문화의 조건이나 환경과 기호에 달린 문제인가?

이에 유스티누스는 명확하게 구분한다. 그리스도교를 제외한 다른 문화권이나 종교에서도 같은 로고스를 따라 살아간다고 말할 수 있다. 그러나 그들이 도달할 수 있는 인식의 정도는 제한적일 수밖에 없다. 왜냐하면, 인간은 로고스라는 진리 자체에 관해 직접 인식하는 것이 아니라 그 흔적에 불과한 '로고스의 씨앗'의 차원에서만 부분적으로 인식할 수 있기 때문이다. 따라서 그들도 무언가 진리에 관한 인식이 가능하다고 말할는지 몰라도 희미하게 바라볼 뿐이다. 반면에 그리스도인에게는 로고스의 육화를 통해 얻게 된 진리의 직접적인 계시 사건을 통해 로고스에 참여하게 되었고, 육화한 로고스의 인성에 결합함을 통해 결국 하느님과도 일치를 이루게 되었다.17)

바로 이 대목이 그리스도교만의 정체성과 탁월함을 드러내 주는 것이며, 초월의 하느님을 어떻게 인식할 수 있을 것인가에 관한 신학적 실마리를 제공해 주는 것이기도 하다. 이에 관해 종교 다원주의자들이 비유를 들어 설명하곤 하는 등산의 예로 돌아가 보자! 모든 등산로가 결국엔 하나의 목적지인 정상에서 만나게 될 것이고, 단지 방법론적으로 그에 이르는 구체적 길만이 달라서, 때로 자신들만의 길이 지름길이고 유효하다고 말하곤 한다. 그러나 누군가 정상에서 살던 사람이 산 아래로 내려와, 정상에 관해서나 그에 이르는 길에 관해 설명해 주었다. 그리고 다시 올라가면서 등산 리본을 달아 어떻게 가야 할지 어느 길로 가야 할지를 알려 주었다면, 이보다 확실하게 정상에 이를 수 있는 길은 달리 존재하지

---

17) 유스티누스, 둘째 호교론, 13,4-6.

않을 것이다. 이 비유는 그리스도교의 육화 사상의 우월함에 관해 잘 설명하는 것이다. 로고스의 육화를 통해 하느님에 관한 깨달음의 길과 초월 세계로의 도달 그리고 궁극적으로 신과의 합일에 있어서, 그리스도교의 우월함과 확실성을 단순하고 쉽게 설명해 주기도 한다.

유스티누스의 로고스 그리스도론은 로고스 하느님과 인간의 관계성이라든가, 이를 바탕으로 하는 인간의 초월적 특성에 관해 탁월하게 설명해 주었다. 특별히 인간이 어떻게 초월의 하느님을 인식할 수 있는가에 관련한 성찰은 후대의 신학에 선구적인 길을 열어 주었고, 우리가 다루고 있는 삼위일체론을 위해서도 큰 실마리를 제공해 주었다. 또한 초월의 실마리를 지닌 인간의 로고스 영역을 분석함으로써 초월의 하느님에 관한 접근이 어째서 가능하고 타당한지를 논증해 주었다. 그리고 이를 통해 삼위일체 하느님에 관한 이해로 향하는 학문적 여정에 든든한 발판이 되어 주었다.

### (3) 모상(imago)의 관계성

#### ① 모상과 유사함의 차이(ad imaginem et similitudinem)

성경에는 피조물이 지니는 하느님과의 유사함을 기술하면서, 특히 인간이 소유한 하느님과의 유사함에 관한 남다른 차이에 대해 강조점을 두었다. 인간을 창조할 때 "우리 모습대로(ad imaginem)" 그리고 "우리와 비슷하게(ad similitudinem)"라고 비슷한 표현을 두 번 반복했다. 그저 단순히 "우리를 닮은" 등의 표현 한 번으로 인간과 하느님 사이의 연결고리로서의 초월적 특성을 기술할 수 있었는데도, 왜 굳이 이런 불필요해 보이는 중첩되는 표현을 고집했던 것인가?

"모든 모상은 모상이 속한 그 (원래의) 것과 유사하다. 그러나 모상이 되어준 그것과 모든 것이 유사하지는 않다. 마치 거울에 비친 모습이라든지 혹은 그림으로 그려진 초상화와 같이, 모상이라는 것은 모상이 속한 그 본래의 것과 당연히 유사함을 지닌다. 그러나 만일 어느 하나의 것이 다른 것으로부터 산출되지 않았다면, 둘 중의 어느 것도 다른 것의 모상이라고 부를 수 없다. 실제로 모상은 다른 것으로부터 산출될 때 존속한다. 그런데 성경에서 '우리와 비슷하게'라 하고 이어서 '우리 모습대로'라고 덧붙인 것은 어째서일까? 그것은 유사하지 않은 모상이 있기 때문인가? 단지 '우리와 비슷하게'라고 하면 충분하였을 것이다. 아니면 유사함을 지니는 것과 유사함(자체)과는 다르기 때문일까?"18)

사실 '모상(imago)'과 '유사함(similitudo)'은 거의 같은 용어이다. 그런데도 한 가지 차이가 있는데, 유사함은 일반적으로 '비슷하다'라는 의미를 지녔다는 차원인 데 반해, '모상'은 비슷할뿐더러 그 유사함이 하나의 객체로부터 다른 (그 유사함을 지니는) 객체로 무언가 자신에 속한 그 무엇을 '파생'이나 '출산(generatio)'시킬 때 사용되기도 한다. 즉 세상에는 닮은 사람들이 참으로 많은데, 이들은 서로 단순한 차원에서 비슷할 뿐이다. 반면에 부모와 자식 간의 관계에서는 당연히 '비슷하다(similis)'라고 말할 수 있고, 여기에 또 다른 특성 하나가 첨가된다. 즉 유전적인 차원에서 부모가 자식에게 자신에 속한 그 무엇을 출산(generatio)을 통해서 전해 주었다. 바로 이 때문에, '그저 단순히 비슷한(similis)' 것이 아닌 '부모와 자식'이라는 특별한 관계성(relatio)이라는 차원에서 '비슷하다(ad imaginem)'라고 말한다.

---

18) De gen. imp. 16,57(CSEL 28/1, 497-498): "Omnis imago similis est ei cuius imago est; nec tamen omne quod simile est alicui, etiam imago est eius: sicut in speculo et pictura, quia imagines sunt, etiam similes sunt; tamen si alter ex altero natus non est, nullus eorum imago alterius dici potest. Imago enim tunc est, cum de aliquo exprimitur. Cur ergo, cum dictum esset, ad imaginem, additum est, et similitudinem; quasi possit esse imago dissimilis? Sufficeret ergo ad imaginem dicere. An aliud est simile, aliud similitudo."

따라서 우선 '모상(imago)'이란, 무언가 원래의 것으로부터 생성된 복사물과도 같은 것이다. 흔히들 '모상'을 설명할 때 사진의 비유를 통해 전개하는 경우가 많다. 마치 사진을 찍을 때, 원형으로서의 모델이 있고 그것을 촬영하면 모델과 비슷한 사진이 남는데, 이 사진이 바로 모상(imago)이다. 따라서 모상은 원래의 원형인 모델과는 구별될지라도 원형으로부터 비롯되고 그 때문에 유사함을 지니는 관계성을 지닌다. 이 때문에 원형인 모델을 만나보지 못한 사람들도 모상인 사진을 보고 모델의 생김새를 알아볼 수 있기에, 모상은 일종의 계시 사건이 된다.

그런데 모상은 단순히 닮았다는 차원에서는 사용되지 않는다. 누군가가 나를 보고 연예인 중에서 누구를 닮았다고 할 때, 그 연예인과 나는 단순히 어딘가가 비슷하다는 것을 뜻하는 것이지, 아버지와 아들의 관계에서처럼, 그 어떠한 유전적인 특별한 관계성도 지니지 않는다. 따라서 모상은 유사함과 비슷한 말이기는 하지만 같은 말은 아니다. 왜냐하면 비슷한 모든 것이 반드시 모상처럼 그 원형과 '특별한' 관계를 형성하지는 않기 때문이다.

모상이 지니는 특별한 관계성이란, 원형으로부터 파생(산출, generatio)된 복사물에 무언가를 (유전적 차원이든, 원형으로부터 유사함이든) 건네주는 관계의 차원에서만 성립한다. 가령, 거울에 비친 나의 모습이라든가, 사진 속에 나의 얼굴이라든가, 호수에 비친 나무의 모습이 거기에 해당한다.

이를 유사함과 모상의 차이에 관해 유비적으로 적용해 보면, 인간 존재는 하느님이 찍힌 사진과 같다. 그래서 사진의 완성도가 최고라는 의미는 인간 존재의 완성을 의미하는 동시에 인간 존재 안에 인쇄된 하느님의 모습(effigies Dei) 즉 인간 존재가 소유한 하느님과의 특별한 관계성으로서의 모상인 하느님의 무언가도 완전한 것임을 의미한다. 비록 사진 속의 하느님과 원형으로서의 진짜 하느님은 실체적으로 다른 것이라 하더라도, 적어도 하느님에 관해 무언가를 말할 수 있는 실마리들이 하느님 자신으로부터 사진인 인간 존재 안에 파생되었다고 말할 수 있겠다. 따라서 인간은 초월의 하느님에 관해 무언가를 알려주는 열쇠가 된다. 유한한 세상에 파묻혀 있지 않고 초월을 향해 열려 있는 존재의 특성을 소유한다.

반면에 다른 피조물은 사진이기는 하되 사진 속의 주인공인 하느님이 아닌 자신이 찍힌 사진에 불과하다. 사진사가 자기 연출이나 조명 구도 등을 기획하고 촬영했다면, 어떤 식으로든 사진사의 흔적이 사진 작품 안에 남기는 할 것이다. 그 때문에 사진작가의 제한된 정보들이 어느 정도 새겨 있다고도 말할 수 있겠다. 하지만 그 정보가 사진작가에 관한 직접적인 관련을 맺는 그 무언가는 분명 아니다. 그러므로 사진이 완성된다고 하더라도 사진에 담긴 자신의 존재만이 완성될 뿐이다. 그리고 작가가 자신의 예술적 감각을 통해 작업했다는 지극히 단순한 차원에서의 '작가-작품'이라는 관계성만이 완성될 뿐이다.

그러므로 작가인 하느님이 사람과 다른 모든 것을 만드셨기에 작품인 모든 피조물은 자기 안에 남겨진 흔적의 차원과 그 수준만큼 존재의 기원인 하느님에 참여한다. 그러나 오직 인간만이 초월의 하느님으로부터 특별한 관계성(ad imaginem)을 이루고 있다. 여기서 '특별한 관계성'이란 인간 이성과 자유를 말한다. 이 두 가지 특성은 하느님과의 특별한 관계를 바탕으로 초월의 저 너머의 것이 무언가 사람에게 주어졌다는 사실을 말한다.

인간이 소유한 의지는 자유라는 토대 위에 세워졌으며 이 부분이 다른 피조물과는 전적으로 다른 차원에 속한다. 가령 자연의 동물만 보더라도 모든 종의 동물에게는 자신이 좋아하고 자신에게 유익한 것을 찾아 소유하려 하고 자신에게 해로운 것을 멀리하려는 경향이 있다. 가끔 겉으로 보기에 이를 초월해서 인간처럼 사랑이니 자유를 실현하는 종(species)

이 있는 것처럼 보이는 것도 사실이다. 하지만 이것도 어디까지나 더 큰 자신인 종을 보존하려는 자연법칙의 굴레 속에서 진행되는 착시현상일 뿐이다. 또한 자연의 현상을 인간 현상처럼 대비시켜 이해하려는 '의인화(anthropolization)'의 한 부분일 뿐이다.

가령, 동물의 세계에는 어미가 새끼를 낳고 자기 몸을 먹이로 내어주는 현상도 존재한다. 이를 두고 인간이나 동물이나 자식을 향한 부모의 희생과 사랑은 언제나 한결같다고들 동일시하곤 한다. 그러나 과연 이러한 자연현상이 남을 위해 자신을 희생하는 인간의 자유로운 사랑의 행위와 같은 것인가? 동물은 그저 자연의 기계론적인 법칙을 따라 움직일 뿐이다. 인간처럼 자유로운 결단을 따라 사색하고 행위를 하는 것이 아니라 반드시 그래야만 하는 자연의 유전 법칙과도 같은 소프트웨어에 따라 순응할 뿐이다. 따라서 여기에는 반대되는 역행이란 존재할 수 없다. 대자연의 톱니바퀴들 조합 속에 한 부분을 차지하고 전체 자연의 조화로운 움직임에 순응할 수밖에 없는 우주의 법칙 안에 파묻혀 있을 뿐이다. 그들 의지가 향하는 방향과 목적은 오직 자신을 보호하고 자기 종을 유지하는 일뿐이다.

반면, 인간은 어떠한가? 인간도 동물들과 마찬가지로 같은 법칙들에 적용받기는 매한가지다. 그러나 동시에 이러한 법칙들을 거스르는 어리석은 행동도 한다. 가령 종교적 신념이나 나라를 위해 목숨을 바친다거나 자식들을 위해서도 기꺼이 희생을 감수한다거나 말이다. 동물들과는 달리 자신의 종이 아닌 추상적 이념에 해당하는 것들에도 희생을 바치는 행위는 분명 자연의 법칙을 초월하는 그 무언가를 반증한다. 그런데 인간의 희생은 전적으로 자유로운 자신의 결정에 따른다. 반드시 그렇게 해야만 하는 상황이 아니라, 해도 되고 안 해도 되는 자유가 주어진 상황에서도 자신의 의지로 결정하고 행동한다. 바로 이러한 점이 다른 여타의 피조물들과 구별된다.

결국 인간만이 눈을 들어 하늘을 바라보고 초월의 하느님을 갈망한다. 그것도 자유로운 의지의 행위로 때로는 자기를 희생하며 하느님과 일치를 이루기를 열망한다. 그것은 하느님으로부터 인간에게 강한 자석이 지니는 끌어당기는 힘과도 같은 사랑을 분유 받았기 때문이다. 그래서 인간 자신에게 좋은 것에 도달하려는 움직임(운동, motus)이 자신에게 무한히 좋은 초월의 하느님을 지향하는 것은 지극히 자연스러운 일이다. 아우구스티누스는 자신에게 좋은 것을 이루려는 혹은 소유하려는 충동(appetitus)과 그것으로 향한 움직임(motus)을 사랑(amor)이라 정의한 바 있다.

"의지(사랑)는, 아무런 강요 없이 무엇에게서 벗어나거나 혹은 무엇인가에 도달하기 위한 영혼의 움직임(운동)이다."[19]

"보시니 좋았다."라고 세상 창조의 목적과 결과를 드러내어 주는 성경 구절처럼, 이 사랑이 모든 만물을 하느님 선성(Bonitas)으로 창조하시고 그 모든 것을 완성으로 이끌어 가는 하느님의 영원한 운동(Motus aeternalis)이요, 하느님의 사랑인 성령이기도 하다. 그런데 이 하느님의 사랑이 성령을 통하여 우리 인간 영혼 안에 부어졌다고 한다.[20] 하느님의 사랑이 인간에게 당신의 흔적을 남겼고, 그 흔적은 지성의 내용적 측면과 더불어 의지 혹은 사랑의 측면까지도 포함한다. 마치 향수 짙은 손으로 무언가를 만든 후에 일정 기간 그 향기의 체취가 흔적처럼 남는다

---

[19] De dua. an. 10,14(CSEL 25/1, 68): "Voluntas est animi motus, cogente nullo, ad aliquid vel non amittendum, vel adipiscendum."; De ver. Rel. 3,10,16 (CSEL 80, 89): "Caritatem voco motum animi ad fruendum deo propter ipsum et se atque proximo propter deum; cupiditatem autem motum animi ad fruendum se et proximo et quolibet corpore non propter deum."; Gilson E., *Introduzione allo studio di sant'Agostino*, trad. it., Genova 2001, 157-158; Trape A., *Agostino - l'uomo, il pastore, il mistico*, Citta' nuova 2001, 337-338
[20] 로마 5,5.

거나, 강한 자석을 철에 오래 문지르고 나면 한동안 자성의 성질이 흔적처럼 남는 것과 같다. 그러므로 인간은 하느님으로부터 자석처럼 무언가에 '끌리는 힘(pondus 혹은 amor)' 내지는 '운동'을 분유 받았다. 이에 따라 자신에게 좋은 것을 소유하려는 '마음의 움직임(motus animi)'이 자신을 넘어서 인간 자신에게 가장 좋은 최고선인 하느님을 소유하려는 '자기 초월의 지향성(capax Dei)'으로 확장된다.21) 이 때문에 하느님을 소유하기까지 참된 기쁨이나 안식에 도달하지 못하는 불완전한 여정 안에 놓이게 되었기에(ad Deum)22) 인간은 하느님과 이러한 특별한 사랑의 관계를 지닌다.

### ② 모상, 하느님과의 관계성의 완성

인간은 하느님과 유사함(similitudo)을 지니는 동시에 특별한 관계성이라는 차원에서의 유사함 즉 모상(imago)을 소유했다. 이는 인간 구원이라는 완성의 의미가 단순히 자신의 존재를 완성한다는 존재론적 차원에 국한되어 유사한 그 부분을 완성한다는 그러한 의미에 머물러 있지 않다. 그것은 인간과 하느님 사이의 관계도 완전하게 된다는 의미로 확장되어 인간 존재를 초월하는 그 무엇도 완성의 범위에 포함해야 한다는 뜻이다.

어린 시절 부모에게 버림받고 보육원에서 자란 한 사람이 자신의 처지를 비관하지 않고 성실히 살아 훗날 크게 성공하였다. 이 사람은 뿌듯

---

21) Conf., 13,9,10; 정승익, "Augustinus의 성령론 - 창세기 1,2과 지혜서 11,21에 관한 주석을 중심으로",『누리와 말씀』22(2007), 13-15.
22) De mus. 6,11,29 (PL 32, 1179): "Delectatio quippe quasi pondus est animae. Delectatio ergo ordinat animam. Ubi enim erit thesaurus tuus, ibi erit et cor tuum : ubi delectatio, ibi thesaurus : ubi autem cor, ibi beatitudo aut miseria."; Conf. 1,1,1; En. ps. 9,15; Gilson E., *Introduzione allo studio di sant'Agostino*, trad. it., Genova 2001, 157-158; Simonetti M., *Commento XIII delle 'Confessioni'*, in Sant'Agostino, *Confessioni*, vol.V, Fondazione Lorenzo Valla, 1997, 255.

하고 만족한 행복을 누리며 자신의 인생을 잘 살아왔다고 생각할 것이다. 그런데 아무도 모르는 비밀이 하나 있었는데, 그것은 그가 어린 시절 그의 부모가 그를 보육원에 맡길 수밖에 없었던 참으로 딱한 사정이 있었고, 그 부모는 평생 그 일로 괴로움에 싸여 살아야만 했다. 그래서 형편이 나아지면 그를 찾아가 용서를 청하고 다시 집으로 데려와 함께 살기로 다짐하곤 했었다. 그러나 막상 형편이 나아지기는 했지만, 자식을 찾아 용서를 구하기가 어려웠다. 그래서 그 부모는 다른 길을 선택했다. 부모와 자식이 모여 함께 하나의 가정을 꾸리는 대신 이름 모를 '키다리 아저씨'처럼 자식의 뒷바라지를 숨어서 하기로 하고, 자식 모르게 생활비와 학비 등을 외부의 손길을 빌려 자식을 돌보는 일에 노력하였다. 자식은 살면서 주변에 좋은 은인들 덕분에 높은 성공을 이룰 수 있었다고만 생각했을 뿐이다.

그 자식의 인생을 보면, 성공하고 원하는 것을 얻고 해서 행복한 삶을 살았다고 스스로 느낄 것이다. 또한 남들도 그를 가리켜 자수성가의 모범적인 모델로 칭송하며 소위 완전한 인생을 산다고들 칭찬할 것이다. 여기까지가 인간이 소유한 하느님과의 유사함을 완전하게 실현한 차원에 비유되는 단계이다.

그런데 만일 그가 받았던 대부분의 도움이 자신을 버린 부모로부터 비롯된 것을 알게 된다면 어떤 일이 벌어질까? 처음에는 혼란스럽다가도 그것이 극복되고 나면, 원망 어린 마음도 사라지고 그 인생의 완전함에 부모의 사랑이라는 관계에서 비롯된 충만함이 더욱 보태어질 것이다. 단순히 자신의 인생만이 완전해지는 차원에 머물러 그치지는 않을 것이다. 거기에 부모의 사랑이라는 특별한 관계가 그를 더욱더 풍요롭게 할 것이다. 그래서 '그때는' 그의 행복이 그 스스로만이 이룩했다고 생각한 이전의 때보다 너어욱 완전할 것이다. 따라서 하느님과의 관계성을 회복 내지는 완성한다는 것은 존재 완성 점수 100점 만점의 100점을 얻는 동시에 더욱 흘러넘치는 충만함 즉 고정적으로 머물러 있는 충만함이 아니라 빛처럼 그 존재 밖으로도 뿜어져 나가는 또 다른 차원의 충만함을 누리게 될 것을 의미한다. 즉 자신에게 속한 것만 최고치로 완성하고 그치는 것이 아니라, 그것을 넘어서 부모와 나누었던 그 사랑의 관계성도 완성하는 것이다.23)

그러므로 인간의 완성은 다른 피조물의 완성처럼 그저 단순한 차원에서 자신에게 주어진 흔적이 지니는 유사함만을 완성(perfectio similitudinis)하는 것이 아니다. 즉 자신의 존재를 실현하고 완성하는 그 차원을 넘어서 하느님과의 관계성도 완성하는 이중적인 차원을 모두 수용하기 때문이다.(perfectio relationis imaginis) 따라서 인간 존재 자신도 완전하고 동시에 하느님과 특별히 닮은 그 부분도 완전해질 것이기에 최고로 '하느님스러운(deificatus)' 인간 즉 하느님처럼 변화할 것이다. 인간 존재의 완성 차원을 넘어서는 이러한 차원을 가리켜 교부들은 구원의 또 다른 말로 '신화(deificatio)'라고 불렀다. 이 용어는, 구원의 의미가 단순히 인간의 존재가 충만히 완성되는 차원을 초월해서, 하느님 차원의 '그 무엇'으로 넘어가 완성됨을 뜻한다. 바로 이 때문에, 인간의 완성을 '인간화'라고 표현하는 데 만족하지 않았다.

인간만이 하느님의 모습대로(ad imaginem Dei) 창조되었음은, 다른 여타의 피조물이 하느님과의 유사함에 따라(ad similitudinem Dei) 만들어졌다는 사실과 확연한 차이가 발생한다. 그런데 인간 존재의 이러한 상황과 특성이 지금 명확하게 완성된 것은 아니다. 마치 즉석 사진이 촬영되자마자 화질이 선명한 수준으로 된 것이 아니라 시간의 추이에 따라 서서히 촬영된 피사체의 모습이 선명하게 완성되어 가는 것과 같다. 인간이 소유한 하느님 모상도 인생의 여정을 통해 점진적으로 그 완성도가

---

23) 정승익, 해제: 아우구스티누스, 『마니교도 반박 창세기 해설 / 창세기 문자적 해설 미완성 작품』, 정승익(역), 분도출판사 2022, 81.

높아져, 인간 안에 담긴 하느님을 닮은 그 초월의 흔적도 완성될 것이다. 바로 이 때문에 바오로 사도도 "우리가 지금은 거울에 비친 모습처럼 어렴풋이 보지만 그때에는 얼굴과 얼굴을 마주 볼 것입니다. 내가 지금은 부분적으로 알지만, 그때는 하느님께서 나를 온전히 아시듯 나도 온전히 알게 될 것입니다."24)라고 말했다. 이렇듯 지금 이 순간 현재에 하느님에 관한 인식은 즉석 사진이 아직 뿌연 상태이듯이 희미하고 불완전할 것이다. 하지만 구원의 순간에 가서는 무언가를 통해서 하느님을 바라보고 인식하는 것이 아니다. 오히려 자신 안에 이미 존재하는 하느님 모상의 완성을 통해서 직접 바라보는 것처럼 선명하게 깨닫게 될 것이다.

그런데 "하느님을 직접 바라본다.(visio Dei)"는 의미로 "얼굴과 얼굴을 맞대고 마주 볼 것입니다."라는 수준이 과연 어느 정도인지 궁금해진다. 언뜻 보면 하느님에 관해 무언가 직접적이고 완전한 인식에 도달하는 것처럼 보일지라도, 실상은 그렇게 되지 못할 것이다. 즉 인간의 수준에서는 완전한 인식이라고 말할 수 있을는지는 몰라도 하느님 차원에서의 인식은 불가능하다. **1요한 3,2**에서도, "우리가 어떻게 될지는 아직 드러나지 않았지만, 그분께서 나타나시면 우리도 그분처럼 되리라는 것은 알고 있습니다. 그분을 있는 그대로 뵙게 될 것이기 때문입니다." 이 구절에서도 "그분처럼 된다(similes ei erimus)."라든지, "그분을 있는 그대로(eum sicuti est) 보게 된다."라는 대목은, 인간 존재가 (비록 하느님과 같은 존재가 되는 것은 아닐지라도) 하느님처럼 무언가 '신적 존재(dei)'가 된다거나, 하느님을 확연하게 알 수 있게 되리라는 구원의 표징을 설명하는 듯 보인다.

또한 **즈카 12,8**에 예루살렘과 유다의 구원에 관해 신탁의 내용이 나오는데, "그날에 그들 가운데 가장 연약한 이도 다윗처럼 되고, 다윗 집안은 하느님처럼, 곧 그들 앞에 선 주님의 천사처럼 될 것이다."라고 되

---

24) 1코린 13,12.

어 있다. 여기서도 "하느님처럼(quasi Dei) 될 것이다."라는 대목에서 "하느님과 동일하게 된다."가 아닌 "하느님처럼" 그러니까 유사한 신적 존재가 되는 것이라고 언급하고 있고, 보다 구체적으로 그 존재자는 "주님의 천사처럼(sicut angelus Domini)" 될 것이라고 부연 설명하고 있다.

그러므로 '지복직관'의 '하느님을 바라본다'라는 의미는, 하느님의 얼굴을 '직접' 본다는 의미가 아니다. 그것은 인간의 구원이란 어디까지나 우리에게 새겨진 '흔적'을 완성하는 것이기 때문이다. 그러나 그 흔적은 하느님의 것이고 초월로 개방되어있기에 인간이 소유한 흔적을 넘어서는 그 무엇을 '제한적으로' 바라보게 되는 것도 의미한다.

이처럼 사진이 완성된다고 원형과 동일한 존재가 되는 것은 아니다. 사진은 어디까지나 유사함을 지니는 모상, 그러니까 하나의 복제품(copy)일 뿐이다. 그러므로 인간의 수준으로부터 바라볼 때, 존재의 완성도가 최고도에 도달하는 지점이 "하느님처럼(similes ei erimus)" 유사한 정도가 완성된다는 의미이다. 또한 "있는 그대로 보게 된다(videbimus eum sicut est)."라는 대목에서의 "있는 그대로" 즉 하느님이 존재하는바 그대로를 인식한다는 본래의 의미는 하느님 존재 자체의 모든 것을 완전하게 인식한다는 것이 아니다. 단지 사진의 선명도가 완전해졌으니 더 이상 오류 없이 사진 안에 담긴 온전한 하느님의 모습을 통해 그분이 누구신지를 '제한적으로나마' 그러나 인간의 수준에서는 최고 수준으로 깨닫게 됨을 뜻한다. 결국 초월의 하느님과 인간이 지니는 이 특별한 관계는 창조주와 피조물이라는 좁힐 수 없는 틈을 드러낸다.

## 2. 오리게네스:
### 의식 현상학을 통한 삼위일체론

유스티누스의 로고스 그리스도론은 우리가 어떻게 초월에 관해 인식할 수 있는가에 대한 질문과 답변을 시작으로 해서, 인간을 인식할 수 있게 한 그 로고스가 나자렛 예수로 육화한 것이라는 신학적 성찰을 중심으로 전개되었다. 여기서 로고스는 플라톤의 이데아처럼 독립적이고 보편적인 관념적 실체만으로 파악된 것이 아니다. 오히려 성부의 영원한 생각(지혜)으로 (아직 본격적이고 명시적이지는 않더라도) 바라보았고, 성부와 성자라는 관계 안에서 삼위일체론의 차원으로 생각하였다. 그러나 신학의 강조점은 삼위일체론적이라기보다는 로고스 자체에만 머물러 그리스도론적으로 해석했음은 분명하다.

그런데 이 로고스는 홀로 자존적으로 존재하는 것인가? 로고스의 존재 기원에 관한 신학적 질문에 오리게네스는 본격적으로 답변을 시작한다. 특히 성부와 성자의 관계에 관해 '본격적인' 의미에서의 삼위일체론을 전개한다. 그는 다른 교부들과는 달리 로고스로부터 신학을 출발하지 않고, 성부 하느님이라는 존재의 기원으로부터 신학적 성찰의 시발점을 두었다. 마치 태양 자체로부터 그 태양의 빛이 뿜어져 나와서 온 세상을 비추듯이, 존재 자체인 성부로부터 그분의 영원한 생각인 로고스가 즉 두 번째 위격의 하느님인 성자가 파견받았다(missus est)고 말한다. 그러므로 유스티누스의 로고스를 중심으로 하는 신학적 물음은, 이제 오리게네스에 이르러서는 성부와 성자의 두 위격 사이의 관계(relatio)에 관련한 물음으로 확장된다.

## 1) 태양의 비유

　　오리게네스가 언급한 태양의 비유는 신학의 근본 주제를 설명하는데 매우 유용하다. 특별히 초월의 진리 자체를 직접 인식할 수 없는 인간의 유한한 한계 상황에서, 인간은 어떻게 진리 인식을 제한적일지라도 할 수 있는가에 관해 계시적 측면을 통해 설명해 주었다. 앞서 유스티누스는 '씨앗을 주는 로고스'와 '로고스의 씨앗'이라는 그리스도론적 차원에서만 설명을 시도하였다면, 오리게네스는 로고스를 태양의 빛처럼, 즉 성부로부터 뿜어져 나오는 빛처럼 생각하였다. 이러한 성찰을 통해, 보이지 않는 존재 자체(Esse)인 초월의 성부에 관해 무언가를 알 수 있게 해 주는 계시의 완성으로 바라보았다.[25]

　　인간은 초월의 실체에 관해서도 태양의 실체 자체에 관해서도 직접 바라볼 수 없다. 그저 인간이 인식할 수 있는 영역은 그 태양 자체로부터 흘러나오는 빛만을 보고 알 수 있을 뿐이다. 또한 그 빛이 어디서 흘러나왔는지 그 기원(origo)에 관해 매우 단순하게 '거기에 있다 (ibi est)'라는 사실만을 알 수 있을 뿐이다. 그러므로 태양의 빛은 인간이 접근할 수 없는 초월의 계시 사건이 되어 준다. 그렇기에 태양 빛은 보이지 않는 태양의 존재 자체와 유한한 인간을 이어 주는 '연결고리'요 '중재자 (mediator)'가 된다. 그래서 태양 자체에 관해 명확한 언명은 불가능해도, 태양 빛을 바라보며 '태양은 밝다.'라든가 '태양은 우리 머리 위에 하늘 높이 있다.' 내지는 '태양은 모든 것을 비춘다.'라는 등등의 기술이 가능하게 된다. 바로 이 때문에 예수께서도 초월의 성부 하느님을 보게 해 달라

---

25) De prin. 1,1,6.

고 청원하는 필립보에게 "나를 본 사람은 곧 아버지를 뵌 것이다. 그런데 너는 어찌하여 '저희가 아버지를 뵙게 해 주십시오.' 하느냐?"26)라고 말씀하셨다.

그러므로 태양 빛은 태양의 존재한테서 나왔으니, 그 존재의 기원을 태양 그 자체에 둔다. 이에 따라 태양 자체와 태양 빛은 아버지가 아들을 낳듯이 '아버지와 아들'이라는 특별한 관계를 이룬다. 우리가 태양에 관해 이러쿵저러쿵 묘사하는 모든 내용은 태양 자체에 관한 것이라기보다 태양 빛에 관한 것들에 해당한다. 따라서 태양 빛은 태양의 존재에 관한 계시 사건이 된다. 또한 인간이 인지할 수 있는 태양 자체에 관한 '존재(esse)의 내용(essentia)' 즉 '존재하는 바의 내용(quodditas)'이 된다. 이는 존재의 문제를 다루는 형이상학에서도 일반적인 주제로서, 존재 자체에 관한 물음은 결국 인간 이성이 파악하는 존재의 본질(essentia)의 물음으로 이어진다. 이처럼 하느님에 관한 신학적 물음도 성부에 관한 것이기도 하고, 동시에 당신의 존재하는 바의 내용인 성자에게도 해당하는 것이다. 그러나 성부에 관한 신학적 답변은 지극히 단순한 의미에서 "거기에 계시다.(ibi est)" 외에는 달리 논리적으로 접근하기는 여전히 불가능하다. 그래서 태양의 빛은 태양의 존재에 관한 앎의 내용적 차원이 되고, 이를 통해 인간은 하느님이 어떠한 분인가에 관해 이해할 수 있게 된다.27)

**콜로 1,15**의 그리스도 찬가에서, "그분은 보이지 않는 하느님의 모상(imago Dei invisibilis)이시며 모든 피조물의 맏아들이십니다."라고 성자에 관해 기술해 주고 있다. 그런데 이 구절도 앞서 설명하였듯이, 하느님의 존재는 그러니까 성부에 관해 "보이지 않는(invisibilis)"다고 그분의 절대적 초월의 특성을 드러내 준다. 이 때문에 인간이 성부 하느님에 관해 알 수 있는 내용은 지극히 단순할 수밖에 없다. 여기서 "보이지 않는다"라는 의미는 단순히 물리적으로 눈에 보이는가 그렇지 않은가에

---

26) 요한 14,9.
27) De prin. 1,1,8.

관한 내용이 아닌, 인간의 인지 가능성의 영역을 초월하는 상황에 해당하는 수식어이다. 그런데 이러한 초월의 하느님에 관해 알 수 있는 통로가 바로 "그분"으로 언급된 두 번째 위격의 성자 하느님이다. "그분"은 "하느님의 모상", 더욱 정확한 표현으로 "보이지 않는 하느님의 모상"이라고 설명하고 있다. 여기서 모상(imago)은 사진처럼 사진 속 주인공인 원형에 관해 계시해 주는 앎의 내용을 담고 있다. 이는 사진 속의 인물을 한 번도 만나보지 못했다고 하더라도, 사진을 보면 그가 어떤 사람인지 알 수 있는 것과 같다.

가령 전쟁 중에 결혼한 신혼부부였는데, 남편이 징집되어 전쟁에 나갔다가 전사하여 홀로 남게 된 미망인이 있었다. 불행인지 다행인지 그녀에게는 죽은 남편이 남긴 유복자인 아들 하나가 있었고, 그녀는 정성을 다해 아들을 길러냈다. 훗날, 아들이 성년이 되어 결혼하게 되었고, 결혼식 날에는 오랫동안 보지 못했던 일가친지들이 축하하러 방문해 주었다. 결혼식 날 많은 친척은 혼례를 치르는 신랑에게서 그 아버지의 살아생전의 모습을 발견하고는, "그 아버지를 꼭 빼닮았구먼!" 하면서 한마디씩 했다. 한편 신랑의 아버지를 한 번도 만나보지 못했던 신부 측 하객들에게도 "신랑 아버지는 지금 그 아들하고 판박이여!"라고들 말해주었다. 모두가 신랑 아버지를 아는 것은 아니었지만 그 아들을 보고 아버지를 알게 되었다.

이렇듯 아버지와 아들은 '유전적(genetically)'으로 닮았다. 그래서 그 둘 사이에는 무언가 유사함(similitudo)과 차이점(dissimliltudo)도 동시에 존재한다. 이 둘 사이의 유사함은 무언가 내용적 측면에서 존재의 내용 즉 본질(essentia)을 일정 부분 공유한다. 따라서 죽은 아버지를 한 번도 만나보지 못했던 사람들도, 그 아버지와의 유사함을 지니는 아들을 볼 때 그의 아버지에 관하여 무언가를 '어렴풋하게나마(in aenigmate)' 알게 되는 것이다. 바로 이 대목이 그리스도론의 핵심 테마 중 하나를 이루는 동시에 삼위일체론에서도 실마리를 제공해 주는 부분이다. 아들은 아버지의 계시 사건이 되기에 '보이지 않는 아버지'의 '모상(imago)'이 된다. 이렇게 한 존재자로부터 다른 존재자로 본질적 측면에 해당하는 유사함을 건네주는 관계성을 삼위일체 신학에서는 '출산(generatio)'이라고 부르고, 훗날 니케아 신경에도 삽입되는 중요한 개념이 된다.

그런데 오리게네스가 설명한 태양의 비유에서는 성부와 성자의 관계에 관해서만 기술하고 있지 안타깝게도 성령에 관해서는 달리 명확한 해설은 보이지 않는다. 아마도 그것은 오리게네스 시대에는 그리스도에 관한 이해를 삼위일체론적으로 이해하려는, 더 정확히 말하자면, 성자의 기원을 생각해서 성부와 성자의 관계에만 초점을 두고 신학을 전개했기 때문일 것이다. 그 때문에 성령에 관해서는 아직 관심 밖의 일이었고, 성령의 문제는 한 세기가 지나서 바실리우스를 중심으로 전개될 것이다.

## 2) 의식 현상학적 분석(analogia psicologica)의 시초

### (1) 의식 현상학 구조: '생각하는 나'와 '생각의 대상이 되는 나'

삼위일체론에서 오리게네스의 공헌은 실로 지대하다. 특히 본격적인 의미에서의 삼위일체론을 전개하였다는 사실과 훗날 아우구스티누스에 이르러서야 등장하는 심리학적 삼위일체론 즉 인간 의식 현상에 관한 분석을 통해 삼위일체 하느님에 관한 이해를 추구한 바로 그 방법론적 실마리를 시도했다는 점에서 그러하다. 인간 의식 현상에 관한 탐구는 선구자적으로 개척한 길로서 현대 신학적 사유에서나 보게 될 내용을 일찌감치 시대를 훨씬 앞서 전개했다는 점은 놀라운 일이다. 물론 삼위일체론의 신비를 모두 명확하게 설명했다기보다는 의미 있는 첫걸음을 내디뎠다고 언급하는 편이 적절할 것이다.

사실 인간만큼 뛰어나게 초월의 하느님을 닮은 존재자가 또 어디에 있겠는가? 인간학적 관점을 통해 신학을 전개하는 현대 신학의 시대에는 너무나 친숙한 방법론일지는 몰라도 그 시대에 이러한 신선한 해석의 시도는 아우구스티누스에게도 많은 영향을 주었을 뿐만 아니라, 오늘의 신학을 하는 우리에게도 삼위일체 하느님에 관해 더욱 깊고 명확하게 명상하는 데 큰 도움을 주었다.

오리게네스는 성자의 파견(missio)에 질문을 던진다. 성부로부터 성자가 나왔다는 것은 구체적으로 어떤 상황을 의미하는가? 한 존재자로부터 누군가 또 다른 존재자가 나왔다면, 원래의 존재자로부터 일부분이 분리되어 나누어지는 그런 방식으로 나왔는지, 아니면 원래의 존재자는 그대로 손상 없이 있고 새로운 존재자가 생성되거나 복제되어 분리되는 방식으로 나왔는지라는 등등의 질문이 발생한다. 만일 성자의 파견이 원래 존재자의 일부분이 분리되는 방식으로 또 다른 존재자가 존재한다면, 성부도 성자도 이미 나뉨을 겪고 손상당한 상태이기에 더는 완전한 하느님이라고 말하기 어려울 것이다. 그러므로 성부로부터 성자의 파견은 분리를 겪지 않는 방식을 통해서나 혹은 여타의 원인으로 원래의 존재를 손상하지 않는 방식으로 둘 다 온전한 상태로 존속하는 동시에 서로 구별되어 존재해야만 한다.

그런데 신적 파견에 관한 논리적 이해는 수월하지 않다. 가령 한 덩어리의 밀가루 반죽으로부터 일부분이 갈라져 나오는 방식이거나 혹은 세포가 분열해서 자기 복제에 해당하는 방식으로 새로운 존재자가 생겨나거나 하는 방식에는 문제가 발생한다. 밀가루 반죽의 비유는 앞서 언급했듯이 원래의 것을 손상하는 방식이 되겠다. 그리고 세포 분열과 같은 방식은 무엇을 손상하거나 축수된 존재자로 새로이 생성되는 것은 아닐지라도, 두 존재자 사이에 무차별적인 같음이 존속하기에 각자 저마다의 고유성을 지닌 채로 서로 구별된다고 볼 수 없다.

오리게네스는 이러한 논리적 모순을 극복하면서 성부와 성자의 관계에 관한 탐구를 위해 그는 인간 의식 현상에 주목한다. 인간이 무언가를 생각할 때, 의식 안에는 잡다한 생각들과 그러한 생각들을 일으키는 의식 작용들이 존재한다. 훗날 후설(E. Husserl)은 보다 명명백백한 사유의 근본 구조를 탐구했는데, 그 결과로 의식 지향성으로서의 주체인 '노에시스(noësis)'와 그 의식 지향성의 대상으로서의 '노에마(noëma)'라는, 더는 의심할 수 없는 가장 기초적이고 근원적인 '사유의 틀' 내지는 의식 현상을 구성하는 요소를 논증했다. 이러한 인식 주관에 관한 탐구는 데카르트(R. Descartes)에게까지 거슬러 올라간다. 그의 학문적 성찰은 후설의 토대가 되었으며, 의식 현상을 일으키는 근원적 존재로서 '생각하는 나(ego=cogito)'에 관한 존재의 명증성을 논증했다. 데카르트의 '생각하고 있는 나 자신(autoconscientia)'에 관한 발견은 학문의 주된 관심사를 사유의 대상인 존재하는 사물로부터 인식 주관으로 방향을 바꾸어 놓았던 획기적인 일이었다. 그런데 이 또한 데카르트만의 절대 고유한 업적이라기보다 선대의 학자들 특히 아우구스티누스의 삼위일체론으로 그 연원을 거슬러 올라간다.

물론 아우구스티누스의 관심사는 데카르트처럼 자명한 존재의 근거를 탐구하려 했던 것은 아니다. 그에게는 존재하는 모든 것들의 존재(esse)는 만물의 기원인 창조주 하느님으로부터 생성되었다고 생각했기 때문이다. 즉 존재의 근거는 하느님께 있으며, **탈출 3,14**에서 당신 자신을 '존재 자체(Esse ipsum)'라고 밝혀 주셨다. 그렇기에 존재의 명증성을 밝히기 위해서라기보다는 그 존재 자체인 하느님을 어떻게 이해해 볼 수 있겠는가에 관해 더욱 깊은 관심을 기울였다. 그리고 이러한 학문의 여정 가운데, 하느님을 가장 닮은 인간을 분석하는 유비의 길(via analogiae)로서 인간의 의식을 분석했다. 그 결과 아우구스티누스도 '생각하는 나 (ego cogitans)'를 삼위일체론의 핵심적 출발점으로 삼았다. 그러므로 오늘날 인간 의식을 분석함으로 전개하는 대부분의 방법론은 그 지향하는 방향과 종착점이 크게 다를지는 몰라도, 그 근본 출발점에는 아우구스티누스의 생각하는 의식 주체로서의 자아(ego)에 관한 철학적 성찰이 근본적으로 깔려 있다.[28]

## (2) 생각의 주체로서의 '정신'과 그 작용으로서의 '의지'

그런데 오리게네스도 이러한 의식 현상에 관해 부분적인 성찰이 (비록 일부분이고 미흡할지라도) 발견된다는 사실은 매우 흥미로운 대목이 아닐 수 없다. 물론 아우구스티누스의 삼위일체론과 비교하면 내용상으로도 적을뿐더러 다뤘던 비중도 그다지 크지 않았지만, 선구적으로 새로운 길을 열고 제시했다는 사실에 큰 의의를 둔다.

오리게네스는 성부와 성자의 관계를 인간 의식 현상 안에 존재하는 '정신과 의지'의 관계로 유비적인 방식을 통해 성찰한다. 인간 정신이 무언가를 생각할 때, 존재하는 주체로서 '정신(mens)'으로부터 생각의 내용들 말고도 무언가 생각하려고 작용하는 '의지(voluntas)'가 나오게 된다. 이 의지는 인간 정신과는 전혀 별개의 것으로, 정신 일부를 떼어 내서 그 일부를 가지고 나온다거나, 어떤 방식으로든 정신으로부터 무언가를 분할 또는 분리하지 않는다.

> "만일 성부께서 행하는 모든 것을 성자도 비슷하게 행한다면, 성자가 성부처럼 (모든 것을) 행하기 때문에, 성부의 모상이 마치 의지가 정신에서 나오는(발하는) 것처럼, 성부로부터 낳음을 받으신 성자 안에 형성되는 것이다. 그러므로 성부께서 원하시는 것이 존재하기 위해서는 성부의 의지만 있으면 충분하다고 생각한다. 사실 그분이 원하시면, 그분의 의지가 제안하는 것과 다른 길(방법)을

---

28) Conf. 13,11,12.

사용하지 않으신다. 이처럼 성자의 존재는 역시 성부로부터 나온다(낳음을 받으셨다). 오로지 성부 하느님 외에는 낳음을 받지 않은, 즉 태어나지 않은 어떠한 것도 존재하지 않는다는 것을 고백하는 사람은 이 사실을 인정해야 한다. (…) 정신의 어떠한 부분도 나누어 나오거나, 정신으로부터 분리 또는 분할되는 일이 없이 의지가 정신으로부터 발한다. 이와 마찬가지로 본성상 비가시적인 그분이 비가시적인 모상을 낳는 것과 같이, 성부께서 당신의 모상인 성자를 낳는다고 생각해야 한다."29)

그러나 이 대목에서 정신이 무엇이고 의지는 또 무엇인가에 관해 현상학적 접근과 설명은 아쉽게도 없다. 또한 인간이 무언가를 생각할 때 발생하는 또 다른 요소인 생각의 내용들에 관한 언급이나, 정신의 의식 활동으로 일차적으로 직면하게 되는 대상으로서의 '자기 자신(autoconscientia)'에 관한 성찰도 보이지 않는다. 또한 의식을 구성하는 여러 요소가 삼위일체 하느님의 세 위격과 어떻게 고유성이 유비적으로 연결되는가에 대해서도 해설하지 않았다. 그리고 이들이 어떻게 하나의 실체를 이루는 동일한 하나의 존재인지에 관해서도 그 어떠한 설명조차 시도하지 않았다. 단지 성부로부터 성자의 '파견' 혹은 '나오심(processio)'을 어떻게 이해해 볼 수 있겠는가에 관한 지극히 단순한 설명만이 존재할 뿐이다. 오리게네스는 그저 정신과 의지의 관계가 어떠한 손상도 분리도 겪지 않고 정신으로부터 의지가 파생되었다고만 매우 단순한 어조로 언급할 뿐이다. 삼위일체

---

29) De prin. 1,2,6 (SCh 252, 122): "Si enim *omnia qeae facit pater, haec et filius facit similiter*, in eo quod omnia ita facit filius sicut pater, imago patris deformatur in filio, qui utique natus ex eo est velut quaedam voluntas eius ex mente procedens. Et ideo ego arbitror quodsufficere debeat voluntas patris ad subsistendum hoc, quod vult pater. Volens enim non alia via utitur, nisi quae consilio voluntas profertur. Ita ergo et filii ab eo subsistentia generatur. Quod necesse est inprimis suscipi ab his, qui nihil ingenitum, id est innatum, praeter solum deum patrem fatentur (…) Magis ergo sicut voluntas procidit e mente et neque partem aliquam mentis secat neque ab ea separatur aut dividitur: tali quaedam specie putandus est pater filium genuisse, imaginem scilicet suam, ut sicut ipse est invisibilis per naturam, ita imaginem quoque invisibilem genuerit."

하느님 이해를 위해서 의식 현상을 깊게 성찰하지 못했던 것은, 그의 관심사에는 삼위일체론적 성찰보다는 그리스도론적 질문에 훨씬 더 매몰되었기 때문이 아닐까 한다. 이 때문에 그의 눈에는 성부와 성자의 관계 특히 파견에만 고정되어 보였을 것이다.

결국 오리게네스의 이론을 삼위일체론의 시각으로 바라보면 몇 가지 오류를 발견하게 된다. 하지만 성부와 성자의 관계를 태양의 유비를 통해 설명한 점은 매우 단순할지라도 쉽고 명쾌하다.30) 특히 성자의 계시적 측면을 빛이라는 속성을 통해 논증한 부분은 탁월하다. 우리는 이러한 관계를 니케아-콘스탄티노폴리스 신경의 용어를 빌려 표현하자면, '출산(generatio)'이라 부른다. 그리고 이 관계성을 바탕으로, 성부를 다른 위격의 신적 기원(Origo divinitatis)으로 파악하고, 그분만이 존재 자체인 아버지로서 '낳으시는 분(Deus generans)'이라 명명하거나, '낳음을 받지 아니한 분(non generatus 혹 ingenitus)'이라고도 부른다. 이러한 표현들 안에 성부는 모든 만물의 기원이 되시는 창조주요 '일자(Unus)'로 대변되는 신적 속성들이 포함된다.

반면에 성자는 성부께 신적 기원을 두고 그분으로부터 '낳음을 받으신 분(generatus)'이라고 표현된다. 그런데 '출산'은 창조와는 전적으로 다른 개념이다. 창조는 아무것도 없는 상태로부터 존재를 부여하고 부여받은 사건이지만, 출산은 본질적으로 동등한 두 존재자의 관계를 지칭하

---

30) 삼위일체 하느님을 설명하는 여러 비유 중에서 태양의 비유는 가장 탁월하다. 성부에 관해서는 존재의 기원을, 그리고 성자에 관해서는 계시적인 측면을 잘 드러내어 주고 있다. 그리고 오리게네스는 언급하지는 않았지만, 성령에 관해서도 그 위격적 속성을 담고 있다. 그것은 태양으로부터 발출되는 '태양의 열'이다. 태양의 따사로움은 만물을 얼어 죽지 않게 소멸에서 보호(paraclitus)하고 그 생명체가 완성되도록 이끌어 주기도 한다. 바로 이 부분이 모든 만물을 완성으로 이끄시는 '성화자(Sanctificator)' 성령의 고유성과도 일치하는 대목이다. 또한 어떻게 하나이면서 셋으로 존재할 수 있는가에 관해서도 태양은 하나의 실체를 지니지만, 그 태양 자체의 존재와 그를 계시하는 출산의 관계를 지니는 태양의 빛과 그 태양의 존재로부터 발출되는 태양의 열로 존재한다는 점도 삼위일체를 이해하도록 도움을 준다. 따라서 필자는 교리교육에 임하는 교사들에게 다른 비유보다는 태양의 비유를 들어 설명하기를 강조하곤 한다. 삼위일체 유비의 토착화 시도로는 다음을 참조: 정승익, "마음의 삼위일체론 – 인간의 마음은 삼위일체 하느님의 모상이다",『누리와 말씀』39(2016), 59-103.

는 말이다. 마치 부모가 자신의 생명을 자녀에게 건네주듯이 자녀들을 낳고 자신과 동등한 인간으로 길러 내듯이 말이다. 즉 성자는 성부와 같은 본성(natura)을 지닌 하느님이시다. 오리게네스는 이러한 생각들에 관해 '동일하다(ὁμοούσιος τῷ πατρι)'라는 수식어를 사용한 점은 앞날의 공의회에도 큰 영향을 주었다.31)

그런데 성부와 성자의 관계를 지칭하는 '출산(generatio)'이라는 표현 안에는 시차적으로 우선순위를 포함하는 개념 때문에 자칫 오해의 소지가 발생한다. 누군가가 자신으로부터 다른 존재자를 출산한다는 사실에는, 우선 '출산하는 사람(generans)'이 '낳음을 받는 사람(generatus)'보다 시간에 앞서 존재해야 한다. 그렇다면 성자가 존재하지 않았던 시절이 있다는 사실 때문이라도 성자는 성부와 동일한 본성의 차원을 지니지 못하고 종속(subordinatus)되는, 일종의 하위 등급의 두 번째 하느님(δεύτερος Θεός)으로 전락하고 말뿐더러, 본인 자신도 이러한 표현을 사용해서 논란을 일으키기도 했다.32)

실제로 후대에 아리우스(Arius)는 오리게네스의 추종자로서 이 부분에 잘못된 이해를 갖고 4세기에 기나긴 신학적 논쟁을 일으키기도 했다. 그러나 오리게네스 자신은 신적 관계성을 설명하기 위하여 '출산'과도 같은 용어를 사용했을 뿐 두 위격 사이에 본성적 차원에서의 차이와 등급을 생각하지는 않았다. 오히려 그 관계성을 존재론적 차원에서 바라보았을 뿐이지 시간적인 차원에서는 이를 초월해 이루어진 "영원하고 항구한 출산(aeterna ac sempiterna generatio)"임을 강조했다.33) 그러므로 성자는 성부와 마찬가지로 시작도 없고, 더욱이 존재하지 않았던 때가 존속할 수 없음을 명백히 밝혔다.34)

---

31) De prin. 1,2,4; 오리게네스, 히브리서 강해, 24,359.
32) 오리게네스, 켈수스 반박, 5,39.
33) De prin. 1,2,4; 오리게네스, 예레미야 강해, 9,4.
34) De prin. 1,2,9; 4,4,1; 오리게네스, 로마서 주해 1,5.

# 3. 본성과 위격
### (οὐσία와 ὑπόστάσις - natura et persona)

## 1) 아타나시우스와 동일본질

오리게네스의 성부 성자 두 위격 사이의 관계성에 관한 신학적 성찰은, 성자의 육화에만 집중되었던 그리스도론적 관점에서 삼위일체론적 차원으로 더욱 심화하는 사상사에 많은 영향을 주었다. 그러나 "어떻게 서로 다른가?" 하는 구별에 관련한 그의 기술은 후대에 작지 않은 파장을 불러일으켰다. 그중 아리우스의 종속론적 생각은 4세기 초 교회를 크게 흔들어 놓았다.

아리우스는 성자를 성부의 한 피조물처럼 여겼다. 그는 로고스인 성자가 성부로부터 낳음을 받았기 때문에 진정한 의미에서 성부와 동일한 하느님이라고 볼 수 없다고 역설했다. 그것은 앞서 설명했듯이 낳음을 받기 이전에 존재하지 않던 시간이 존속했으므로 시간의 연대기 순서로도 보면 성자는 성부와 동일하지 않고 열등하다는 이유 때문이다. 그는 창세기의 '말씀(로고스)'을 통해 창조했다는 대목 또한 성자가 성부의 창조 도구일 뿐이라는 것을 말한다고 생각했다. 그러니 성자는 당연히 성부의 첫 번째 피조물에 해당하고, 성령도 말씀을 통해 즉 성자를 통해 창조된 그다음 단계의 피조물이라 설명했다. 이 같은 주장은 삼위일체론을 대중에게 이해시키는 데서, '동일하면서 동시에 구별된다.'라는 하느님의 속성을 '본성(οὐσία, natura)'과 '위격(ὑποστάσις, persona)'의 난해한 철학적 의미를 통해 설명하는 것보다 훨씬 단순하고 명료한 이해를 불러올 수 있었다. 그리고 더욱 본성이나 위격의 개념조차 당시에는 명확하게 구분되고 정리되지도 못했기 때문에 아리우스의 해설은 대중적으로 전파되기에 훨씬 더 쉬웠다.

반면에 알렉산드리아 출신의 부제였던 아타나시우스(Athanasius)는, 성부와 성자는 본성적으로 같은 하느님임을 역설했고, '동일본질(ὁμοούσιος)'[35] 이라는 용어를 니케아 공의회 신경 조문에 삽입하였다. 물론 이 용어는 성경에서 사용된 것을 가져다 쓴 것은 아니었다. 단지 성부와 성자가 본성적 차원에서 같은 하느님이라는 의미에 관련해서 불필요한 오해를 줄이면서 매우 명확하게 성자의 신성을 변호하는 개념을 담고 있기에 차용되었다. 사실, '실체(οὐσία, substantia)'가 같다는 표현 말고 그 무엇이 더 엄밀하고 명확하게 두 존재자가 동일하다는 것을 논증해 줄 수 있겠는가?

'실체'는 한 사물이나 객체를 그 자신이게끔 해주는 그 사물 기저(sub)에 있는(stans) '그 무엇'이다. 우리 일상생활 안에서도 흔히 사용되기도 하는데, 가령 '저것의 실체는 무엇인가?'라든가, 무언가 새롭고 무지한 대상이 출현했을 때 '우선 저 실체부터 파악해 보자!'라고 말할 때 드러나는 의미이다. 또한 실체는 '정체(identitas)'라는 말과 같은 의미로도 사용된다. 가령 미지의 사람이나 사물을 맞닥뜨렸을 때 '정체가 무엇인가?'라고 그 근본 내용을 질문하기도 한다. 아타나시우스의 '동일본질' 혹은 '동일실체'는 두 위격 사이에 실체 내지는 정체가 같으니, 성자도

---

35) 실체(substantia)가 같은데 본질(essentia)이 같다고 '동일본질'이라고 번역한 것은 이미 그러한 쓰임이 굳어졌기 때문에 필자도 그대로 사용한 것이다. 사실 실체와 본질은 그 근본 의미는 같다. 단지 본질이라 하면 한 사물을 이성적 차원에서 그 실체에 관해 파악한다는 차원에서 본질이라 말한다. 다시 말해 본질은 실체의 '존재하는 바의 내용'을 뜻한다. 라틴어에서도 보면 실체의 존재(esse)하는 바의 것을 분사적으로 표현하고(essens) 다시 이것을 명사화해서 (essentia) 사용했다. 따라서 본질은 다름 아닌 실체의 또 다른 측면에서 다르게 지칭하는 이름과도 같다.

성부 하느님과 비교해 등급이 떨어지는 '두 번째 하느님'이거나 천사들처럼 피조물이 아닌, '성자 = 성부'라는 신앙의 내용을 매우 잘 설명하여 주는 정의(definitio)이다.

> "또한 한 분이신 주 예수 그리스도, 성부의 실체로부터 나신 하느님의 외아들을 믿나이다. 하느님에게서 나신 하느님, 빛에서 나신 빛, 참 하느님에게서 나신 참 하느님으로서, 창조되지 않고 나시어 성부와 한 본체(ὁμοούσιος τῷ πατρί)로서 만물을 창조하셨음을 믿나이다."36)

이러한 아타나시우스의 공헌으로 니케아 신경에는 '성부와 한 본체'라는 표현 안에 동일본질이라는 개념도 들어갔을 뿐만 아니라, 아리우스의 사상 중 종속론적 경향에 관해 반박하면서 성자도 성부와 같은 하느님이심을 부연 설명하며 강조하는 다른 정의들도 삽입되었다. 우선, 성자의 '나심(출산 γεννηθέντα ἐκ τοῦ πατρὸς)'은 "창조되지 않고 나시어(γεννηθέντα οὐ ποιηθέντα)"라는 정의로 피조물이 아닌 하느님의 유일한 아들(ἐκ τοῦ πατρὸς μονογενῆ)이요, '참 하느님에게서 나신 참 하느님(Θεὸν ἀληθινὸν ἐκ Θεοῦ ἀληθινου)'이심을 밝히고, 아리우스의 주장처럼 피조물이 아닌 참된 하느님이시기에 "성부의 실체로부터 나신 분(τουτέστιν ἐκ τῆς οὐσίας τοῦ πατρὸς)"으로37) 고백하였다. 또한, 성자도 창조주 하느님으로서 "(그분을 통하여) 만물을 창조하셨다(δι' οὗ τὰ πάντα ἐγένετο)"라는 고백도 신경 안에 기술해 놓았다.

---

36) *Conciliorum Oecumenicorum Decreta*, a cura di G. Alberigo, Bologna 2002, 5: "καὶ εἰς ἕνα κύριον Ἰησοῦν Χριστὸν τὸν υἱὸν τοῦ Θεοῦ γεννηθέντα ἐκ τοῦ πατρὸς μονογενῆ, τουτέστιν ἐκ τῆς οὐσίας τοῦ πατρός, Θεὸν ἐκ Θεοῦ, φως ἐκ φωτός, Θεὸν ἀληθινὸν ἐκ Θεοῦ ἀληθινοῦ, γεννηθέντα οὐ ποιηθέντα, ὁμοούσιον τῷ πατρί, δι' οὗ τὰ πάντα ἐγένετο (...)"
37) 이 부분이 니케아-콘스탄티노폴리스 신경과는 좀 다르다. "τὸν ἐκ τοῦ Πατρὸς γεννηθέντα πρὸ πάντων τῶν αἰώνων."(하느님의 외아들 영원으로부터 성부에게서 나신 분). 아리우스의 주장처럼 성자가 존재하지 않았던 때가 있었기에 성부에 종속된다는 이론을 반박하기 위해 '영원으로부터 나심'이라는 구절을 첨가하여 성자의 신성을 더욱 명확하게 하였다.

### (1) 실체 개념의 차이: 알렉산드리아 vs. 안티오키아

이로써 아리우스의 종속론적 주장이 니케아 공의회(325)를 거치면서 일차적으로 해결된 듯 보였지만, 니케아 신경 안에 삽입된 '동일본질'에서의 실체에 관련한 이해를 둘러싸고 더 큰 혼란의 소용돌이를 일으키게 되었다.

아타나시우스와 아리우스 사이의 논쟁이 치열했던 4세기의 문화적 배경을 살펴보면, 도시 중심으로 여러 학파와 철학 사조가 이미 확연하게 구별되어 존재했다. 특히 알렉산드리아를 중심으로는 플라톤적 사상이 주류를 이루었고, 안티오키아를 중심으로는 아리스토텔레스 철학이 그 지역 사람들의 생각하는 근본 틀을 이루고 있었다. 더욱이 당시의 교통과 통신이라는 제한적 상황을 고려해 볼 때, 한 지역의 문화적 폐쇄성은 오늘날 우리에게는 생경한 현실임에는 틀림없을 것이다. 한 사람이 어느 특정 지역에서 태어나 죽는 그 날까지 그 지역을 벗어나지 못하고 인생을 사는 경우가 다반사인 당시의 사람들에게는 어린 시절부터 지역 사람들에게 듣고 배운 경험치는 당연히 매우 제한적이고 편협할 수밖에 없었다. 때로는 그것이 그들에게 삶을 살아가고 성찰하는 논거의 전부가 되었다고 해도 과언이 아닐 것이다. 이 때문에 다른 지역의 다른 사상은 오늘날의 우리보다 훨씬 이해하고 수용하기 힘든 것이었을 것이다. 그리고 그에 관한 부정적 시각과 저항은 훨씬 강력했으며, 더욱이 그 대상이 되는 내용이 종교적 신앙에 관련한 것이라면 그 문화적 충돌과 갈등은 대단히 컸을 것이다.

플라톤 철학이 성행했던 알렉산드리아의 사람들은 철학자의 이름으로부터 유래된 'platonic'이라는 단어에서도 드러나듯이, 무언가 현실적이고 경험적인 사실들보다 관념적이고 선험적인 관점으로 세상을 바라보았다. 단적인 예로, 그들에게는 인간 육신을 포함한 모든 물질적인 것들은 영원한 것들이 아니며 부정적인 것으로 바라보았다. 그들에게 실재하는 참된 세계는 물질을 넘어선 '관념(Idea)'의 세상만이 존재할 뿐이기에 진리 탐구의 대상도 보편적이고 초월적인 것에 초점을 두었다.

반면에 아리스토텔레스 철학을 생각의 기저에 두었던 안티오키아 사상가들에게는, 플라톤적 세상보다는 개별 사물들에 관한 경험을 통해 얻게 되는 개별적이고 경험적이고 현실적인 것에 강조점과 학문의 출발점을 두었다. 이 두 학파의 서로 다른 생각의 기본적인 틀은 성경을 이해하거나 로고스의 육화를 바라보거나 삼위일체를 논할 때도 극명하게 다른 해석으로 충돌하곤 하였다.

성경을 해석할 때는 알렉산드리아 학파에서는 비유적이고 우의적(allegoria)인 해석 방법을 따랐던 반면에 안티오키아에서는 글자 자체가 지니는 자구적 의미(ad litteram)를 선호하였다. 인간학적 측면에서는 알렉산드리아 학파는 영혼의 특성에 더욱 주안점을 두었던 데 비하여, 안티오키아 학파는 인간의 물질적 측면인 육신의 감각적 특성으로부터 시작하여 인간의 본질을 파악하였다. 또한, 그리스도론을 전개할 때도 알렉산드리아 학파 사람들은 두 번째 위격으로서의 하느님 즉 로고스 하느님으로서 더 많이 바라보고 해석했다면, 안티오키아 학파는 육화하신 하느님 나자렛 출신 예수의 역사적 차원에 더 큰 비중을 두었다. 삼위일체론에서도 알렉산드리아 학자들은 한 분이신 하느님의 신적 '본성(natura)'에 집중했던 반면에, 안티오키아 학자들은 성부, 성자, 성령의 세 위격이 서로 어떻게 구별되는가에 관련한 '위격성(persona, proprietas)'에 더 많은 관심을 기울였다. 그러므로 신학적 여러 주제들에 관해 논쟁이 벌어졌을 때마다 이러한 사상적 차이가 큰 충돌과 혼란을 가져다주었다. 실상, 이러한 신학적 차이는 오늘날에도 지리적 차이만을 극복했을 뿐, 개개인의 철학적 성향에 따라 추구하는 바가 크게 두 가지 틀 안에서 극단과 중도와 혼합의 색깔들을 달리하며 전개되기는 매한가지이다.

도표38)

| | 알렉산드리아 학파 | 안티오키아 학파 |
|---|---|---|
| 철학적 노선 | 플라톤적 | 아리스토텔레스적 |
| 사고방식 | 관념적, 이론적, 추상적 측면을 강조 | 경험적, 현실적, 구체적 |
| 인간 이해 | 영혼에 보다 큰 강조 ⇒ 때때로 인간의 육신을 경시 ⇒ 극단적인 금욕주의가 생기기도 | 육신·감각에 대한 관심과 재인식 |
| 그리스도론 | 신성 | 육화, 인성 |
| 성경에 대한 해석 | 은유적, 비유적 | 자구적 |
| 삼위일체 | 한 분이신 하느님 (다신론적 해석을 경계) | 구별되는 세 위격 (단원론적 극단을 경계) |
| 대표 인물 | 클레멘스, 오리게네스, 알렉산더, 아타나시우스 | 디오도루스, 테오도루스, 요한 크리소스토무스 |

두 학파의 실체에 관련한 근본적 성찰에서도 상당한 차이를 보였는데, 누군가 '실체'가 무엇인가라고 말할 때, 알렉산드리아 사람들은 당연히 실체는 사물들의 보편실체를 지칭한다고 생각했다. 반면에 안티오키아 사람들은 개별 사물들 안에 존재하는 개별실체라고 우선하여 생각했다. 이는 실체 개념을 둘러싼 플라톤과 아리스토텔레스의 철학적 견해 차이로부터 비롯된 논쟁거리였다. 플라톤에게 실체란 경험되는 개별 사물을 넘어서는 보편적이고 관념적인 것들을 실체로 보았던 반면에, 아리스토텔레스는 현실에서 경험되는 개별 사물들을 근본적으로 구성하는 것들이 실체라고 생각했다. 그렇기에 일차적으로 경험되는 개별실체를 제1실체라고 불렀고, 이들에 관해 관념적으로 부차적인 차원에서 고찰되는 플라톤의 보편실체를 제2실체라고 구별하였다.

---

38) 정승익, "니케아-콘스탄티노플 신경에 나타난 '동일본질'과 '동일흠숭' 개념에 대해서 - 바실리우스의 성령론을 중심으로", 『신학과 사상』 68(2012), 136.

### (2) 실체와 구원

　가령, 실체 개념의 차이에 관해 인간의 예로서 설명하자면, 철수와 영희는 '둘 다 인간이다.'라고 말할 때, 그 둘 사이에 공통적이고 보편적으로 동일한 실체 즉 보편실체가 같다는 말이다. 그리고 철수와 영희는 '서로 다르다.'라고 말할 때는 두 사람이 제각기 서로 다른 개별실체 즉 자신만의 고유함이 다른 차원을 지칭하는 것이다. 결국, 철수와 영희는 같은 사람으로서 보편실체(= 제2실체)는 동일하지만, 철수는 개별자로서 고유한 개별실체가 있고 영희는 영희만의 고유하고 구별되는 다른 개별실체를 지니고 있으므로 둘의 개별실체(= 제1실체)는 서로 다르다고 말하는 것이다.

　이를 인간 존재의 완성이라는 구원의 차원에서 확장해서 성찰해 보면 흥미로운 신학적 성찰이 발생한다. 구원을 여러 가지 방식으로 설명해 볼 수 있겠지만 인간에게 가장 좋은 것이 선물로 주어지는 것이라는 사실로부터 출발해 보자! 구원이란 인간 존재의 모든 것이 가장 완벽하게 '존재를 실현'하고 완성(perfectio)하는 것이다. 즉 하느님의 창조(creatio)가 시공의 영역 안에서 시초의 불완전한 부분으로부터 시작하여 그 종착지로서의 완성인 '존재의 완성(perfectio essendi)'에 도달하는 것이다. 다시 말해 인간의 완성은 결국 인간의 정체성 즉 실체가 완성되는 것(perfectio substantiae)이다. 이 존재의 완성은 다름 아닌 우리가 분유받은 존재하는 바의 내용(quodditas)인 각각의 본질을 현실화하는 것이다.

　따라서 우리는 모두 구원의 순간에 우리가 부여받은 인간으로서의 보편실체가 완성하게 될 것이다. 그때에는(tunc) 모든 인간이 참된 인간이라는 동일한 보편실체를 소유하게 될 것이기에, '너와 나'의 구분은 사라지고, 모든 이가 '참되고 완성된 인간(homo verus et perfectus)'으로서 하나(unus)의 일치(unitas substantiae universalis)를 이룰 것이다.

동시에 철수는 철수로서의 고유함(proprietas)이, 영희는 영희로서만의 고유함이 완성될 것이다. 이 때문에 둘 사이는 100% 전혀 다른 차이가 발생하게 되고, 제각기 '참된 자기 자신(seipse verus)'이 될 것이다. 그러므로 모든 사람이 하나의 존재자처럼 동일성을 지닐 것이고 동시에 서로 다른 상이성도 지닐 것이라는 역설적인 상황에 직면할 것이다.

이 부분이 불교의 구원과 대비되는 대목이다. 불가에서는 구원이란 우주의 보편적인 실체와 하나 되는 것을 의미한다. 거기에는 너와 나라는 개별적인 구분은 더 이상 존재하지 않는다. 그러나 그리스도교의 구원은, 신적 실체와 일치를 이루는 것은 비슷하지만, 하느님과 인간의 근원적인 차이가 사라지는 것은 아니다. 인간은 창조된 실체로서 창조한 실체인 하느님과 본성적 차원에서 일치를 이루는 것은 아니다. 단지 무한한 사랑에 의해 그분의 자녀로서 '입양(adoptio)'될 뿐이다. 또한 개별 인간도 자신의 고유함이 사라지면서 다른 인간과 하나의 일치를 이루는 것은 아니다. 자기 존재의 실존적 고유함이 오히려 완성되는 것이다. 따라서 나는 참된 나로서 다른 이들과 하나 되는 것이다. 나의 '나인 바(qui sum)'는 절대로 사라지지 않을 것이다. 이것을 우리는 육신 부활이라고 말한다. 여기서 '육신'의 의미는 물질적인 측면을 말하는 것이 아니고 인간의 고유한 실존을 가리킨다.

이러한 역설적인 존재의 완성이라는 상황에 그리스도론적 성찰을 추가해 보자! 그리스도는 참인간이 된 참 하느님이시기에(homo verus et Deus verus), 구원에 도달한 완전한 인간 존재는 사람이신 그리스도와도 (보편실체의 차원에서) 하나의 일치를 이룰 것이다. 하느님이신 그의 인성 안에 우리 모두를 '하나로' 한 몸 안으로 모아들일 것이다. 또한 그리스도는 인간이면서 동시에 하느님이시기에 당신의 위격적 특성 안에 우리 모두를 하느님과도 완전한 일치를 이루게 할 것이다.

구원이란 불완전한 인간이 완전한 사람이 되는 것이고, 동시에 그리스도를 통해 하느님과도 존재론적 일체를 이루는 '하느님처럼 변화된 존재(homo deificatus)'로 격상될 것이다. 그렇다고 인간이 하느님과 같은 존재가 되는 것은 아니다. 그리스도는 본성상(per naturam) 하느님이신 것과는 다르게 인간은 그리스도와 결합(일치)이라는 은총을 통해(per gratiam) 완성될 것이다. 마치 입양된 양자처럼(per adoptionem) 하느님의 자녀들이 되어 그분처럼 유사함을 지니게 될 것이다.39) 이것이 **창세 1,26**에 인간을 창조하실 때 '당신 모습대로(ad imaginem Dei)' 만드신 그 완성 상태에 도달하였음을 의미하는 것이다.

또한, **에페 1,10** "그것은 때가 차면 하늘과 땅에 있는 만물을 그리스도 안에서 그분을 머리로 하여 한 데 모으는 계획입니다."라고 하신 말씀처럼 개개의 인간을 만드셨지만 결국에 온 우주가 그리스도를 머리로 하고 한 몸을 이루는 완전하고 총체적 인간(Totus Christus)을 창조의 종착역으로 삼으셨다. 그리고 "보시니 참 좋았다."라고 당신의 선하신 흡족함을 드러내셨다.40)

### (3) 다섯 분파

아타나시우스의 동일본질 개념 즉 "성자는 성부와 한 본체"라는 표현에서, 성자가 성부와 같다는 실체가 플라톤적으로 보편실체를 의미하는지, 아니면 아리스토텔레스의 개별실체를 말하는지 두 가지 다른 견해가 발생하게 되었다. 아타나시우스가 속한 알렉산드리아 학파는 플라톤적 철학 색채가 짙었기에 성부와 성자는 보편실체 즉 '하느님성(Deitas)'이라는 본성적 차원에서 같다는 의미로 생각했다. 따라서 이들에게는 니케아 신경의 조문은 아무런 문제가 없는 너무나 당연한 진리로 받아들여졌다. 이러한 이유로 이들을 '니케아파'라고도 불렀다.

---

39) In Io. tr. 2,13; Serm. 143,1; Ep. 140,4,10; Serm. suppl. 30,3.
40) Serm. suppl. 22,19-22; En. ps. 30,II,d.1,4; De pecc. mer. et rem. 1,26,39.

그러나 신경의 똑같은 구절에 관해서 안티오키아 학파 사람들은 성부와 성자가 개별실체의 차원에서 같다는 내용으로 해석했다. 이는 성부와 성자가 아무런 고유함의 구별도 없이 무차별적으로 동일하다는 의미로 받아들이기에 충분했다. 이는 단원론을 주장하는 사람들의 이론을 다시 직면하는 것으로 여겨졌다. 결국 니케아 신경에서 말하는 성자는 성부 하느님으로부터 구별되는 자존적 하느님이 아니라는 오해가 생겨났다.

이 두 가지 다른 해석은 상대방에게 이단으로 바라볼 오해의 소지를 제공하기도 하였다. 알렉산드리아 학파의 눈으로 보면, 안티오키아 학파의 성부와 성자의 실체가 다르다는 주장은, 아리우스가 주장한 종속론이나 삼신론의 연장이라고 생각하기에 충분한 여지를 주었다. 반대로, 안티오키아 학파의 입장에서 보면, 알렉산드리아 학파의 성부와 성자의 실체가 같다는 주장은, 단성론자(monarchianism)들이 주장하는 옛 이단의 부활로 보였을 것이다.

도표41)

|  | 알렉산드리아 학파 | 안티오키아 학파 |
|---|---|---|
| 실체(οὐσία)에 대한 이해 | 보편실체(제2실체)로 파악 | 개별실체(제1실체)로 이해 |
| 동일본질(ὁμοούσιος τῷ πατρι)에 대한 해석 | 성자는 성부하느님과 동일한 본성을 지니는 하느님 | 성자와 성부의 구별되는 고유성을 무시하는 말이기에 받아들일 수 없다. |
| 상대방에 대한 오해 | 삼신론에 대한 가능성으로 상대방을 이해하기도 했다. | 단원론의 경향으로 이해하기도 했다. |
| 무엇을 방어하기 위한 이론들인가? | 하나이신 하느님을 강조하기 위한 주장 | 삼위일체이신 세 위격의 고유성을 강조하기 위한 주장 |

---

41) 정승익, "니케아-콘스탄티노플 신경에 나타난 '동일본질'과 '동일흠숭' 개념에 대해서 - 바실리우스의 성령론을 중심으로",『신학과 사상』 68(2012), 141.

실체에 관한 두 부류의 다른 해석을 중심으로 더욱 다양한 의견들이 등장하게 되었는데 두 학파의 생각보다 더욱 극단적으로 바라보았던 단성론자들과 삼신론자들이 있었고, 그 가운데 중도적 입장을 취한 부류도 생겨났다. 이들의 주장들을 정리해 도표로 나타내 보면 다음과 같다.

도표42)

| 분파의 명칭 | οὐσία에 대한 해석 | 중요인물 |
|---|---|---|
| 단원론(monarchianism) | 신성(제2실체)이 오직 구별 없이 하나로 동일<br>⇒ 오로지 한 분의 하느님만이 존재<br>⇒ 세 위격은 없다<br>⇒ 성부수난설, 양자론 | 사벨리우스 |
| 동일본질파 (ὁμοούσιος) | 성부와 성자의 신성(제2실체)이 동일하다.<br>⇒ 니케아 신경을 있게 함 | 알렉산더,<br>아타나시우스 |
| 유사본질파 (ὅμοιος κατ' οὐσίαν) | 성부와 성자의 제1실체는 다르다<br>⇒ 본질(제1실체)에 있어서,<br>동일하지 않고 비슷하다. | 에우세비우스 |
| 유사파(ὅμοιος κατὰ γράφας) | 성경말씀대로, 모든 면에서 단순한 의미로 비슷하다. | 아카키우스,<br>마르쿠스 |
| 비유사파 (ἀνόμοις) | 성부하느님과 피조물인 성자와 성령이 존재<br>⇒ 종속론, 삼신론적 경향 | 아리우스,<br>에우노미우스 |

① 단원론

우선, 실체를 보편실체라고 파악했던 그룹에서 가장 극단적인 학자들은 단성론자들이거나 사벨리아니 등등이 있었는데, 이들은 유일신 사상의

---

42) 정승익, "니케아-콘스탄티노플 신경에 나타난 '동일본질'과 '동일흠숭' 개념에 대해서 - 바실리우스의 성령론을 중심으로", 148.

주창자들로서 삼위일체 하느님의 구별되는 위격성을 철저히 부정하였다. 이들은 주로 두 가지 형태로 자신들의 학설을 주장하곤 하였는데, 사모사타의 바오로가 주장한 '성자 입양설(adoptionism)'과 스미르나의 노에투스(Noetus)가 2세기 말 주장한 '성부수난설(patripassionism)'이 있다. '입양설' 혹은 '양자론'은 인간 예수가 십자가에 죽기까지 성부 하느님께 순종하며 의롭게 살았기에, 의인을 절대로 저버리시지 않는 자비롭고 정의로운 성부가 십자가상에서 그를 당신의 아들로 입양했다는 주장이다. 그리고 '성부수난설'은 일종의 '양태론(modalism)'으로 세 위격의 하느님이 존재하는 것이 아니라 오직 성부만이 존재하며 구원 역사 안에 그때그때 필요한 다른 위격들의 역할을 수행했다는 이단이다. 노에투스로부터 시작된 이 이단은 3세기 사벨리우스에게 전해져 더욱 체계화되었다.

또한 이들의 주장 중에, 사모사타의 바오로는 자신의 학설을 전개하면서 '동일본질'이라는 용어를 처음으로 사용하였고, 268년 안티오키아 교회 회의에서 단죄받았다. 그런데 바로 이 때문에 니케아 공의회에서 사용된 동일본질이라는 용어를 둘러싸고 불필요한 오해가 첨가되는 계기가 되기도 하였다.

② 비유사파(ἀνόμοις)

여기에는 아리우스나 에우노미우스(Eunomius) 그리고 아에티우스(Aetius) 같은 부류의 사람들이 속한다. 이들은 실체 개념을 오직 개별실체적 차원으로만 이해한 결과로 '종속론(subordinationism)'이나 더 나아가서는 '삼신론(tritheism)'을 주장하기에 이르렀다. 이들에 따르면 성자는 성부 하느님과 본질적으로 다른 하등의 존재자로서 '두 번째 하느님(δεύτερος Θεός)'이고 심지어 성부의 피조물로 인식되기도 하였다.[43]

---

43) DeSimone J. R., *Introduzione alla teologia del Dio uno e tre. Da Tertulliano ad Agostino*, Roma 1995, 22; Simonetti M., *La crisi ariana nel IV secolo*, Studia

이들의 실체 개념을 둘러싼 철학적 견해에 관해, 실체 즉 개별실체는 철저히 '동일하지 않다(ἀνόμοις)'고 말했기에, 이들을 '비유사파(Anomei)'라고 부른다. 따라서 성부는 모든 존재의 기원으로서 '태어나지 않으신 분(Θεὸς ἀγέννητος)'이시고 창조되지 않으신 분이시다. 그러나 성자는 하느님의 아들(ὁ Υἱὸς τοῦ Θεοῦ)로서 '태어나지 않으신 분으로부터 태어난 분(γέννημα τοῦ ἀγεννήτου)'이시기에 두 위격 사이에는 커다란 차이가 있다고 주장했다.44)

또한 성령에 관해서도 성자에 적용된 같은 종속적인 논리를 적용했다. 이들은 성령도 성자처럼 성부의 창조된 피조물이라고 주장한다. ('προστάγματι τοῦ Πατρός, ἐνεργείᾳ δὲ τοῦ Υἱοῦ γενόμενον') 그래서 성령은 '본성이나 서열에 있어서 세 번째 하느님(τρίτον καὶ φύσει καὶ τάξει)'일 뿐이다.45)

③ 유사파(ὅμοιος κατὰ γράφας)

이러한 철학적 논쟁이 격렬해지자 정치적으로 중도적 입장을 고수하는 부류들도 생겨났다. 체사레아의 아카키우스(Acacius)는, 성경에서 성부와 성자가 비슷하다고 언급했으니 실체 개념을 사용하여 성부와 성자의 관계성에 관해 혼란을 감수하면서 말하기보다, 그저 단순하게 성경에서 가르치는 바에 따라 비슷하다고 말하는 것으로 다툼의 여지를 줄여서 보다 많은 사람의 동의를 얻어 보자는 견해였다. 이 입장은 매우 치밀한 신학적 성찰의 결과라기보다는, 당시의 로마 황제였던 콘스탄티우스(Constantius)의 정치적 입장과 중재를 고려한 엉성한 삼위일체론에 불과했다.46) 이 때문에 황제의 사망 후에 사라져 버렸다.

---

Ephemeridis "Augstinianum" vol. 11, Roma 1975, 254-259.
44) 에우노미우스, 호교론, 28
45) 에우노미우스, 호교론, 25
46) Simonetti, *Omei* in DPAC 2467; idem, *Alla ricerca dei cosidetti Omei*, Cassidorus 2

"아무런 편견 없이 교부들로부터 받아들여졌기는 했지만, 성경에는 그 언급이 없으므로 일반 사람들에게 혼돈의 이유로 잘 알려지지 않았던 (그) '본질'이라는 용어에 관해서는, 우리도 (그 용어에 대해) 사용되지 않고 인용조차 되지 않기를 원했다. 그것은 성경 어디에도 성부와 성자의 '본질(οὐσία 실체)'이라고 언급된 구절이 없기 때문이다. 또한 성부와 성자와 성령의 '위격(ὑπόστασις)'이라는 용어도 사용될 필요가 없다. 단지, 성경에서 말하고 가르치는 대로, 성자는 성부와 '유사하다(ὅμοιος)'라고만 하면 된다."47)

### ④ 동일본질파 혹은 니케아파(ὁμοούσιος)

물론 아타나시우스를 중심으로 하는 니케아파는, 동일본질(동일실체, ὁμοούσιος)이라는 니케아 신경의 문구에 관해 보편실체라고 고백하지 않는 다른 부류들을 수용할 수 없었다. 알렉산드리아 사람들에게 성자는 성부와 동일한 신적 실체를 지니는 참 하느님이라는 근본 명제는 너무나도 명확해 보이는 진리였다. 이들이 성자가 지니는 실체가 성부와 같다(ὁμοούσιος τῷ πατρί)고 주장했기 때문에 이들을 '동일본질파(homoousiani)'라고들 부른다. 또한 이들은 니케아 공의회의 가르침을 신봉하고 수호하던 사람들이었기 때문에 '니케아파(niceani)'라고도 불렀다.

"'본질에 있어서 유사하다(ὅμοιος κατ' οὐσιαν)'라고 단순히 말하는 것은, 그들 자신도 알고 있듯이, 성자와 성부의 본성적 관계의 일치를 뜻하는 '본질적으로(ἐκ τῆς οὐσίας)'라는 표현을 전적으로

---

(1996) 41-49; Brennecke H. Chr., *Homéens* in *Dictionaire d'histoire et de géographique ecclesiastique* 24(1993) 932-960.
47) De syn., 30 (PG 26, 745): "Τὸ δὲ ὄνομα τῆς οὐσίας, ὅπερ ἁπλούστερον ὑπὸ τῶν πατέρων ἐτέθη, ἀγνοούμενον δέ τοῖς λαοῖς σκάνδαλον ἔφερε, διότι μηδὲ αἱ γραφαὶ τοῦτο περιέχουσιν, ἤρεσε περιαιπεθῆναι καὶ παντελῶς μηδεμίαν μνήμην τοῦ λοιποῦ γίνεσθαι, ἐπειδήπερ καὶ αἱ θεῖαι γραφαὶ οὐδαμῶς ἐμνημόνευσαν περὶ οὐσίας πατρὸς καὶ υἱοῦ, καὶ γὰρ οὐδὲ ὀφείλει ὑπόστασις περὶ πατρὸς καὶ υἱοῦ καὶ ἁγίου πνεύματος ὀνομάζεσθαι. ὅμοιον δὲ λέγομεν τῷ πατρὶ τὸν υἱὸν ὡς λέγουσιν αἱ θεῖαι γραφαὶ καὶ διδάσκουσι."

의미하지는 않는다. (가령) 주석은 은과 비슷하고, 늑대는 개와 비슷하고, 도금한 구리는 순금과 비슷하지만, 주석은 은으로부터 얻어지지 못하며, 늑대는 개로부터 태어나지 않는다. (이렇듯) '본질에 있어서 유사하다'라거나 혹은 '본질적으로'라는 말들은, '동일본질' 이라는 의미를 제외하고 또 무엇을 의미하겠는가? (그러나) 단순히 '본질에 있어서 유사하다'라고 말하는 사람들은, 본질에서 온 그 무엇을 완벽하게 특징지어내지 못한다. 그러나 '동일본질'이라고 말한다면, (앞서 말한 두 표현) '본질에 있어서 유사하다'라는 표현과 '본질적으로'라는 말을 (동시에) 아우를 수 있다."48)

니케아 신경을 고수했던 이들은 '동일본질'이라는 용어에 담긴 신학적 개념이 아니고서는 성자와 성부의 관계를 정립할 수 없다고 믿었다. 본질이 같다고 말할 때만 성자도 성부와 같은 동등한 하느님이라는 사실이 자명하게 드러나기 때문이다. 단지 이전의 이단들에서 사용된 용어라는 점에서 오해의 소지가 있을 수 있다는 가능성이 있기도 하지만, 아타나시우스 이전의 오리게네스에게서도 성자가 성부와 실체적 차원에서 같다는 의미로 이 용어가 사용되기도 하였다.

"매우 명백하게 생각건대, 성자가 성부의 실체로부터 태어났음은, 즉 (성자가) 성부와 함께 실체가 같다는 '동일본질(ὁμοούσιος τῷ πατρι)'임은 너무나도 명확히 드러나는 일이다. 다시 말해, (성자는) 창조된 피조물이 아니며, 참된 성자는 입양(adoptio)에 의해서가 아니라 본성적 차원에서 성부로부터 낳음을 받았다."49)

---

48) De syn., 30 (PG 26, 765): "Τὸ μὲν γὰρ ὅμοιν μόνον λέγειν κατ' οὐσίαν οὐ πάντως σημαίνει καὶ τὸ ἐκ τῆς οὐσίας, ἐξ οὗ μᾶλλον, ὡς καὶ αὐτοὶ εἰρήκασι, σημαίνεται τὸ γνήσιον τοῦ Υἱοῦ πρὸς τὸν Πατέρα. Καὶ γὰρ κασσίτερος ὅμοιος ἐστι μόνον τῷ ἀργύρῳ, καὶ λύκος τῷ κυνί, καὶ χαλκὸς χρυσίζων τῷ ἀληθινῷ χρυσῷ, οὔτε λύκος ὡς υἱὸς τοῦ κυνὸς ἂν νομισθείη. Ἐπειδὴ δὲ καὶ ἐκ τῆς οὐσίας καὶ ὁμοούσιον αὐτὸν εἰρήκασι, τί ἕτερον σημαίνουσιν ἐκ τούτων ἢ τὸ ὁμοούσιον. Καὶ γὰρ ὥσπερ ὁ λέγων μόνον ὁμοιούσιον οὐ πάντως καὶ τὸ ἐκ τῆς οὐσίας γνωρίζει, οὕτως ὁ λέγων ὁμοούσιον ἀμφοτέρων, τοῦ τε ὁμοιουσίου καὶ τοῦ ἐκ τῆς οὐσίας, σημαίνει τὴν διάνοιαν."

⑤ 유사본질파(ὅμοιος κατ' οὐσιαν)

이들은 실체 개념을 일차적으로 보편실체로 파악하지는 않았으나 니케아파의 주장과 절충해 보려고 시도했었다. 에우세비우스(Eusebius)는 '동일본질'이라는 표현에서 '동일하다(ὁμός)'라는 말보다 '비슷하다(ὅμοιος)'라는 중도의 입장에 가까운 방식으로 접근하였다. 이들은 성부와 성자가 '실체(본질)적으로 비슷하다(ὅμοιος κατ' οὐσιαν)'라고 주장했기 때문에 '유사본질파(homeousiani)'라고 불린다. 이들의 주장은 니케아파 학자들에게도 절충의 여지가 있다고 여겨졌고, 훗날 바실리우스의 중재로 동일본질파로 병합되기도 하고, 일부는 성령의 신성을 거부하는 '성령 적대론자(pneumatomachi)'로서 지속하게 된다.

이들은 니케아파와는 달리 실체(οὐσία)를 개별실체 개념으로 우선 파악했기 때문에 니케아 신경의 정식에는 본래 동의하지 않았다. 그래서 '동일본질'이라는 용어에도 반대하는 견해를 밝히었다. 그러나 성부와 성자의 실체가 아버지와 아들의 관계에서 드러나는 '유사함'이라는 측면에서 일말의 중재 가능성을 보았다. 아버지와 아들은 '출산(generatio, 낳음)'을 통해 서로 유사함을 건네주는 관계를 형성한다. 아버지는 아들을 낳으면서 그저 불특정하게 유사함을 건네주는 것이 아니라 본질적 차원에서의 유사함을 건네주기 때문이다.50) 따라서 성부는 당신의 본질과 유사한 성자를 낳았기에 성자 역시 성부를 본질적 차원에서 닮아 완전하고 유일한 존재로서 존재한다고 생각했다.51)

---

49) 팜필루스, 오리게네스를 위한 변론, 5 (PG 17, 581): "Satis manifeste, ut opinor, et valde evidenter ostensum est, quod Filium Dei ipsa Dei substantia natum dixerit, id est, ὁμοούσιον, quod est, ejusdem cum Patre substantiae; et non esse creaturam, neque per adoptionem, sed natura Filium verum, ex ipso Patre generatum."
50) Simonetti, La crisi ariana..., op. cit., 263-265; idem, Omeousiani in DPAC 2472-2474; Epiphanius, Panarion 73,20.
51) 에피파니우스, 약상자, 73,6 (PG 42, 413): "그리고 성자는 성부와 유사하며, 성부의 본질로부터 낳음을 받았고, (Υἱὸν δὲ ὅμοιν, καὶ κατ' οὐσίαν ἐκ τοῦ Πατρὸς) (그래서) 완전한 존재로부터 (태어난) 완전한 존재이며, (동시에) 유일한 존재로서 존재한다."

## 2) 카파도키아 교부와 삼위일체론

### (1) 바실리우스

#### ① 보편실체와 개별실체

실체 개념을 둘러싸고 벌어진 신학적 혼란 가운데 유일하게 바실리우스만이 균형감 있게 성찰하고 있었다. 그는 어느 특정한 분파의 성찰에만 머물러 있지 않았고 다른 지역의 문화와 철학적 전통에 관해 매우 명쾌하게 이해하고 있었다. 즉 실체(οὐσία)가 안티오키아 학파 사람들에게는 개별실체로 여겨지고, 알렉산드리아 사람들에게는 보편실체로 이해된다는 분명한 차이에 관해 명확히 이해하였다. 그렇기에 불필요한 소모적 오해를 줄이기 위해 신학적인 중재를 시도한다.

> "'실체(οὐσία)'라는 용어는 (사물과 사람 등등의) 공통적인 것들이다. 가령 '선함'이라든가 '신성'이라든가 혹은 다른 이러한 종류의 것들을 의미한다. 반면에 '위격(ὑπόστασις)'은 '아버지임'과 '아들 됨' 그리고 '성화시키는 능력' 등등의 특별한 고유함에 있어서 생각되는 바의 것이다. (...) '동일본질(ὁμοούσιος)'의 기본 원리는 '신성'의 일치 안에 보존된 바의 것이다. 그리고 성부와 성자와 성령에 대해서는, 완전하고 흠 없는 개별 하느님의 '위격(ὑπόστασις)'이라고 이름 붙여진 것이라고 가르쳐 왔다."[52]

---

52) Basilius, Ep. 214,4 (PG 32, 789): "Οὕτω κἀκεῖ ὁ μὲν τῆς οὐσίας λόγος κοινός· οἷον ἡ ἀγαθότης, ἡ θεότης, ἢ εἴ τι ἄλλο νοοῖτο· ἡ δὲ ὑπόσταις ἐν τῷ ἰδιώματι τῆς πατρότητος, ἢ τῆς υἱότητος, ἢ τῆς ἁγιαστικῆς δυνάμεως θεωρεῖται. (...) ινα καὶ ὁ τοῦ ὁμοουσίου λόγος διαφυλαχθῇ ἐπίγνωσις, Πατρὸς καὶ Υἱοῦ καὶ ἁγίου Πνεύματος, ἐν τῇ ἀπηρτισμένῃ καὶ ὁλοτελεῖ ἑκάστου τῶν ὀνομαζομένων ὑποστάσει κηρύσσηται."; Cf. ibid., 236,6.

## 3. 본성과 위격

바실리우스에 따르면 '실체' 개념은 개별실체(제1실체)와 보편실체(제2실체)로 구분된다. 니케아 신경의 '동일본질'에서의 '실체(οὐσία)'는 삼위일체 하느님의 '본성' 즉 '신성'을 가리키는 '보편실체(제2실체)'로서 이해하였다. 그러므로 '성자도 성부와 동일본질'이라는 의미는 당연히 같은 신성 즉 같은 '실체(οὐσία)'를 갖는 '한 분의 하느님'이시다는 뜻으로 생각했다.(성부 = 성자 = 성령)

그러나 이들은 동시에 서로 다른 고유성을 갖는다.(성부 ≠ 성자 ≠ 성령) 따라서 서로 다른 개별실체(제1실체)들은 하나로 존재하지 않고 셋으로 구별되어 존재한다. 바실리우스는 이렇게 셋으로 서로 구별되는 개별실체들을 '실체(οὐσία)'라고 부르지 않고 '위격(ὑπόστασις)'이라는 다른 용어를 사용하여 혼돈을 피하고자 하였다.

그러므로 삼위일체 하느님에 관한 설명을 '하나의 (보편)실체(οὐσία)를 지니지만 (동시에) 세 위격(ὑπόστασις)의 하느님(μία οὐσία τρεῖς ὑποστάσεις)'이라고 구분 지어 요약하였다. 이로써 니케아 공의회로부터 촉발된 신학 갈등이 일단락 종결짓는 결말을 맞게 되었다.

> "하느님으로부터 나신 하느님을 경배할 때, 분리되는 다양성의 (삼위일체) 신학을 분산시키는 일 없이, 우리는 위격(ὑπόστασις)들의 고유한 특성을 고백하지만, 거룩하신 한 분의 하느님에 대해서도 믿습니다. (...) 따라서 위격들의 고유함에 의해서는 그분들은 한 분 한 분이(다르)지만, 본질(본성)의 일치에 있어서는 한 분 그리고 또 다른 한 분은 (결국) 한 분(의 하느님)이다."[53]

---

[53] De Sp. 45 (SCh 17bis, 404-406): "Θεὸν γὰρ ἐκ Θεοῦ προσκυνοῦντες, καὶ τὸ ἰδιάζον τῶν ὑποστάσεων ὁμολογοῦμεν, καὶ μένομεν ἐπὶ τῆς μοναρχίας, εἰς πλῆθος ἀπεσχισμένον τὴν θεολογίαν μὴ σκεδαννύντες. (...) Ὥστε κατὰ μὲν τὴν ἰδιότητα τῶν προσώπων, εἷς καὶ εἷς, κατὰ δὲ τὸ κοινὸν τῆς φύσεως, ἕν οἱ ἀμφότεροι"; De syn. 17; 41.

## ② 위격(persona)

### a. 위격과 프로소폰

이에 관해 앞서 기술한 인간학적 차원에서의 실체 개념과 삼위일체론적 차원에서의 실체 개념을 비교하여 상술해 보면, 철수와 영희는 서로 구분되는 두 명의 개별자로서 사람이다. 그런데 이들에게는 공통적으로 '사람'이라는 본성(natura)적 차원인 보편실체(οὐσία)가 동일하다.(철수= 영희) 이는 삼위일체론에서도 성부와 성자가 같은 하느님으로서 한 분인 실체를 갖는 것과 비슷하다. 반면에, 철수와 영희는 각각 고유함을 지니며 서로 구별되는 위격(persona)적 차원의 개별실체(ὑπόστασις)가 다르기에 그들은 같지 않다.(철수 ≠ 영희) 마찬가지로 삼위일체론에서도 성부와 성자의 위격은 서로 완전하게 구분되는데, 이를 도표로 그려보면 다음과 같다.

도표[54)]

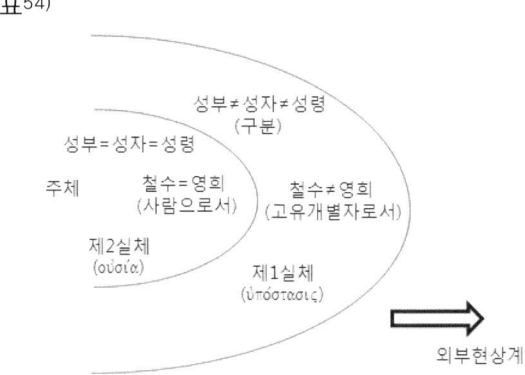

위의 도표에 관해 부연 설명이 하나 더 필요한데, 외부 현상계에 해당하는 비실체적 영역의 'prosopon(πρόσωπον)'에 관련한 부분이다. 물론

---

54) 정승익, "니케아-콘스탄티노플 신경에 나타난 '동일본질'과 '동일흡숭' 개념에 대해서 - 바실리우스의 성령론을 중심으로", 『신학과 사상』 68(2012), 155.

우리가 다루고 있는 삼위일체론보다는 그리스도론에서 훨씬 첨예하게 대두되는 문제이겠지만 실체 개념과 깊은 연관이 있기에 간략하게 설명하고자 한다. 단언적으로 말하자면, 프로소폰은 실체 개념의 범주 내에 있지는 않다. 단지 한 존재의 외연적 표현(aspectus exsterior) 내지는 구체적인 '삶의 방식(modus vivendi)'을 의미한다. 즉 한 존재의 실체적 차원이 아니기 때문에 상황이나 조건에 따라 변화하는 것으로 그 존재자의 본질을 구성한다기보다 외적으로 드러나는 역할이나 특성처럼 변화하는 부분이다.

반면에 실체적 차원에 속하는 본성(natura)과 위격(persona)은 한 존재자의 본질에 해당하기 때문에 변화하지 않고, 그를 그 자신이게끔 해주는 그 기저에 있는 것이다. 단지 개별적 차원인가 아니면 보편적 차원인가 하는 관점에 따라 구분될 뿐이다. 보편실체 즉 본성적 차원은 존재의 한계를 드러내는 '존재 방식(modus essendi)'으로서, 그 존재자가 창조한 실체인지 창조된 실체인지, 영적인 실체인지 물리적 실체인지 등등, 존재(esse)의 제한적 상황에 관한 영역이다. 개별실체 즉 위격의 영역은 존재의 실존(existentia)적 부분에 해당하는 '존재의 실존 방식(modus existendi)'을 말한다. 즉 하나의 존재자가 자신의 존재를 실현하는 고유한 존재 방식으로서, 단지 실현하는 정도에 따라 외적 차이를 지닐 뿐 원래의 고유함에는 언제나 변함이 없다.

이러한 존재의 세 가지 영역을 보다 구체적으로 기술해 보자면, '나(ego)'의 존재는 창조된 실체로서 '인간'이라는 '본성(natura)'을 지니며, 다른 여타의 사람들과는 구별되는 '나'만의 '위격적' 특성인 나의 고유한 '실존(existentia)'을 지니기에, '나'는 오직 '나'일 뿐이고 세상 어느 사람과도 동일하지 않은 유일무이한 '나'로서 존재한다. 그런데 이러한 나는 '삶(vita)'이라는 현실의 영역에서는, 마치 무대에선 배우가 '가면(πρόσωπον)'을 바꿔가며 맡은 배역을 다양하게 수행하듯이, 한 직업인으로서 부모로서 자녀로서 시민으로서 살아간다.

특히 위격(persona)과 프로소폰의 차이를 둘러싸고는 431년 에페소 공의회와 451년 칼케돈 공의회를 중심으로 그리스도론 논쟁이 발생했다. 그리스도의 신성과 인성의 결합에 관해 어떻게 이해해 볼 수 있겠는가에 관련한 신학적 충돌이, 두 가지 본성이 그리스도 주체 안에 존재하는지, 그리고 두 가지 본성이 존재한다면 어떻게 결합하여 공존하는지에 관해 첨예하게 대립했다. 또한 두 본성의 결합에 관해 위격적 차원에서의 일치로 이해할지, 아니면 위격이라는 본질적 차원보다는 좀 더 외적인 영역에서 즉 프로소폰의 차원에서 이해해야 할지를 중심으로, 알렉산드리아의 키릴루스와 안티오키아의 네스토리우스 사이에 격렬한 논쟁이 벌어졌다. 물론 신학사에서 키릴루스의 '위격적 일치(ἕνωσις καθ'ὑπόστασιν)'라는 학설이 공의회에서 승리했다는 사실은 이미 잘 알려져 있다.

삼위일체론에서 프로소폰 개념은 그다지 연관성이 없다. 오히려 개별 실체에 해당하는 위격의 의미가 더 중요하다. 삼위일체론에서 위격(persona)이란 용어는 다양한 의미들로 설명되었는데, 그 출발은 바실리우스의 개별실체적 고유함을 지칭하기 위해 사용되기 시작했다. 그 이후로는 개별 위격들의 관계성(relatio)이라는 의미도 첨가되었는데, 가령 아버지도 아들과 구별되는 고유하고 개별된 존재자로서 구분되는 동시에 '아버지'라는 명칭에서도 드러나듯이, 아들을 출산하고 양육한다는 부자관계가 성립된다. 즉 삼위일체론에서의 위격 개념은 단순히 다른 존재자와 구별되는 고유함만을 지닌다는 차원을 넘어서, 다른 위격들과 어떻게 관계를 이루고 있는가 하는 관계개념도 포함된다. 아버지는 아들을 '낳은 이(generans)'로서 아들과 구분되는 동시에 관계를 이루며, 아들은 아버지로부터 '낳음을 받은 이(generatus)'로서 아버지와 구별되는 동시에 '출산(generatio)'이라는 관계성을 동시에 지닌다.[55]

---

55) 정승익, "니케아-콘스탄티노플 신경에서의 성자 하느님의 '낳음(generatio)'과 성령 하느님의

### b. 위격의 여러 개념들. 보에티우스, 리카르두스

한편 보에티우스(Boethius)는 위격을 정의하기를 "이성적 본성의 개별적 실체(naturae rationalis individua substantia)"라고 했는데,[56] '개별실체'라는 바실리우스의 정의에다가 '이성적 본성'이라는 수식어를 첨가하여, 다른 여타의 개별실체를 다 위격의 범주에 두는 것이 아니라 이성을 지니는 존재자의 개별실체만을 위격의 개념에 한정하였다. 이로부터 위격은 이성을 지닌 인간에 해당하는 그 무엇을 지칭하기 위해서 '인격'이라는 말로도 대체되곤 한다.

또한 성 빅토르의 리카르두스(Ricardus)는 말하기를, "위격은 상호 공유할 수 없는(= 고유한) 실존을 제외한 다른 그 무엇도 아니다.(Nihil aliud est persona quam incommunicabilis existentia)"라고 정의했다.[57] 여기서 주목해야 할 대목은 '개별실체'라는 전통적 해설을 보다 구체적이며 역동적으로 명료화했다. 즉 보에티우스의 '개별(individua)'이라는 용어 대신에 '상호 교환할 수 없는(incommunicabilis)' 내지는, 다른 여타의 존재자와 '공유할 수 없는 그만의 고유함'을 강조했다. 그런데 개별자의 존재가 지니는 실체는 단순히 다른 존재자와 구별되는 한에서의 고유성을 지니는 차원을 넘어서는 것이라고 그는 생각했다. 그 고유성은 다름 아닌 개별자 자신만의 실체이고 본질적이고 근원적인 것이다. 또한 변화하지 않는 '존재의 실존(existentia essendi)' 내지는 '근원적이고 실체적인 존재 방식(modus existendi)'이라는 새로운 의미를 첨가하였다.

리카르두스는 삼위일체론의 기본 명제인 "한 분이시며 세 위격의 하느님"이라는 바실리우스의 정의를 '실존(existentia)'이라는 개념을 활용

---

'발하심(processio)'의 구분에 대해 - 아우구스티누스의 심리학적 삼위일체론을 중심으로", 『누리와 말씀』 27(2010), 205-214.
56) 보에티우스, 에우티케스와 네스토리우스 반박, 3.
57) 리카르두스, 삼위일체론, 4,18(SCh 63, 268): "Itaque, sicut dictum est, quantum ad divina, nihil aliud est persona divina quam imcommunicabilis exsistentia."

하여, "그러므로 (본성적 차원에서의) 존재 방식에서는 일치(단일성)가 존속하고, 다양성(복수성)은 실존 방식의 측면에서 존재한다.(Unitas itaque juxta modum essendi, pluritas juxta modum existendi.)"[58]고 위격의 개념에 관하여 설명했다.

가령 철수는 영희와 단순히 다른 차원에서 고유함만을 소유한 것이 아니라, 철수가 철수인 만큼 자신의 고유한 존재를 실현하는 실체적 실존이라는 면에서, 즉 철수가 가장 철수다울 때 영희와는 극명하게 구별되는 그런 의미에서 고유성을 확보한다는 뜻이다. 리카르두스가 개별실체를 '고유한 실존(incommunicabilis existentia)'으로서 파악했다는 점은, 존재론적 해설의 관념적인 해석을 넘어서 존재를 훨씬 역동적으로 바라보고 기술할 수 있는 토대를 제공해 주었다. 따라서 위격 개념에 관해 실존적 의미를 통해 성찰할 때, 성부와 성자와 성령이 단순하게 어떻게 다른가에 관련한 통찰을 비롯하여, 성부는 어떠한 하느님이고 성자와 성령은 다른 위격의 하느님과 어떠한 고유한 실존을 이루기에 구분을 보이며, 결국엔 각각의 위격에 관해 고착되지 않는 살아 숨 쉬고 움직이는 생생한 신학을 전개할 수 있게 되었다는 부분은 큰 학문적 성과라고 평가한다.

리카르두스는 삼위일체 하느님에 관한 해설에서 사랑의 개념을 통해 전개한다. 이는 아우구스티누스의 'amans-amatus-amor'의 연장된 것으로서,[59] 보다 구체적으로 사랑의 속성을 이해하고 이를 삼위일체에 적용했다. 스스로 존재하는 위격인 성부는 사랑의 충만함 때문에 자신과 동일한 또 다른 존재를 요구한다. 왜냐하면, 아우구스티누스의 표현을 빌려 말하자면, '사랑은 운동(motus)'이기 때문이다. 신적 사랑이 완전하다면, 그 사랑 때문에 자신 말고 더 완전하고 좋은 것이 존재할 수 없기에 자신을 내어 줄

---

58) 리카르두스, 삼위일체론, 4,19 (SCh 63, 272): "et plures ibi personas, non plures substantias esse, quia sunt ibi plures habentes unum et indifferens esse ex differenti proprietate. Unitas itaque ibi est juxta modum essentiae quia unum et indifferens esse; plures personae quia plures existentiae."
59) De trin. 9,2,2.

수밖에 없다. 그러므로 사랑의 완전함은 '사랑하는 최초의 위격(= amans)' 과 내어 준 자신과 동일한 '사랑받는 위격(= amatus)'이 존재한다. 그런데 리카르두스에 의하면, 두 번째 위격은 동시에 사랑받기도 하고 사랑을 주는 존재이기도 해서 세 번째 위격인 '사랑(amor)'도 요구한다.

그런데 위격 개념 안엔 실존의 의미를 첨가한 성찰은 아우구스티누스의 작품들 안에서도 일부분 나타난다. 단지 명시적으로 '실존(existentia)'이라는 용어를 사용하지 않았을 뿐, 삼위일체론을 전개하면서 세 번째 위격인 성령을 설명할 때 충분히 그 의미를 언급했다. 성인은 모든 만물을 구성하는 요소를 삼중적으로 파악했는데, 그것은 '존재-본질-실존(mensura-numerus-pondus)'이다.[60] 여기서 세 번째 요소는 더욱 정확하게 번역하자면, '무게'로 옮겨야 하는데, 그 근본적 의미는 상통한다. 세상 모든 존재자는 자신의 무게에 따라 즉 중력의 영향을 받는 그만큼 자신의 본래 '존재의 자리(locus naturalis)'로 돌아가려는 경향이 있다. 이는 물리적 경향인 일종의 운동(motus)만을 의미하는 것이 아니라 존재론적 운동도 포함한다. 한 존재자는 외적으로 물리적인 운동만을 하는 것이 아니라, 존재의 완성에 도달하려는 눈에 보이지 않는 영적인 경향도 있다. 그런데 이 경향은 중력에 의해 잡아당기는 인력(引力)에 따라 물리적 운동이 발생하듯이 그와 비슷하게 작용한다. 다시 말해 온 우주를 완성하려는 거대한 힘인 성화자(Sanctificator)로서의 성령에 의해 하느님을 향한 존재론적 운동을 통해 존재를 완성한다. 이렇듯 모든 존재자는 현재의 상태와 조건 안에서 매몰되어 고착된 것이 아니라 존재를 실현하기 위해 부단히 움직이려는 경향을 보이는데 바로 이것이 실존적 상황에 해당한다. 아우구스티누스는 존재와 관련한 문제를 다룰 때 존재의 내용인 본질에만 강조점을 두었던 것이 아니라, 존재의 실존 즉 한 존재자가 '어떻게' 존재하는가에 관해서도 깊은 탐구를 수행했다.

---

[60] De gen. c. man. 1,16,22.

### ③ 동일흠숭

실체 개념에 관한 논란은 성자의 신성 문제와 그리고 성부와의 관계에 관한 문제를 둘러싸고 전개되었다. 그러다가 차츰 360년 즈음부터 성자의 문제에서 성령에 관련한 문제로 전환된다. 아리우스처럼 성자의 신성을 부정하고 성부에 종속된 피조물처럼 생각했던 바로 그 신학적 이론을 성령에게도 적용하면서 삼위일체론의 새로운 국면을 시작했다. 이렇듯 성령의 신성을 부정하는 이들을 '성령 적대론자(pneumatomachi)'라고 불렀으며 이후에는 '마케도니우스파(macedoniani)'라고도 했다. 이들의 주장은 아리우스의 것과 비교에 크게 다르지 않은 그 연장선에 해당한다.[61]

성령의 신성을 부정하는 사람들을 거슬러, 바실리우스의 입장은 언제나 단호하게 성령도 성부와 성자와 동일한 실체를 지닌 참 하느님임을 주장했다. 따라서 아타나시우스가 사용한 '동일본질(ὁμοούσιος τῷ πατρί)'이라는 표현을 성령에게도 적용하는데 아무런 문제가 되지 않는다고 생각하였다. 그러나 실체 개념 때문에 발생했던 교회 내부의 사상적 대혼란을 보았기에 성령의 신성에 관련한 신학적 언명들은 동일본질이라는 가장 확실한 표현을 회피하면서 그에 상응하는 의미를 지닌 말들로써 해결해야 했다.

> "또한 주님이시며 생명을 주시는 성령을 믿나이다. 성령께서는 성부에게서 발하시고, 성부와 성자와 더불어 영광과 흠숭을 받으시며, 예언자들을 통하여 말씀하셨나이다."[62]

실제로 니케아-콘스탄티노폴리스 신경에는 성령의 신성을 선언하는

---

61) Ep. ad Serap. 1,11
62) *Conciliorum Oecumenicorum Decreta*, op. cit., 5: "καὶ εἰς τὸ πνεῦμα τὸ ἅγιον, τὸ κύριον καὶ ζωοποιόν, τὸ ἐκ τοῦ πατρὸς ἐκπορευόμενον, τὸ σὺν πατρὶ καὶ υἱῷ συμπροσκυνούμενον καὶ συνδοξαζόμενον, τὸ λαλῆσαν διὰ τῶν προφητῶν."

'성령은 하느님이시다.'라는 적극적이고 직접적인 언급이 보이지 않는다. 다만, "주님(τὸ κύριον)"이시다는 정도의 미약한 수준의 용어들만이 있을 뿐이다. 그런데 신경 조문을 자세히 들여다보면, "성부와 성자와 더불어 같은 흠숭과 영광을 받으셨다.(τὸ σὺν πατρὶ καὶ υἱῷ συμπροσκυνούμενον καὶ συνδοξαζόμενον)"라는 대목이 이목을 끈다. 성령은 성부와 성자와 '같은 흠숭과 영광'을 받았다는 것은 무슨 의미가 있는가? 이는 실로 바실리우스의 지혜롭고 폭넓은 성품과 사상이 드러나는 대목이기도 하다. 그것은 같은 흠숭을 받았다는 말은 결국 같은 대접을 받는 같은 등급의 하느님성(Deitas)을 지녔다는 의미의 간접적인 신앙고백의 표현이기 때문이다.

가령 한 나라의 외교 행사를 보더라도, 국가를 방문하는 국빈이 대통령이라면 그 등급에 따르는 대접과 예절이 존재하고, 그보다 못한 총리나 장관급이 방문할 때는 거기에 상응하는 예우를 공항에서부터 모든 방문과 회담 장소에 이르기까지 적절한 존경의 수준이 결정된다. 즉 성령이 성부와 동일본질이라고 표현하지 않더라도, 같은 흠숭과 영광을 받았다는 말은, 결국 '같은' 하느님이라는 신앙고백을, 조금은 외교적으로 조금은 완화된 표현으로 충돌을 피하면서 해결한 지혜로운 표현이었다. 오늘날 우리는 바실리우스의 이러한 사상을 '동일본질'에 견주어 '동일흠숭(ὁμοτιμία)'이라고 부른다. 그런데 이러한 동일흠숭의 성찰은 성령에게 적용되는 것이지만, 성경에도 성자의 신성이 언급되는 구절에서 성자에게도 적용된다.

"그리스도는 하느님의 권능이시고 지혜이시며, 그분은 하느님 모상일뿐더러 하느님 영광의 광채이시다. (...) 주님께서 성부와 같은 영광을 명백하게 드러내시는 때에 (당신을 두고 한) 성경 말씀을 들어보면 다음과 같다: '나를 본 사람은 곧 아버지를 본 것이다(요한 14,9).', '사람의 아들도 아버지의 영광에 싸여 올 것이다(마르 8,38).', '모든 사람이 아버지를 공경하듯이 아들도 공경하게 하시려는 것이다(요한 5,23).', '우리는 그분의 영광을 보았다. (...) 아버지의 외 아드님으로서 지니신 영광을 보았다(요한 1,14).', '아버지와 가장 가까우신 외 아드님 하느님이신 그분께서 알려주셨다'"(요한 1,18).[63]

또한 성령은 성부와 성자의 작용에서도 배제되지 않는다. 삼위일체 하느님의 세 위격은 언제나 한 분이신 하느님으로 세상을 만드시고 섭리하시고 결국엔 완성하신다. 이러한 신적 행위에는 갈림이 없고 다만 역할에서 구별을 보일 뿐이다. 성부는 존재하는 모든 것의 기원(Origo)이 되고 동시에 원인이 되시며, 성자는 창조의 구상(Logos)과 원리로서 존재하는 바의 내용을 구성하면서 작용인이 되고, 성령은 피조물을 완성으로 이끄는 '성화자(Sanctificator, causa perfectionans)'로서 함께 한다. 그러므로 세 위격의 하느님은 언제나 한 분으로 계시기에 하나의 작용만이 존재할 뿐이다.

"이 (모든) 존재자들의 창조 때에, 창조된 모든 것들의 첫 번째 원인은 성부이시고, 그 작용인은 성자이시며, 그것을 완성하는 동인은 (바로) 성령이시다. 결과적으로, (자신의) 임무를 완수한 모든 영적인 존재자들은 성부의 의지를 통하여 존재하며, 성자의 행동(작용)으로써 존재로 이끌어지고, 성령의 현존에 따라 (자신들의) 완전함을 얻게 된다. (...) (따라서) 모든 존재자의 원리인 유일한 그분(=일자)은 성자를 통하여 일하시며 성령 안에서 완성하신다."[64]

---

63) De Sp. 6,15 (SCh 17bis, 292-294): "Μανθανέτωσαν τοίνυν ὅτι Χριστὸς ‹Θεοῦ δύναμις, καὶ Θεοῦ σοφία›, καὶ ὅτι ‹εἰκὼν τοῦ Θεοῦ τοῦ ἀοράτου› καὶ ‹ἀπαύγασμα τῆς δόξης› (...) Ἀκουέτωσαν δὲ καὶ αὐτοῦ τοῦ Κυρίου σαφῶς ὁμότιμον ἑαυτοῦ τὴν δόξαν τῷ Πατρὶ παριστῶντος, ἐν τῷ λέγειν· ‹Ὁ ἑωρακὼς ἐμέ, ἑώρακε τὸν Πατέρα.› Καὶ πάλιν· ‹Ὅταν ἔλθῃ ὁ Υἱὸς ἐν τῇ δόξῃ τοῦ Πατρός.› Καὶ τό· ‹Ἵνα τιμῶσι τὸν Υἱὸν, καθὼς τιμῶσι τὸν Πατέρα.› Καὶ τό· ‹Ἐθεασάμεθα τὴν δόξαν αὐτοῦ, δόξαν ὡς Μονογενοῦς παρὰ Πατρός.› Καὶ τό· ‹Ὁ μονογενὴς Θεός, ὁ ὢν εἰς τὸν κόλπον τοῦ Πατρός.›"
64) De Sp. 16,38 (SCh 17bis, 376-378): "Ἐν δὲ τῇ τούτων κτίσει ἐννόησόν μοι τὴν προκαταρκτικὴν αἰτίαν τῶν γινομένων, τὸν Πατέρα · τὴν δημιουργικήν, τὸν Υἱὸν · τὴν

성령이 성부와 성자와 동일한 흠숭을 받았기에 같은 하느님이라는 바실리우스의 신학적 성찰은, 초 세기부터 교회 공동체가 바쳐왔던 영광송(doxologia)에 관한 분석을 통해서도 논증되었다. 바실리우스에 의하면, 다양한 영광송의 기도문들 안에서 사용된 세 위격과 관련한 접속사나 전치사들이 동일흠숭의 사상을 증명해 주기도 한다. 374년 순교자 에우프시키우스(Eupsichius) 축일에 바실리우스가 전례를 주관하게 되었는데, 삼위일체를 향한 영광송의 기도문을 종래의 익숙한 전통적인 양식이 아니라 조금은 생소한 기도문으로 바치는 것을 두고 약간의 논란이 빚어졌다.

> "최근에, 신자들과 함께 기도를 바칠 때, 두 가지 다른 양식으로 성부 하느님께 바치는 영광송으로 마무리를 지었는데, (그때 바친 영광송은) 다음과 같다: '성자와 함께 (그리고) 성령과 함께' 그리고 다른 하나는 '성자를 통하여, 성령 안에서'. (그때) 참석했던 몇몇 사람들이 그것을 보고 우리를 비난하기를, 익숙하지 않은 생소한 양식을 사용했으며 또한 그들이 전해 받았던 것과 적절하지 않은 것이라고 했다."65)

바실리우스는 전통적으로 내려오는 기도문에서 ('영광이 성자를 통하여 성령 안에서 성부께! τῷ Θεῷ καὶ Πατρί, ... νῦν δὲ διὰ τοῦ Υἱοῦ ἐν τῷ ἁγίῳ Πνεύματι') 성령 앞에 전치사 'ἐν'을 'σὺν'으로 바꾸어 영광송을 바쳤다: '(영광이) 성자와 함께 (그리고) 성령과 함께 성부께! (τῷ Θεῷ

---

τελειωτικὴν, τὸ Πνεῦμα · ὥστε βουλήματι μὲν τοῦ Πατρὸς τὰ λειτουργικὰ πνεύματα ὑπάρχειν, ἐνεργείᾳ δὲ τοῦ Υἱοῦ εἰς τὸ εἶναι παράγεσθαι, παρουσίᾳ δὲ τοῦ Πνεύματος τελειοῦσθαι. (...) Ἀρχὴ γὰρ τῶν ὄντων μία, δι' Υἱοῦ δημιουργοῦσα, καὶ τελειοῦσα ἐν Πνεύματι."

65) De Sp. 1,3 (SCh 17bis, 256-258): "Προσευχομένῳ μοί πρῴην μετὰ τοῦ λαοῦ, καὶ ἀμφοτέρως τὴν δοξολογίαν ἀποπληροῦντι τῷ Θεῷ καὶ Πατρί, νῦν μὲν μετὰ τοῦ Υἱοῦ σὺν τῷ Πνεύματι τῷ ἁγίῳ, νῦν δὲ διὰ τοῦ Υἱοῦ ἐν τῷ ἁγίῳ Πνεύματι, ἐπέσκηψάν τινες τῶν παρόντων, ξενιζούσαις ἡμᾶς φωναῖς κεχρῆσθαι λέγοντες, καὶ ἅμα πρὸς ἀλλήλας ὑπεναντίως ἐχούσαις."

καὶ Πατρί, νῦν μὲν μετὰ τοῦ Υἱοῦ σὺν τῷ Πνεύματι τῷ ἁγίῳ)'. 그런데 그것은 성령이 성부와 성자와 동일한 신적 실체를 지닌다는 점에서 동일한 영광을 받으셨음을 표현한 것이고, 성경에서도 가끔 전치사 'ἐν'과 'σὺν'은 같은 의미로 사용되었음을 논증하기도 하였다.66) 또한 교부들 사이에서도 이러한 관례가 이미 선행한 적이 있었음을 피력했다.

### (2) 나지안주스의 그레고리우스와 니사의 그레고리우스

바실리우스와 더불어 카파도키아 지역에서 동시대에 활동했던 다른 두 교부의 사상도 삼위일체론에 관련한 깊이 있는 성찰을 위해 기초적인 생각의 틀을 제공해 주었다. 우선 바실리우스의 친구였던 나지안주스의 주교였던 그레고리우스의 성령론을 살펴보면, 인간이 말을 하거나 숨을 내어 쉴 때의 현상에 바탕을 둔 흥미로운 논리적 전개를 접하게 된다. 그는 *Orationes*(설교) 39,12에서 성령을 인간이 말을 할 때 내어 쉬는 '숨(spiritus)'으로 이해했다.

> "성령은 참으로 성부로부터 발(출)하시는 숨결이다. 그러나 출산이라는 아들됨의 방식이 아니라, 발출의 방식으로 발하셨다."67)

인간의 언어 현상을 살펴보면, 생각의 주체 내면 안에 관념(idea)을 '숨'이라는 작용(actio) 내지는 운동(motus)을 통해서 주체의 외부로 발출(processio)할 때, 일련의 소리(vox)라는 공기의 파동을 일으키는 것을

---

66) De Sp. 25,28
67) 나지안주스의 그레고리우스, 연설, 39,12(PG 36, 347-348): "Πνεῦμα ἅγιον ἀληθῶς τὸ πνεῦμα, προϊὸν ἐκ Πατρός, οὐχ υἱικῶς δέ, οὐδὲ γὰρ γεννητῶς, ἀλλ' ἐκπορευτῶς"; 바실리우스, De Sp. 18,46; 니사의 그레고리우스, 대 교리교육 II; 디디무스, 성령론, 31; 정승익, "니케아-콘스탄티노플 신경에서의 성자 하느님의 '낳음(generatio)'과 성령 하느님의 '발하심(processio)'의 구분에 대해 - 아우구스티누스의 심리학적 삼위일체론을 중심으로", 『누리와 말씀』 27(2010), 202-205.

통하여, 내면의 관념을 소리라는 그릇에 담아서 소위 '언어(verbum)'라는 공통의 소통(communicatio) 수단에 의하여 전달한다. 그레고리우스는 숨결의 발출(processio) 과정이 성령의 파견을 설명하는 데 유용하다고 보았다. 특별히 성령의 파견과 성자의 파견 안에 내포된 위격적 차이점에 관해 출산과 발출이라는 용어의 구분을 통해 명확히 해설했다. 물론 그가 논증한 인간 숨결에 관한 현상에 바탕을 둔 성령론은 그리 상세하지 않은 매우 기초적인 수준에 머물러 있었지만, 훗날 아우구스티누스를 거치면서 삼위일체 하느님을 이해하는 데 도움을 주는 실마리를 제공해 주었다.

사실 언어 현상을 통해 삼위일체 하느님을 이해하려는 시도는 안티오키아의 테오필로스에게서도 보인다. 본래 그의 성찰은 유스티누스의 로고스 그리스도론을 바탕으로 로고스의 육화를 이해해 보려던 시도였다. 인간의 생각이 시공간으로 언어를 통해 물질화되듯이 하느님 안에 내재하는 영원한 생각인 로고스가 말씀(Verbum)이 된 이중적 특성을 설명했다. 그러면서 하느님 내면 안에 머물러 존재하는 '내면에 존재하는 로고스(Λόγος ἐνδιάθετος)'와 하느님에게서 나온 말씀인 '밖으로 존재하는 로고스(Λόγος προφορικός)'로 구분하여 생각했다. 이는 현대적 언어학에서 보면 매우 단순한 해설일 것이다. 그러나 언어라는 현상을 통해 삼위일체 하느님에 관한 이해에 접근해 보는 씨앗과도 같은 성찰이라 의의가 깊다고 하겠다.

> "그때 모든 것에 앞서 당신의 지혜와 함께 하느님께서 그의 품 안에 (있었던) 내재하던 말씀(Λόγος ἐνδιάθετος)을 출산하셨다. 그분께서는 말씀을 당신 모든 작품의 일꾼처럼 갖고 계셨고, 그(말씀)를 통해 모든 것을 만드셨다."[68]

---

68) 테오필로스(안티오키아), 아우톨리쿠스에게(3권) 2,10 (SCh 20, 89): "Or donc Dieu engendra son Verbes, qui était immanent en son sein, et le produisit avec sa Sagesse avant toute chose. Il eut ce Verbe comme ministre de toutes ses oevres, et par lui il a tout fait."; '밖으로 존재하는 로고스 (Λόγος προφορικός)'에 관해서는 2,22에 나온다. 그리고 그리스도교 신

더욱이 그리스말 '로고스(Λόγος)'가 지니는 사전적 의미도 테오필로스의 성찰처럼 이중적이라는 점에 주목할 필요가 있다. 즉 로고스의 일차적 의미는 '이성(ratio)'이나 '생각'과 '관념(idea)' 등의 내면적 가치를 지칭한다. 그리고 두 번째 의미로는 그 '생각의 외연화(extentio ideae)'를 거친 '언어' 혹은 '말씀(verbum)'이라는 외부적 측면을 지칭하기도 한다. 이에 관해서 신약 성경에서도 흥미로운 사실을 보여 주고 있는데, **요한 1,1**에서는 "한 처음에 말씀이 계셨다. 말씀은 하느님과 함께 계셨는데 말씀은 하느님이셨다."라고 번역된 국문 번역의 '말씀'을, 그리스어 성경에서는 '로고스(Λόγος)'라고 적었다. 반면에 라틴어 성경에서는 국문 번역과 마찬가지로 '말씀(verbum)'이라고 옮겼다. 왜 이러한 차이가 나타나는가?

우선, 그리스어를 사용했던 사람들에게는 앞서 기술한 바와 같이 로고스의 이중적 의미에 친숙했다. 그렇기에 육화 이전의 로고스(Logos)로서의 성자의 의미와 육화를 통해 사람이 되신 말씀으로서의 나사렛 예수를 삼위일체 하느님 중에서 두 번째 위격의 성부 하느님으로 받아들이는 로고스의 두 가지 차원을 이해하는 데에는 별다른 무리가 없었을 것이다. 반면에 라틴어 성경에서 로고스를 라틴어 음역으로 'Logos'라고 옮기지 않고 '말씀(Verbum)'이라고 번역한 것은 무엇보다도 성자의 육화에 더욱 큰 강조점이 있었기 때문이다. 이는 로고스의 이중적 의미처럼, 하느님의 영원한 생각(Idea)이 외연화(Extentio)해서 물질화(Incarnatio)한 성자의 육화 사건을, 인간의 언어 현상에 토대를 두고 이해한 문화 언어적 기초가 존재했었기 때문이다.69)

앞서 오리게네스의 원시적 형태의 의식 현상학을 다루면서, 성부로부터 성자가 어떻게 나왔는가 혹은 파견받았는가에 관한 설명에서 '정신-의지'의

---

학 작품에서 처음으로 삼위일체를 상징하는 τρία라는 용어가 처음으로 등장한다(2,15).
69) *Vocabolario della lingua greca*, ed. by Franco Montanari, Loescher, 2000, 1199-1200.

관계에 관한 내용을 언급했다. 그런데 후대 아우구스티누스의 성찰을 통해 비판해 보자면, 성부와 성자의 관계는 '정신-생각(mens-notitia)'의 문제이지 '정신-의지(mens-voluntas)'의 문제에 속한 것은 아니다.[70] 왜냐하면 성부와 성자의 관계를 지칭하는 '출산(generatio)'은 한 주체로부터 다른 존재자가 원래의 기원이 되는 존재로부터 무언가 유사함(similitudo)을 지니고 나오는 관계성을 의미하기 때문이다. 이는 마치 아버지로부터 아들이 유전적으로 닮음을 갖고 태어나는 관계와 같다.

 의식 현상학적 삼위일체론은 오리게네스에서 매우 미소하게 시작하고 아우구스티누스에게서 본격적으로 무르익었다. 이러한 신학적 성찰에 따르면, 한 인간의 생각(idea, logos)은 자신의 존재(esse)로부터 발생한다. 그리고 이 생각은 본래 '생각하는 존재(esse cogitans)'인 정신(mens)의 '존재하는 바의 내용(quodditas 혹은 essentia)'이 된다. 따라서 보이지 않고 알 수 없는 정신의 존재는 자신에 관한 '생각'을 통해 스스로 계시된다. 그러기에 보이지 않는 성부가 성자를 통해 계시가 되는 것처럼, 생각은 정신의 존재에 관한 계시적 사건이 된다.

 반면에 '정신-의지'는 '정신-생각'처럼 본래의 존재로부터 유사함을 물려받아 지니지 않기에 계시적 사건이 되지 못한다. 따라서 성부와 성자의 관계성과 같은 차원에 해당하지 않는다. 오히려 '성부-성령'의 관계를 설명하는데 더욱 적합하다. 인간 '의지'는 인간 존재 즉 의식 현상 안에서 정신의 '작용(actio)'에 해당한다. 따라서 '생각'처럼 무언가 내용적인 것들을 지니지 않는다. 오히려 주체가 수행한 의식 활동적 차원에 속하는 일종의 '운동(motus)'에 해당한다. 그러므로 오리게네스의 주장은 '의지'가 '정신'으로부터 분리되어 나올 때 정신도 손상되지 않는 차원에 관한 해설에만 매몰되어 의식 현상을 설명하려 했기에 의지 자체에 관한 성찰

---

[70] 정승익, "니케아-콘스탄티노플 신경에서의 성자 하느님의 '낳음(generatio)'과 성령 하느님의 '발하심(processio)'의 구분에 대해", 205-214.

은 결국 오류를 안게 되었다.

한편 나지안주스의 그레고리우스는 삼위일체 하느님의 세 위격 사이의 관계성을 더욱 명확한 용어를 통해 설명했지만, 성자의 출산과 성령의 기원(파견)이 어떻게 다른가에 관한 그 차이만을 부가하였을 뿐 깊이 있는 해설을 제시하지는 못했다.71) 성자와 성령의 파견(missio)에서 근본적 차이는 성부로부터 유사함을 지니는 계시적 속성이 있는가 없는가에 해당한다. 그레고리우스는 성자의 '출산(generatio)'과 달리 성령의 파견을 '발출(ἐκπορεύσις, processio)'이라는 용어를 사용해 구별했다.72) 이는 **요한 15,26** "내가 아버지에게서 너희에게로 보낼 보호자, 곧 아버지에게서 나오시는(ἐκπορεύεται) 진리의 영이 오시면, 그분께서 나를 증언하실 것이다."라는 구절에서 "아버지로부터 나오시는 (혹은 발하시는) 진리의 영 (τὸ πνεῦμα τῆς ἀληθείας ὅ παρα του πατρος ἐκπορεύεται)"이라는 성령에 관련한 대목에서 '발출'이라는 용어를 빌려 구별했다. 이 두 용어의 더욱 정확한 삼위일체론적 의미는 아우구스티누스의 심리학적 삼위일체론을 통해 더욱 명확해질 것이다.

성부와 성자의 관계는 오리게네스가 정의한 바대로 '출산'으로 규정하고, 성부와 성령의 관계는 출산과 달리 유사함을 지니는 것과 상관없는 동시에 어떠한 계시적 관계를 이루지 않으면서, 정신으로부터 의지가 나오듯이 그 어떠한 손상도 없는 '파견'의 방식으로 '발출'이라는 용어를 통해 구별하였다. 본래 발출의 뜻은, 빛이 그 근원으로부터 밖으로 뿜어져 나가는 방식처럼 근원에 해당하는 존재로부터 내용적 측면을 지니는 방식이 아닌 존재의 운동 내지는 작용을 의미한다.

381년 니케아-콘스탄티노폴리스 신경에서는 성자에 관해 정의하기를 "창조되지 않고 나셨다.(γεννηθέντα οὐ ποιηθέντα)"고 성자 하느님의 출산

---

71) Simonetti M., *La crisi...*, op. cit., 498-499.
72) 나지안주스의 그레고리우스, 연설, 39,12.

(generatio)에 관해 언급하고, "성령께서는 성부와 성자에게서 발하셨다. (τὸ ἐκ τοῦ πατρὸς ἐκπορευόμενον)"라고 성령의 발출(processio)에 관해 선언했다. 이 두 구절은 세 위격의 관계성을 설명해 주는 동시에 성부와 성자 그리고 성령의 '위격성(personalitas)'인 세 위격이 각각 어떻게 다른가라는 '고유성(proprietas)'도 포함하고 있다. 즉 성부는 다른 두 위격에 관해 '출산하고(generans)' 그리고 '발하게 만드시는(procedens)' 신성의 근원(Origo)이며 존재 자체(Esse)이다. 반면에 성자는 보이지 않는 성부를 계시해 주는 아들로서 존재하며(τὸν υἱὸν τοῦ Θεοῦ γεννηθέντα ἐκ τοῦ πατρὸς μονογενῆ), 성령은 신적 운동과 작용으로서(τὸ κύριον καὶ ζωοποιόν) 제시되고 있다.

그런데 니사의 그레고리우스는 '발출(ἐκπορεύσις)'이라는 용어를 명시적으로 사용하지 않았다. 그것은 이 용어가 무언가 부족해 보였기 때문에,[73] 나지안주스의 그레고리우스가 사용한 '발출'에다 성자의 중재 개념을 첨가했다. 즉 "성부로부터 성자를 통하여 발하셨다.(ἐκ τοῦ πατρὸς διὰ τοῦ υἱου)"[74]고 덧붙여 주장했다.

그레고리우스가 주장한 성자의 중재란, 성령의 신성을 강등시키거나, 아리우스처럼 종속시키는 그러한 의미가 아니라, 단순한 의미로서의 중재(μεσίτεια)를 가리킨다. 즉 신적 실체는 그 (시차적 차이가 아닌) 존재론적 기원을 성부에게 두고, 성부는 영원으로부터 성자에게 전해주었으며(generatio), 동시에 '성자를 통하여' 성령에게도 그 신성을 전해 주었다(prcoessio).[75] 이러한 세 위격의 관계는 연대기 순으로 시차가 존재하는 것이 아니요, 신성을 전해 주었다고 해서 본래의 실체에 가감이 발생한 것도 아니라는 사실을 역설하면서 세 개의 불꽃의 비유를 들어 설명한다.

---

73) 니사의 그레고리우스, 성령에 관해 마케도니우스파 반박, 2; 정승익, *La dottrina dello Spirito santo nel trattato De Spiritu sancto di s. Gregorio di Nissa*, Roma 1998, 53-56.
74) 니사의 그레고리우스, 에우노미우스 반박, 1,138; 대 교리교육 2.
75) Simonetti M., *La crisi...*, op. cit., 500.

세 번째 횃불의 원인은 맨 처음 불이 댕겨진 첫 번째 횃불로부터 기인한다. 그렇지만 가운데 두 번째 횃불을 거쳐서 전해지지 않았다면 그 존재도 발생하지 않았을 것이 분명하다. 따라서 세 번째 횃불의 불꽃은 첫 번째로부터(ἐκ) 두 번째를 통하여(διά) 전해졌다고 말해야 한다.[76]

성령의 기원과 발출에 관해 성자의 중재를 강조한 그레고리우스의 정식은 동방 교회의 정설로 받아들여졌고 훗날 서방 교회의 '필리오퀘(Filioque)' 논쟁으로 이어지는 동방 교회의 전통이 되었다. 서방 교회의 입장은 아우구스티누스의 영향이 지대했는데 이에 관한 설명은 아우구스티누스의 삼위일체론을 다룰 때 좀 더 구체적으로 기술하겠다.

또한 동방 교부 특히 카파도키아 교부의 사상인 '페리코레시스(περιχορεύσις)' 사상에 관해서도 언급할 필요가 있겠다. 이는 '상호내재' '상호침투' 등등으로 번역하는데, 이는 삼위일체 신학에서 하나의 위격을 지칭할 때 언제나 다른 두 위격이 배제되지 않고 관계성을 이루며 함께 거론되고 언급된다는 이론이다. 이는 **요한 14,11** "내가 아버지 안에 있고 아버지께서 내 안에 계시다고 한 말을 믿어라." **14,20** "너희는 내가 아버지 안에 있고 또 너희가 내 안에 있으며 내가 너희 안에 있음을 깨닫게 될 것이다."라는 구절에도 나타나듯이 성부와 성자의 관계성이 언제나 함께 존재함을 의미한다.[77] 어원적인 의미로도 'περί'는 '-주위에(round about, around)'라는 의미이고 'χόρευσις'는 '춤을 추다(χορεύω)'의 명사형이다.[78]

라틴어로는 두 가지로 번역하여 사용하는데, 'circumincessio'라고 옮긴다. 이는 '주위, 둘레에 (circum)'와 '가다, 걷다, 침투하다(incedere)'라는 단어가 결합한 것이고 또한 'circuminsessio'라고도 하는데, 이 또한 'circum'과 '앉다(insedere)'라는 단어가 결합한 형태이다. 이 둘의 조

---

76) 니사의 그레고리우스, 성령에 관해 마케도니우스파 반박, 6.
77) 요한 17,21.
78) 나지안주스의 그레고리우스, 연설, 38,13.

합이 의미하는 바는, 삼위일체 하느님의 위격들이 '상호 내주' 혹은 '상호침투'하는, 다시 말해 서로 안에 머물러 침투하며 존재하고 그래서 일치의 관계성을 이루는 특성을 뜻한다.79)

---

79) 몰트만은 이 용어를 독일어로 '서로서로 함께(miteinander)', '서로서로를 위하여(füreinander)' 그리고 '서로서로 안에(ineinamder)'라고 옮겨 적으며 설명했다. 참조: 몰트만 J., 『삼위일체와 하나님의 나라』, 김균진(역), 대한기독교출판사 1982, 16-17.

# 4. 아우구스티누스

## 1) 초기, 신플라톤주의적 경향, esse-vivere-nosse

### (1) 플로티누스의 '일자(τὸ ἕν)'와 그 영향

 아우구스티누스의 삼위일체론은, 플라톤 철학의 이데아론을 성경의 관점으로 그리고 삼중적으로 재해석한 것이다. 관념으로만 존재하는 이데아를 좀 더 세분화하여 그리스도교적으로 해석하면, 최고 보편 관념 자체의 존재(Esse)와 순수 관념으로서의 이데아(Idea, Logos) 그리고 신적 관념의 작용(Motus)으로 구별하여 성찰했다. 특히 플라톤 철학을 계승하여 발전시킨 신플라톤 철학자들의 유출에 관한 성찰은 '일자(τὸ ἕν)'의 '운동'이라는 존재의 역동성에 강조점을 두면서 전개되었고, 이는 아우구스티누스의 신학적 성찰을 도출시키는 데에 큰 영향을 주었다.

 아우구스티누스가 세례를 준비하던 시기(386)에 저술된 작품들 안에서도 삼위일체론 성찰이 나타난다. 그러나 아직은 그리스도교적이라기보다는, 그가 많은 영향을 받았던 플로티누스적인 존재론에 바탕을 둔 삼중구조에 머물렀다. 성인의 삼위일체론적 신학 성찰은 『고백록』을 저술하던 시기(387-401)에 비로소 본격적인 그만의 고유한 삼위일체론이 등장하기 시작한다. 그리고 이후의 『삼위일체론』에서 매우 다양한 측면에서 성찰되고 심화하고 정리되었다.

　신플라톤 철학은 성인에게 마니교의 오류에서 벗어날 수 있는 신학적 성찰을 제공해 주었고, 그 밖의 다른 주제들에도 이론적 토대가 되었다. 그런데 한 가지 주목해야 할 사항이 있는데 그것은 신플라톤주의를 접하게 된 과정에 관련된 것이다. 아우구스티누스는 초창기에 그리스어에 능통하지 못했다. 그래서 그가 접한 플로티누스의 『엔네아데스』는 그리스어가 아니라 라틴어 번역본으로 읽고 성찰했다. 또한 밀라노에 머물던 시기에 접했던 신플라톤주의 사상도 이미 그리스도교적으로 재해석한 다양한 필터링을 거쳐서 건네지기도 했다. 따라서 아우구스티누스의 초기 사상에는, 순수한 본래 신플라톤주의 사상이라기보다는 다양한 재해석을 이미 거친 성찰들이 아우구스티누스의 사상체계 안에서 중요한 자리를 잡고 있었음을 고려해야 한다. 특히 삼위일체 신학과 관련하여 신플라톤주의자들이 주장했던 삼중구조로서 '존재-삶-지성(esse-vivere-intellegere)'을 그대로 수용하는 듯 보이기도 했다. 그렇지만 얼마 가지 않은 시점부터는 그리스도교적 삼위일체 하느님에 관한 성찰을 통해 두 번째와 세 번째 위치가 변경됨을 발견할 수 있다: '존재-지성-삶(esse-intellegere-vivere 혹은 esse-nosse-velle)'. 이는 앞서 언급했듯이, 삼위일체 하느님에 관한 성찰에 신플라톤주의의 영향이 분명 존재했을지라도, 또한 그로부터 많은 영향을 받았을지라도, 성경에 관한 깊은 성찰을 통해 신플라톤주의를 극복하고 그리스도교적으로 재해석한 그만의 삼위일체론 유비에 이르렀다는 사실을 언제나 주목해야 한다.

　실제로 많은 학자도 플로티누스의 작품이 직접 아우구스티누스에게 전달되었다고 보지 않는다. 또한 원문을 그대로 번역한 내용을 접하지도 않았다고 보고한다. 플로티누스의 작품을 주석한 포르피리우스(234-305)의 해설집을 마리우스 빅토리누스가 라틴어로 번역한 것을 아우구스티누스가 읽어보았으리라 학자들은 생각한다. 그러므로 성인의 사상에 관해

논할 때 이들의 영향과 흔적들에 관해서도 함께 성찰되어야 함은 지극히 당연하다.80)

플로티누스의 존재론에서 존재의 기원은 '일자(τὸ ἐν)'이다. 일자는 최고의 존재로서 충만하다. 그런데 그의 충만함은 고정적이지 않고 역동적이다. 바로 이 때문에 자기 존재의 충만함으로부터 '흘러넘침(emanatio)'이 발생하게 되고 이를 통하여 자신보다 하위의 존재자들을 생성한다. 마치 빛이 그 자신 안에 머물러 있지 않고 자신 밖으로 뿜어져 나가서 어둠과 뒤섞이듯이 말이다. 이렇듯 플로티누스가 설명했던 우주 창조에 관한 유출설은 일자의 역동성에 근거한다. 그래서 일자는 자기 자신 안에 머물러 고정적으로 존재하지 않고 자신의 존재 밖으로 자신을 확장해 나간다.

바로 이 때문에, 일자는 모든 생성된 존재자들의 존재 기원이 되는 존재 자체(Esse)가 된다. 그의 창조는 순전히 일자가 지니는 존재의 역동적 운동(Motus) 때문이다. 마치 바람(spiratio)이 고정적이지 않고 운동하기 때문에 (혹은 움직이기 때문에) 물결 위에 파동을 일으키는 것과 같다. 이처럼 일자의 존재 실존은 운동 그 자체라고 말할 수 있다. 그래서 플로티누스는 일자를 존재(Esse)로 파악한 이후 두 번째 요소로 운동과 작용과 움직임 등등을 대변하는 '삶(실존, vivere)'이라는 일자의 운동을 언급했다.

그런데 이러한 일자의 운동은 자신의 존재를 이탈하여 또 다른 자신을 직면하게 한다. 일자의 존재가 자신을 운동으로 대상화시켜 또 다른 자신을 바라보고 인식하면서 자신에 관한 '생각(intellegere)'을 갖는다. 이 생각은 일자의 또 다른 자아로서 '자신에 관한 앎(notitia sui)'인 동시에 모든 신적 원리요 법칙인 우주의 '정신(Noûς)'이기도 한다.

---

80) 정승익, *Lo Spirito Santo nelle Confessiones di S. Agostino (Libri XI-XIII)*, Roma 2005, 100-115.

아우구스티누스는 플로티누스가 말한 일자의 역동적 운동에 관련한 성찰로부터 깊은 영감을 받았다. 그래서 플로티누스의 삼중구조와 그리스도교로 이제 막 입문했던 철학자 아우구스티누스의 삼위일체 유비는 매우 흡사한 듯 보인다. 언뜻 보면 그저 파생된 작은 지류 정도의 사상이라고까지도 평가되는 것처럼 거론하기도 한다. 그러나 둘 사이에는 연속성과 커다란 차이가 있다는 점도 유의해야 한다.

일자의 속성을 운동으로 파악한 부분은 플라톤과도 대비되는 주목할 만한 점이다. 아우구스티누스도 하느님의 속성을 운동으로 보았다. 그리스도교로 재해석한 신플라톤 철학자인 그에게는 하느님의 사랑인 성령이 눈에 들어왔을 것이다. 왜냐하면 '성령'이란 글자 그대로의 의미로도 '거룩한 바람'을 말하며 이는 다름 아닌 운동과 작용이라는 하느님의 역동성을 지칭하기 때문이다. 물론 앞서 말했듯이 초기에는 플로티누스의 구조를 그대로 답습하는 듯 보였지만,[81] 성경에 관한 묵상과 그리스도교 신플라톤 신학자들인 심플리키아누스나 암브로시우스 등과 나누었던 직간접적인 교류는, 그에게 플로티누스의 사상을 서서히 그리스도교적인 방식으로 재해석하게 해주는 계기들이 되었다.

플로티누스에서 일자가 존재와 운동(실존)과 정신으로 존재하는 것처럼, 아우구스티누스에게서도 하느님은 삼위일체 하느님으로 삼중적으로 계신다. 그에게 하느님은 성부와 성자와 성령으로 계신다. 그런데 이렇게 한 분인 하느님께서 세 가지 '근원적이고 실체적인 존재 방식(=실존)'으로 존재한다는 신적 현실을 하느님의 역동성 자체를 가리키는 성령을 중심으로 파악하려 애썼다. 왜냐하면 성령은 하느님의 사랑으로서 일차적인 의미에서 운동이기 때문이다. 그러나 플로티누스와는 달리 성령을 두 번째

---

81) Sol. 2,1,1 (PL 32, 885): "Iam video totum quod cupis. Nam, quoniam neminem scientia miserum esse credis, ex quo probabile est ut intelligentia efficiat beatum ; beatus autem nemo nisi vivens, et nemo vivit qui non est : esse vis, vivere et intellegere ; sed esse ut vivias, vivere ut intellegas. Ergo esse te scis, vivere te scis, intellegere te scis."; De lib. arb. 2,3,7.

요소로 이해하지는 않았다. 하느님이 어떻게 삼중적으로 존재하는지 그 원인으로 성령을 생각했지만, 플로티누스와는 다르게 두 번째 요소로는 성자인 '정신(=로고스)'을 제시한다. 그것은 여러 가지 이유가 있겠지만 가장 큰 생각은 (나중에 설명하게 될) 그만의 고유한 삼위일체론적 성찰 때문으로, 이는 특히 의식 현상을 분석해서 얻어낸 성찰이었다. 그것은 의식 주체인 나 자신이 바라보고 인식하는 즉각적인 또 다른 나 자신이, 의식 현상을 이끄는 의식 작용보다 더욱 즉각적으로 파악되는 현실일뿐더러 더욱 확실하고 명증적이라고 생각했기 때문이다.

또한 아우구스티누스는 분명하게 하느님의 운동을 성령으로 삼위일체 하느님 중에 세 번째 위격으로 보았다. 그러나 플로티누스는 일자의 운동을 위격 개념으로 보지는 않았다. 단순히 일자의 작용 차원에 속하는 행위적인 차원에 머무는 운동으로만 파악했을 뿐이다. 또한 삼위일체 하느님의 성령에 해당하는 신적 존재자를 '세계혼(anima universalis)'과도 같은 개념으로 제시했다. 그러나 플로티누스의 세계혼 개념은 존재 기원인 일자의 하위 개념으로 종속적인 차원에 머물러 있다. 따라서 삼위일체론에서 말하는 '동일본질', 그러니까 일자와 같은 실체를 지닌다고 말할 수 없다.

물론 아우구스티누스의 초기 작품들 안에는 플로티누스의 삼중구조를 그대로 인용하기도 했지만, 잇따르는 작품들에서는 이러한 것들이 충분히 극복되었다. 다시 말해 '존재-삶(운동)-지성(esse-vivere-intellegere)'과 같은 플로티누스적인 삼중구조는, *De genesi contra Manichaeos*(마니교도 반박 창세기 해설, 388-389년)에서부터는 더 이상 보이지 않는다. 그것은 플로티누스의 영향을 받은 것은 사실이지만 그리스도교에서 말하는 삼위일체에 관한 신학적 의미를 온전히 깨닫기 시작했기 때문이다. 그리고 『고백록』(*Confessiones*)에서 처음으로 의식 현상학을 기반으로 하는 삼중구조가 명시적으로 나타난다: '존재-앎-원함, esse-nosse-velle'[82]

## (2) 삼위일체 하느님이신 일자의 운동과 창조

성인에게 삼위일체 하느님은 한마디로 '로고스적인 운동(Motus Logo)'이다. 하느님의 존재인 성부는 고정적이지 않고 바람(Spiritus)처럼 운동한다. 그런데 아무렇게나 무작위적으로 움직이는 것이 아니라 일종의 규칙적인 패턴이 존재한다. 그것은 특정한 방향과 지향과 목적이 있다는 말이다. 그 목적은 당신의 '영원한 생각(Idea, Logos)'대로 무언가 뜻한 바의 내용이나 그 본질을 실현하려는 방향에 해당하는 것이다. 하느님의 존재 자체인 성부는 이 방향을 향해 즉 완성이라는 목적을 향해 움직인다. 물론 자신이 불완전해서 완전함을 향해 운동하는 것은 아니다. 하느님의 생각과 운동을 통해 생성된 존재자들의 완성을 향해 움직인다는 의미에서 말이다. 하느님의 이러한 운동은 당신의 생각대로 모든 것을 완성하기까지 부단히 지속할 것이다. 그리고 모든 것이 완성에 이르는 그때(tunc)에 가서는 더 이상의 어떠한 운동도 존속하지 않게 될 터인데, 바로 그것이 '하느님 안에 누리는 안식(Quies in Deo)'이라 부르는 종말의 상태가 도래할 것이다.

따라서 하느님의 창조는 일자(존재 자체)의 운동(Motus)이 이어지는 시간과 공간에서 진행하는 과정을 뜻한다. 이 운동은 일자의 영원한 생각에 따라 일종의 내용적 방향성을 완성하는 작용이다. 즉 무작위로 움직이는 것이 아니라 일련의 규칙성을 드러내면서 생각을 자신 존재 밖으로 '외연화(extensio)'해 나간다. 하느님의 운동은 생각한 바를 개별 사물들이 지니는 '존재하는 바의 내용'인 본질로 현실화하면서 구체화하고 완성해 나간다. 사실 '역동적이다'라는 말은 무엇을 생산해내는 생명력을 의미하기도 한다. 즉 '하느님은 역동적이다.'라는 말은 그 자체로 창조라는 운동을 전제하는 것이다.

그런데 일자인 하느님의 운동은 영원하다. 일자의 존재도 영원하고,

---

82) Conf. 13,11,12.

일자의 생각(정신)도 영원한 것처럼 말이다. 따라서 그의 운동은 시간을 초월해 있다. 하나의 '점(punctum)'처럼 시작과 마침이라는 시간의 추이가 존재하지 않는다. 그저 시간을 초월한 '영원한 현재'로서의 불변하는 운동만이 역설적으로 존재할 뿐이다. 그에게는 존재자의 생성과 소멸과 완성에 관한 변화의 과정이라는 차원에서 아무런 의의를 지니지 않는다. 반면에 창조된 모든 존재자는 그 창조의 시작과 함께 완성을 향한 긴 여정이라는 시간 안에서 변화의 길을 걷는다.

한편, 변화의 과정 안에서 물질이란 무엇인가? 일자의 영원한 생각을 본떠서 만들어진 영적인 실체 내지는 비물질적 형상의 시공간 차원(물리적 차원) 안에서 지니는 외적 표현이다. 동시에 창조의 그 여정 안에서 겪게 되는 완성을 향한 구체적 실존을 의미하기도 한다. 마치 작가의 구상이 시공간 안에서 책상이라는 형태로 구체화하는 것처럼, 책상은 작가의 구상을 본뜬 하나의 파편으로서의 생각과 나무라는 재료가 결합한 존재자가 된다. 이러한 창조는 '생각의 구체화'라는 시간과 공간이라는 물리적 변화의 과정 안에 완성을 향해 진행한다. 그러다가 그에게 주어진 시간이 종결될 때 작가의 생각과 매우 비슷한 단계에 이르게 된다. 즉 언젠가 그 완성의 때에는 나무 재료로 이루어진 물질적 요소는 물질이라는 차원 안에서만 존재의 의미를 지속하지는 않을 것이다. 오히려 완성에 도달한 책상이라는 구체적 실존만이 존속할 것이다. 그러므로 그때에는 구상이라는 차원에서의 정신적 측면과 나무라는 물질적 차원에서의 속성의 차이에 관한 구별은 별 의미가 없게 된다. 거기에는 완성된 책상이라는 구체적 실존만 존재하기 때문이다.

인간 존재도 마찬가지이다. 작가이신 창조주 하느님의 영원한 생각이신 로고스 성자 하느님을 본떠서 인간을 창조하였다. 책상처럼 진흙이라는 물질(=육신)로 인간의 형태(figura)를 빚으시고 코에 당신 숨을 불어 넣어 주시면서 인간 영혼과 함께하는 물질적으로 육신을 지닌 인간을 만드셨다. 인간 존재는 이렇듯 영혼과 육신이라는 두 가지 상반되게 보이는 특성을 보인 채 창조되었고, 이 때문에 시간과 공간이라는 물리적 현상 세계 안에서 존재의 완성을 향해 나아가게 되었다. 물론 두 가지 속성이 대립적일지라도 한 존재의 두 가지 특성이 존재하는 것이지, 두 가지 실체가 하나의 조합을 이루는 것은 아니다. 그런데도 아직 완성의 시점에 도달하기 전까지는 이러한 충돌과 대립이 존속할 것이다. 그러나 완성을 향한 시간 종결의 그때 인간이 지니는 물질적 속성이란, 인간 영혼이 지니는 구체적 실존이기 때문에 영혼과 육신의 구별이 사라진 완성된 인간 존재로서의 실존만 남게 될 것이다. 그러므로 존재가 완성된다고 함은 창조주이신 작가의 생각과 유사함이라는 차원에서 일치를 이루는 것이기에 순수 영적 존재자의 차원에 근접하는 그 무엇이 될 것이다.

## 2) 존재론적 삼위일체론

아우구스티누스는 초월의 하느님을 이해하는 방식으로 피조물 안에 새겨진 작가인 창조주 삼위일체 하느님의 흔적을 분석하는 신학적 여정을 걸었다. 여기에 초월적 계시 사건인 하느님의 인간되심을 통해 얻은 성경의 가르침을 나침반 삼아 자신의 신학을 발전시켰다. 그래서 그의 신학은 '아래로부터 위로'라는 신학 명제를 충족시킨다. 세상 안에 가득한 삼위일체 하느님의 흔적을 통해 세상 너머 저 초월의 삼위일체 하느님을 바라보려 했던 성인의 통찰은 그 방법론에서도 치밀하기 그지없다.[83]

### (1) 세 가지 질문

세상에 존재하는 어떠한 사물도 세 가지 질문과 답으로 요약할 수

---

83) In Io tr. 2,4

있다: '있느냐? 무엇이냐? 그리고 어떻게 존재하는가?' 이 세 가지의 질문 외에 또 다른 질문의 가능성은 존재하지 않는다. 그런데 이들 질문은 존재자를 구성하는 존재론적 요소들을 지칭하기도 한다. 사물을 향한 첫 번째 질문인 '이것은 있는가?'라는 물음은, 존재하는 것의 존재(esse)에 관련한 것이다. 그 사물이 실제로 존재하는지 아닌지에 관한 기초적이고 단순한 질문에서 시작한다. 그리고 그로부터 그 존재자가 스스로 존재하는지 아니면 다른 누군가로부터 존재의 기원을 받고 의존적으로 존재하는지에 관련한 물음도 포함한다. 또한 그 존재자가 지니는 한계가 있는지 그리고 그 한계가 어디까지인지에 관한 질문도 아울러 지닌다.

두 번째 '그것은 무엇인가?'라는 질문은 개별 사물의 '존재하는 바의 내용(quodditas, whatness)'을 묻는 말이다. 모든 사물은 그저 단순하게 무색무취하게 존재하지 않는다. 저마다 고유한 존재의 내용이 있고, 이를 주로 '이름(명칭)'이라는 것으로 담아내고 표현한다. 그래서 이름 안에 표현되는 개별자의 존재하는 바의 내용은 다른 존재자와 구별되는 자신만의 고유함을 드러내는 자신의 '본질(essentia)'이기도 하다.

한 사물에 관해 '있느냐?'라는 존재에 관련한 질문 뒤에 일상적으로 '그게 무엇이냐?'라고 묻곤 한다. 그 대답으로서 '사과나무이다' 혹은 '배나무이다'라는 명칭들 안에 담겨 있는 존재자의 고유한 본질에 관한 질문과 답변을 이어간다. 모든 존재자는 이러한 고유한 본질 때문에 자기 동일성을 지닌 채 다른 것들과 구별된다.

세 번째 질문은, 존재하기도 하고 사과나무로서 있기도 하지만, 그것이 사과나무로 완성되어 가는 과정과 관련된 물음이다. 다시 말해 이 질문은 '어떻게 존재하는가?'라는 존재자의 구체적 실존(existentia)과 연관된다. 모든 존재자는 존재를 분유 받은 그 순간 하나의 완전한 개체로 존재하지는 않는다. 모두가 시간과 공간 안에 자신의 불완전함을 메꾸어 가며 완전함으로 나아간다. 가령 사과나무는 처음부터 우리가 지금 보고 있는 그 상태로 존재하지 않는다. 씨앗이 땅에 떨어져 썩어서 잎이 나고 줄기가 생기고 점차 자라나 나무다운 크기와 굵기를 지니게 되고 때가 되어 꽃을 피우고 사과라는 열매를 비로소 맺는다. 이러한 과정을 통해 사과나무는 자신의 존재를 실현한다. 즉 자신의 본질인 존재하는 바의 내용을 완성해 나간다. 이러한 생명의 완성을 향한 존재의 역동성에 관련한 질문이 세 번째에 담겨 있다.

아우구스티누스는 자연 만물 안에 새겨진 삼중적인 흔적의 양상에 주목했다. 그에게는 삼위일체 하느님께서 세상을 만드셨으니 이러한 삼중적인 현상이 생겨난 것이라고 성찰되기에 너무나 자명해 보이는 일이었다. 하느님이 세상을 창조하셨으니, 작가가 작품 안에 흔적을 남기듯이, 하느님도 피조물들 안에 당신의 흔적을 남기셨다. 그런데 그 하느님은 세 위격으로 존재하시는 삼위일체이신 하느님이시다. 따라서 우주 삼라만상 안에 남겨진 삼위일체 하느님의 흔적은 당연히 성부 하느님의 흔적도, 성자 하느님의 흔적도, 성령 하느님의 흔적도 동시에 삼중적으로 서로서로 구별되어 남을 수밖에 없다. 그러므로 세상 피조물의 삼중적인 흔적에 관한 질문과 대답은 삼위일체 하느님을 알게 해주는 통로요 그것을 비추는 거울이 되어 줄 것이다.

### (2) 지혜 11,20

그런데 더욱 놀라운 사실은 이러한 신학적 성찰이 성경에 매우 정확하고 명시적으로 언급되고 있다는 것이다. **지혜 11,20** "당신께서는 모든 것을 재고 헤아리고 달아서 처리하셨습니다.(quod omnia in mensura, et numero, et pondere disposuerit.)" 이 구절에서 보면 하느님께서는 세상을 만드시기를 무언가 삼중적인 방법이나 삼중적인 단계 혹은 차원을 통해 창조를 수행하신 걸로 기술한다. 단순하게 "당신께서는 모든 것을 만드셨습니다."라고 말하지 않고, "재고 헤아리고 달아서"라는 과정을 '삼중적으로' 거쳐 창조하셨다고 각기 다른 세 가지 차원에서 밝힌 이유는 바로 하느님의 고유한 세 위격에 대비되는 삼중적인 작용의 차원을 강조하기 위해서이다.

> "모든 살아있는 피조물들 안에서 '척도'와 '수'와 조화로운 일치를 향한 '무게'를 발견하게 된다. 만약 이러한 (삼중구조가) 지극히 완전한 '척도'와 '수'와 '무게'에서 비롯하지 않았다면 모든 만물이 어디서 기인하는지를 나는 알 수가 없고, 이 완전한 세 가지 요소들 안에 완전한 방식으로 불변하고 영원한 하느님이 존재한다."[84]

우선 첫 번째 요소인 '재고(mensura)' 안에 담긴 의미부터 살펴보자! 라틴어 'mensura'의 사전적 의미는 '척도' '한계' '계량' 등등의 뜻으로, 어떤 존재에 관한 크기나 부피 길이 등등의 단위를 통해 그 존재자가 어느 정도인지 한계(determinatio)를 지우는 것을 의미한다. 예를 들면, 놀이동산 같은 곳에 가보면 각각의 놀이기구 앞에 줄자 같은 그림판이 하나씩 붙어 있는 것을 볼 수 있다. 이 줄자 그림판이 의미하는 바는 놀이기구를 이용할 수 있는 사람의 신장이 적어도 이쯤은 되어야 안전하게 사용할 수 있다는 최소한의 한계와 그에 따르는 가능성을 뜻한다. 이렇듯 개별 존재자가 지니는 존재의 한계는 무엇을 할 수 있는지 없는지에 관한 한계(limit)를 나타낸다. 따라서 첫 번째 요소인 '재다'는 존재자의 '존재 양상(modus essendi)'을 말한다. 특히 그 존재자가 다른 개별자들에게 존재의 기원으로서 존재를 분유해 준 존재 자체(Esse ipsum)인지, 아니면 창조주인 존재 자체로부터 지음을 받아 존재를 분유 받은 피조물로

---

[84] De gen. c. man. 1,16,26 (CSEL 91, 92-93): "Non enim alicuius animalis corpus et membra considero, ubi non mensuras et numeros et ordinem inveniam ad unitatem concordiae pertinere. Quae omnia unde veniant non intellego nisi a summa mensura et numero et ordine, quae in ipsa dei sublimitate incommutabili atque aeterna consistunt."

서의 존재(esse)인지에 관한 구별도 포함한다.85)

지혜서에 나타난 첫 번째 요소는 앞서 언급한 존재자에 관한 첫 번째 질문 '있느냐?'에 해당하는 답변으로 제시되었다.

두 번째 요소는 '헤아리고' 이다. 이 세상은 '수(numerus)'의 조화로움으로 표현되고 환원되어 설명된다. 'numerus(수, 종류, 범주)'는 모든 존재의 종(species)개념을 의미하는 동시에 존재자들의 내적인 조화의 법칙을 지칭한다.86) 또한 '형상(forma)'이나 '아름다움(pulchritudo)'으로도 확장해서 번역할 수도 있고, '지혜(sapientia)'라고도 부를 수 있다.87)

'수'는 모든 존재자의 존재하는 바의 내용을 대변하기도 한다. 흔히들, 사물의 정체성에 관해 서술할 때 크기나 부피 넓이 깊이 무게 등등을 수치(numerus)로서 표현하곤 한다. 또한 그것이 구성하는 내용에 관해서도 '철 몇 퍼센트, 구리 몇 퍼센트' 등 수를 통해 그 본질에 관한 서술을 하기도 한다. 특히 오늘날처럼 디지털 문명이 발달한 세상에서는 모든 사회 정보 문화 시스템이 수로 표현되고 구성되고 제어된다. 마치 영화 '매트릭스'에서 가상 공간의 매트릭스가 만들어 놓은 세상을 모니터로 보면 0과 1의 조합으로 보이듯이 말이다.

따라서 수가 대변하는 존재하는 바의 내용은 사물에 관해 '무엇이냐?' 하는 질문에 대답이 된다. 주로 이 대답은 사물의 이름들 안에 나타난다. '이것은 사과나무이다. 저것은 배나무이다.'라고 말할 때, '사과나무' 라는 명칭에는 그 존재자가 무엇으로 존재하는지 그 내용을 담고 있다. 다시 말해, 있긴 있는데 (esse) 무엇(quod)으로 있는지(quodditas)에 관한 존재(esse)의 내용인 본질(essentia)을 지칭한다.

---

85) Solignac A., *Introd.*: Biblithèque Augustinienne 48, 635; Harrison C., *Measure, Number and Weight in saint Augustine's aesthetics,* Augustinianum 28(1988) 591-602.
86) Solignac A., *Introd.,* op. cit., 636; De div. qq. 6; Du Roy O., *L'intelligence de la foi en la Trinité selon saint Augustin,* Paris 1966, 281; 정승익, 「「고백록」 13,11,12에 나타난 '심리학적 삼위일체론'에 관하여」, 『누리와 말씀』 21(2007), 4-7.
87) De div. qq. 26.

세 번째 '달아서'라는 말은 사물의 무게(pondus)와 연관된다. 일반적으로 '무게'라 함은 중력에 반응하는 정도를 측정한 수치를 의미한다. 그런데 여기서는 앞서 언급한 두 번째 요소인 수 자체가 중요한 것이 아니라 중력과 무게가 지니는 역동성인 '운동(motus)'을 부각한 것이다. 마치 모든 사물이 중력에 따라 이끌리듯이 저마다 중력에 상응하는 무게에 따라 이끌리는 방향으로 운동한다. 가령 돌을 들었다가 놓으면 땅으로 향하여 떨어지고, 연기를 피우면 하늘 위로 그 무게에 따라 움직인다. 이러한 물리적 현상에서 보면 모든 사물은 자신에게 가해진 중력에 상응하는 무게에 따라 본래 자신이 속해야 할 자리로 돌아가려는 경향(inclinatio)이 있다. 그리고 그 방향이 지향하는 자리를 '존재의 자리 (locus naturalis)'라고 부른다.

"모든 만물에는 자신의 고유한 '무게'에 따라 자신에게 속한 '고유한 자리'로 도달하려 애쓰는 경향이 있다. '무게'는 단순히 아래쪽으로만 기울게 하는 것이 아니라, 만물의 존재론적 고유한 자리로 기울게 한다. (예를 들면) 불꽃은 위를 향하고, 돌은 아래로 기운다. 자신들의 고유한 '무게'들에 따라 자신의 자리로 향하는 것이다. 물에 부어진 기름은 물 위로 떠오르고, 기름 위에 부어진 물은 기름 아래로 가라앉는다. 각자의 '무게'에 따라 움직이고, '존재의 고유한 자리'로 향한다. 만일 이러한 질서가 제대로 잡히지 않으면 불안과 동요가 있게 되고, 질서 안에 존속할 때는 평화가 있게 된다. 나의 '무게', 나의 사랑이여! 나를 어디로 기울게 해도 나는 그리로 향하리라! 당신의 선물로 인해 우리는 불타오르며 위로 향하게 되리라! 우리(영혼)는 불타오르고 움직이리라!" 88)

---

88) Conf. 13,9,10 (CSEL 33/1, 351-352): "Corpus pondere suo nititur ad locum suum. Pondus non ad ima tantum est, sed ad locum suum. Ignis sursum tendit, deorsum lapis. Ponderibus suis aguntur, loca sua petunt. Oleum infra aquam fusum super aquam adtollitur, aqua supra oleum fusa, infra oleum demergitur; ponderibus suis aguntur, loca sua petunt. Minus ordinata inquieta sunt: ordinantur et quiescunt. Pondus meum amor

그런데 존재의 자리로 돌아가려는 무게에 따른 운동은 물리적 현상 안에서만 존재하는 것은 아니다. 살아 있는 생명체에도 이러한 물리적 중력에 연관된 현상 말고도 무언가 눈에 보이지 않는 생명의 활동으로서의 운동도 존재한다. 가령, 사과나무는 처음부터 우리가 관찰하는 바의 모습으로 존재하지 않는다. 처음에는 사과나무인지 배나무인지 전혀 구별할 수 없는 작은 씨앗으로 존재한다. 그러다가 시간의 추이에 따라 싹이 나고 줄기가 생기고 잎이 나고 꽃을 피우고 결국엔 사과라는 열매를 맺어, 자신이 존재하는 바의 내용인 본질을 완성하려 한다.[89]

살아 있는 식물이건 동물이건 생명을 지닌 모든 개체는, 중력에 상응하는 무게에 따라 물리적으로 운동하듯이, 자신에게 주어진 생명의 내용을 완성하도록 새겨진 존재론적 경향(inclinatio ontologica)을 갖는다. 마치 물이 반드시 아래로 흘러가듯이 모든 생명을 지닌 개별자들은 자신에게 주어진 무게에 따라 부단한 운동을 한다.

인간도 이와 비슷하다. 그런데 인간은 자신의 육신적인 부분만을 완성하기 위하여 운동하지 않는다. 인간에게 주어진 무게는 그보다 더 초월적인 차원으로 개방되어 있다. 왜냐하면 인간의 완성이란 육신에만 의미를 갖는 것이 아니라 영적 차원에도 더욱 큰 의미가 있기 때문이다. 인간은 자신의 전체적인 존재를 완성하려는 갈망이 있다. 그것은 인간 존재를 완성하는 것인 동시에, 모상으로서 창조된 하느님과의 유사함을 완성하여 그 원형인 하느님과 깊은 일치를 이루려는 것이다. 그러므로 인간의

---

meus; eo feror, quocumque feror. Dono tuo accendimur et sursum ferimur; inardescimus et imus."

[89] 플라톤, *Timaios* 42d; 플라톤에 의하면, 신은 창조 때 씨앗을 뿌려놓은 농부처럼 영혼을 심었다고 말한다. 이러한 사상은 플로티누스에서도 모든 만물 안에 내재되어 있는 삶(존재의 역동성)과 로고스라는 측면에서 유사함이 보인다. 또한 스토아학파에서도 자연 안에 스스로 움직이는 효과적인 능력이 있는데, '씨앗과도 같은 로고스에 따라(κατὰ σπερματικοὺς λόγους)' 정해진 시간 안에 열매 맺어 가는 것처럼 진행한다는 해설도 나타난다. 이러한 사상이 아우구스티누스에게서도 '배종설(semina rationalis)'이라는 이론 안에 엿보인다; De trin. 3,8,13 "Omnium ... rerum, quae corporaliter visibiliterque nascuntur, occulta quedam semina in istis corporeis mundi huius elementis latent."; 3,9,16.

무게는 만물을 창조하신 하느님께로 이끄는 '영혼의 운동(motus animi)'이며, 자신을 완성하고 동시에 자신을 초월하는 그래서 자기 자신이 열망하는 최고선에 도달하려는 '존재의 사랑(amor essendi)'이기도 하다.

인간이 자신을 완성하려는 이러한 영적인 운동의 상황을 다른 말로 '실존(existentia)'이라고도 부른다. 모든 사물과 인간에게 작용하는 무게 자체는 무질서하게 무차별적으로 작용하지 않는다. 그것은 모든 사물이 저마다 완성에 해당하는 존재의 자리로 운동하되 보편적인 조화로움 안에서 이루어진다는 의미이다. 그래서 우주(universus)를 '하나로, 한 방향으로 하나인 것처럼(unus)' 그렇게 '돌아가는, 움직이는(versare)' 것이라고 부른다. 여기서 무게라는 개념은 동시에 '질서(ordo)'라는 개념으로 확장한다. 따라서 세 번째 요소인 '달아서'라는 언급은 모든 만물이 자신의 무게에 따라 질서 있는 그리고 조화로운 운동을 한다는 의미이다.

이 세 가지 요소들을 정리해 보면 다음과 같다.

도표90)

| 지혜 11,21 | "quod omnia in mensura et numero et pondere disposuerit" | | |
|---|---|---|---|
| 사물에 관한 일반적 물음 | 사물이 존재하는가? | 그것은 무엇인가? | 어떻게 존재하는가? |
| 모든 존재자의 존재론적 삼중구조 | mensura(esse, determinatio) | numerus(forma, species, pulchritudo, principium) | pondus(ordo, inclinatio ontologica) |
| 삼위일체 하느님 | Summa Mensura | Summus Numerus | Summus Ordo |
| | 성부 | 성자 | 성령 |

---

90) 정승익, "Augustinus의 성령론 - 창세기 1,2과 지혜서 11,21에 관한 주석을 중심으로", 『누리와 말씀』 22(2007), 15-16.

아우구스티누스의 존재론적 삼위일체론은 존재를 고정적인 것으로 파악하지 않고 역동적으로 보았던 관점으로부터 출발한 것이다. 모든 존재는 자신의 존재하는 바를 시공간 안에 싹틔우고 꽃피우고 열매 맺는 과정을 통해 존재를 완성해 나간다. 왜냐하면 시공간의 의미는 존재자의 완성을 목표로 하는 변화의 과정일 뿐이기 때문이다. 그래서 존재의 최종적인 완성 뒤에는 시간이란 더 이상 존재하지 않을뿐더러 무의미해질 것이다.

가령 털실이 스웨터로 뜨개질이라는 시공간의 변화 과정이 끝나 최종적 완성에 도달하게 되면, 털실이라는 존재자는 사라지고 그에게는 더 이상의 변화 가능성의 시간도 운동도 존재하지 않는다. 그러나 그 존재가 사라진 것이 아니라 스웨터라는 새로운 존재로 거듭나게 된 것이다. 존재의 소멸이 아니라 존재의 완성이라는 새로운 차원으로의 전이가 이루어진 것이다.

여기서 존재의 새로운 차원과 관련한 시간 개념을 살펴보면, 털실의 시간적 차원이 종결되고 스웨터의 시간이 영원히 '지속'되는 것은 아니다. 왜냐하면 지속이라는 말 자체도 시간의 차원 안에 머물러 있는 개념이기 때문이다. 따라서 스웨터의 존재 상태가 완성의 차원에서 무한히 지속되는 것이 아니라 시간을 초월한 전혀 다른 차원으로 옮아감이라는 사실로 받아들여야 한다. 바로 '영원'이라는 차원 말이다. 즉 '과거-현재-미래'라는 변화의 과정을 상징하는 시간의 직선을 이루는 차원에서, 영원한 지금(현재, nunc)으로서의 점(punctum)처럼 머물러 존재하게 될 것이다. 거기에는 시간 안에서의 존재가 지니는 역동성을 완결한 '존재의 안식(quies essendi)'만이 있을 뿐이다.

성경에 "나는 또 새 하늘과 새 땅을 보았습니다. 첫 번째 하늘과 첫 번째 땅은 사라지고 바다는 더 이상 없었습니다. 그리고 거룩한 도성 예루살렘이 신랑을 위하여 단장한 신부처럼 차리고 하늘로부터 하느님께서 내려오는 것을 보았습니다."[91]라고 되어 있는데, 첫 번째 하늘과 땅은 털실의 상태를 의미하고 새 하늘과 새 땅으로서 대변되는 '거룩한 도성 예루살렘'이 스웨터의 완성된 상태를 지칭한다. 그러므로 종말의 심판이란 완성된 것들과 그렇지 못한 미완성으로서 남아있는 것들에 관한 존재론적 구별을 의미하는 것이지, 불의 심판이 글자 그대로 지칭하는 세상의 파멸과는 거리가 멀다고 하겠다. 사랑의 하느님께서 시작하시고 마치시는 창조의 목적은 오로지 가장 좋은 것인 완성만을 주시기 위함이다. 단지 그 완성의 수용에 관해 우리에게 자유를 주셨을 뿐이다. 그래서 그분은 언제나 좋으신 분이시고 우리에게 선물만을 주시는 사랑 자체이시다.

### (3) 삼중구조를 통한 삼위일체 하느님에 관한 이해

신학은 성경의 계시된 가르침을 나침반 삼아 세상 만물의 현상을 논리적으로 명상하는 것이다. 이 세상 가득히 뿌려진 삼위일체 하느님의 흔적은 그분의 위격적 특성으로 말미암아 당연히 삼중적으로 존재하며, 각각의 요소에 관한 분석은 삼위로 계시는 하느님의 신비를 이해하도록 도와준다. 특히 '어떻게 하나이면서 셋으로 존재하는가?'라는 질문과 '성부와 성자와 성령은 어떤 하느님이고 동시에 어떻게 서로 다른가?'라는 질문에도 답변을 제공해 준다.

우리가 이제껏 살펴본 존재론적 삼중구조는 '존재-본질-무게(운동, 실존)'라고 도식적으로 요약해 볼 수 있겠다. 이제는 각각의 요소가 지니는 속성들을 극대화하여 하느님의 위격적 특성에 관해 이해를 모색해 보면, 개개의 요소가 존재하도록 근본 원인을 제공해 주는 삼위일체 하느님의 신비에 유비적으로 도달할 수 있을 것이다.

우선, 존재하는 모든 존재자(ens)는 누구에 의해 생겨난 것인가? 누군가가 만들었거나 하는 창조 행위를 통해 존재(esse)가 그 사물에 분유

---

91) 묵시 21,1-2.

된 것이다. 마치 작품의 존재가 작가로부터 비롯되었듯이 말이다. 그러므로 모든 존재를 존재하게끔 만든 하느님은 '존재 자체(Esse ipsum)'로서 존재의 기원이 되며, 동시에 모든 존재하는 존재의 종합이기도 하다. 그런데 **탈출 3,14**에서 하느님 당신을 계시해 줄 때, "나는 있는 나다(Ego sum qui sum)"라고 당신을 존재 자체라고 드러내 주었다. 이는 매우 명확하게 '나(하느님) = 존재(Esse)'라고 선언해 주는 대목이다. 이는 삼위일체 하느님의 세 위격 중 성부 하느님에게 해당하는 부분이다. 성부는 모든 존재자를 창조한 창조주로서 그들 모두의 존재 근거가 된다. 성부는 창조 행위의 주체로서 피조물들에 저마다 창조의 목적에 맞게 당신의 흔적으로서 고유한 존재를 부여하였다. 따라서 성부는 모든 존재자의 존재의 기원인 '최상의 존재(Summum Esse)'로서, 모든 존재자에게 한계를 지우는 '최고의 척도(Summa Mensura)'이다.

세상에 존재하는 모든 것은 저마다 고유한 존재하는 바의 내용을 지니고 있다. 우리는 이러한 존재의 내용에 따라 사물들을 식별하고 분류하고 비교하기도 한다. 이러한 사물들의 형상이나 본질은 어디서부터 기인하는가? 그것은 작가이신 창조주 하느님의 영원한 생각(Idea 혹은 Logos)으로부터 비롯되었다. 작품은 자연적으로 저절로 만들어지는 것은 아니다. 우리도 작품을 만들 때, 미리 구상(idea)하고, 그 생각에 따라 설계도를 그리고, 재료들을 마련해서 생각했던 순서대로 한 단계씩 작품을 만들어 나간다. 즉 보이지 않는 생각의 모사품(imago)이 시공간의 영역에서 가시적으로 드러나는 것이다. 작가의 생각이 창조라는 작용을 통해 물질화의 과정을 겪는 것이다. 그러므로 솜씨 좋은 작가일수록 생각과 딱 맞아떨어지는 완성도 높은 작품이 탄생하게 만든다. 이렇듯 작가의 생각이 흔적으로서 남는 작품들이 다수가 될지라도, 결국 모든 작품 안에 새겨진 아름다움과 예술적 의미와 가치 등은 작가의 생각으로 귀결되고 종합된다. 따라서 존재하는 모든 것의 본질적 내용들은 성부의 영원한 생각인 지혜(Sapientia)이며 로고스인 성자에게 속한다. 이 때문에 성자는 '최상의 수(Summus Numerus)'이다.

작가는 자기 생각대로 창작을 수반하는 작용을 한다. 창작의 작용은 일종의 운동으로서 자신이 본래 구상했던 바대로 작품을 시작하고 완성해 나간다. 그래서 개개의 사물들이 자신의 목적과 용도에 따라 질서 있게 자리를 잡아가도록 작가는 끊임없이 개입하고 조정하고 다듬는다. 존재하는 모든 것은 작가의 손의 움직임에 따라 존재를 완성해 나간다.

모든 존재자는 자신 안에 새겨져 있는 창조주의 흔적을 통해 저마다 완성을 향해 갈망하고 존재하는 바를 실현하려는 완성의 운동인 존재론적 경향을 보인다. 이러한 운동은 창조주에 의해 심어진 것일지라도 그 스스로의 힘만으로는 완전함에 도달할 수 없다. 마치 나침반도 스스로 자성(磁性)을 띠기는 하지만 지구 전체의 자기장이 없다면 작동하지 못하는 것처럼 말이다. 창조주는 우주의 중력처럼 그렇게 모든 만물을 완성으로 잡아 이끈다. 그것은 당신의 완전한 최상의 선함 때문에 피조물의 불완전함을 내버려 두지 않기 때문이다. 언제나 '보시니 좋게' 불완전한 상태로부터 완전한 상태로 변화하도록 개입하시고 섭리하신다. 그래서 온 우주에 존재하는 모두가 자신의 무게(pondus)에 따른 존재의 자리인 완성에 도달하여 조화로운 안식을 누릴 때까지 하느님의 영은 당신의 피조물 주위를 감돌고 있다.[92] 이러한 하느님의 작용을 사랑 말고 다른 그 무엇으로 설명할 수 있겠는가? 따라서 하느님의 사랑인 성령은 온 우주를 완성으로 이끄는 '최상의 운동(Summus Motus)'이요, '최상의 사랑(Summus Amor)'이고, '최상의 무게 (Summus Pondus)'인 동시에 '최상의 질서(Summa Ordo)'라고 말할 수 있다.

---

92) 창세 1,1-2; Conf. 13,4,5.

## 3) 성경에서의 삼위일체론

### (1) 창세 1,1-2에서의 창조주 삼위일체 하느님

#### ① 창조의 주체로서 성부 하느님

**창세 1,1-2**에 "한 처음에 하느님께서 하늘과 땅을 창조하셨다. 땅은 아직 꼴을 갖추지 못하고 비어 있었는데, 어둠이 심연을 덮고 하느님의 영이 그 물 위를 감돌고 있었다."라고 창조 사업 이전의 상황에 관해 설명하고 있다. 이 구절은 창조 사업에 참여했던 삼위일체 하느님의 개별 위격성을 보여 주고 있는데, 우선 "하느님께서 하늘과 땅을 만드셨다."하는 대목에서 '하느님'이 의미하는 바는 당연히 '한 분이신 하느님'을 의미한다. 동시에 창조의 행위 주체를 드러내는 것이기에, 삼위일체 하느님의 위격들 중에 신적 존재 자체이신 성부를 지칭한다. 우리 창조주 하느님이라고 말할 때, 성부와 성자와 성령도 창조에 함께하셨을지라도 하느님의 세 위격 중에서 성부를 떠올리는데, 그분은 모든 만물 존재의 기원이요 종합이시기 때문이다. '성부'라는 호칭도 '아버지'가 포함하는 의미가 한 가문의 시초가 되고 기원이 되는 동시에 그 가문의 존재 자체를 대변하기 때문이다.

또한 어떤 작가가 작품을 만들 때, '작가가 작품을 만들었다.'라는 표현 안에는 작가의 주체(=존재)와 구상과 창작 활동이라는 행위(작용)라는 세 요소가 함축되어 있다. 그런데 일차적으로 작품을 만들어 낸 작가를 지칭할 때 '작가, 그 사람' 존재를 지칭한다.

#### ② 창조주의 영원한 생각으로서 로고스 하느님

창세기는 하느님이 세상을 창조하였는데, '한 처음에' 창조하였다고 전해 준다. 여기서 '한 처음'은 도대체 언제를 구체적으로 말하고 있는 것일까? 시간이 시작되기 이전 혼돈의 세상이 있는 때를 말하는 것인가 아니면 창조와 더불어 시작된 시간의 그 처음 순간을 의미하는 것인가?

물론 '처음(principium)'이라는 말이 시간상으로 해석되는 것은 매우 일반적인 일일 것이다. 그러나 아우구스티누스는 주석하기를 시간의 의미로서라기보다는 다른 뜻으로 해석해야 한다고 말한다. 라틴어 'principium'을 사전에서 보면, '시작, 시초'와 그리고 '기준, 원칙, 법칙' 등과도 같은 뜻을 제시한다. 언뜻 보면 상관없는 두 부류의 뜻인 듯 보이지만, 실상은 논리적으로 연결되어 이해가 가는 파생된 의미들이다. 왜냐하면 모든 일의 시작은 다른 일들의 기준이나 규칙이 되기도 하기 때문이다. 예를 들면, '지금부터 우리는 이렇게 해야 한다.'라는 말에서의 '지금부터'라는 시간적 제한은 특정한 기준이나 원칙을 세울 때 포함되는 말이다.

아우구스티누스는 라틴어 'principium'이 갖는 두 번째 의미로서 '원리'에 관해 주목한다. 그래서 성경의 '한 처음에(in principium)'라는 구절을 '원리 안에서' 혹은 '원리를 통해서' 또는 '원리에 의해서' 등등으로 해석한다. 하나의 작은 변화를 수반하는 해석에 불과하다고 생각할지 몰라도 신학적 성찰의 귀결은 매우 기발하고 엄청나다. 왜냐하면 시간적 의미로 해석할 때는 나름 그 차원에서의 성찰도 가능할지는 몰라도, '원리'라고 해석할 때는 그 구절이 지니는 신학적 의미가 삼위일체론의 새로운 차원으로 진행하기 때문이다.

그렇다면 '원리'는 무엇인가? 그것은 규칙이요 우주에 새겨진 창조의 법칙성을 말한다. 이러한 우주를 지배하는 원리(Principium)는 신적인 것으로서, 하느님의 영원한 생각(Idea)인 '로고스(Logos)'의 또 다른 이름이다. 따라서 곡을 연주하는 오케스트라처럼 세상이 조화로운 규칙성(regula)을 지니는 근본 원인은, 그것을 만든 이의 구상(idea)과 규칙 자체도 세상 모든 만물 안에 원천적으로 존재하기 때문이다. 세상이 돌아가는 만물의 이치를 보면, 얼마나 수학적으로 비율과 조합이 완벽한지를 알게 된다. 온 우주는 온통 규칙과 원리를 바탕으로 조합된 커다란 유기체와 흡사하다 이러한 현상은 그것을 만든 이가 처음부터 그렇게 구상하고 만들지 않았다면 존재하지 않았을 것이다.

작가의 생각에 비유되는 하느님의 영원한 생각은 제2위격인 로고스 하느님이기도 한 성자 하느님이다. **요한 8,25**에서 보면, "그들이 예수님께 '당신이 누구요?'라고 물었다. 예수님께서는 그들에게 이르셨다. '처음부터 내가 너희에게 말해 오지 않았느냐?'"라고 육화하신 하느님인 예수께서는 당신의 정체성에 관해 언급하셨다. 그런데 국문 성경에 번역된 예수의 말씀 "처음부터 내가 너희에게 말해 오지 않았느냐?(dixit eis Jesus principium quia et loquor vobis.)"라는 대목은 글자 그대로의 해석이 아니다. 오히려 "(당신은) 너희에게 말하고 있는 원리(principium)이다."라고 번역함이 성경이 지니는 신학적 의미를 훨씬 풍요롭게 해준다. 물론 국문으로 옮기기에 매끄럽지 않은 부분이 있는 것도 사실이다.

아우구스티누스는, 요한 복음에서 제시하는 로고스를 두 번째 위격인 성자와 동일시한다. 그분은 하느님의 생각으로 그 생각을 설계도 삼아 본떠서(Exemplum) 세상을 창조했으니, 세상은 그 생각과 비슷한 복사물(imago)이 되었다. 온 우주는 그분의 생각으로 창조되고 완성을 향해 진화한다. 하느님의 영원한 로고스는 참된 지혜이시고 참된 이성 자체이시기에 세상은 조화로움과 규칙적인 리듬으로 가득한 음악과 같다. 바로 이 때문에, 인간은 자신 안에 새겨진 창조주와 유사한 흔적을 통해 세상의 규칙성에 관해 명상하고 그 성찰을 바탕으로 그것을 만드신 초월의 하느님에 관해 유비적으로 접근할 가능성을 지니게 된 것이다.

따라서 세상을 만든 창조주 성부는 당신의 로고스를 통하여 세상에 합리적이며 규칙적인 흔적을 남겼다. 그로 인해 모든 존재자는 그분으로부터 존재를 분유 받았고, 그 분유 받은 만큼 존재에 참여(participatio)한다. 이렇듯 창조주와 피조물은 존재를 분유하고 분유 받았기에 특별한 관계를 형성한다. 그래서 모든 피조물은 제한적일지라도 창조주의 지혜에 참여하기에 지혜로우며, 부분적으로나마 성자인 로고스에 참여하여 나름대로 존재의 원리와 규칙성을 지닌다. 또한 불완전할지라도 그분의 아름다움과 조화로움에 참여하여 아름답기도 할뿐더러 동시에 다른 존재자들과 더불어 조화로운 우주 안에 자신들만의 존재의 자리를 차지한다.

### ③ 성부의 작용으로서 하느님의 영인 성령

한편, **창세 1,2**에 "어둠이 심연을 덮고 하느님의 영이 그 물 위를 감돌고 있었다."라고 언급하고 있는데, 여기서 '하느님의 영(Spiritus Dei)'은 당연히 성령 하느님을 가리킨다. 성경의 다른 구절에서도 성령을 지칭하기를, "사실 말하는 이는 너희가 아니라 너희 안에서 말씀하시는 아버지의 영(Spiritus Patris)이시다."[93]라고 했다. 또한, 십자가에서 마지막 숨을 거두실 때 "아버지, 제 영(spiritum meum)을 아버지 손에 맡깁니다."[94]라고 성자도 친히 말씀해 주었다. 그러므로 성령은 '아버지의 영'인 동시에 '아들의 영'이기도 하다. 이는 성부와 성자가 함께 동시에 공유하는 '하느님성(Deitas)'을 의미한다. 이 하느님성은 단순히 신성만을 의미하는 것에 그치지 않고, 성부와 성자가 나누는 내밀한 일치를 뜻하는 것이기도 하다.

여기서 '영(spiritus)'이 갖는 어원적 의미를 살펴보면 이 구절들이 지니는 속뜻이 더욱 명확해지고 깊어진다. 라틴어 'spiritus'는 무언가 활동과 그에 바탕을 둔 활력(vitalitas)이라는 차원에 뿌리를 둔다. 그래서 파생된 명사로서 '숨, 바람(spiratio)'이라는 익숙한 의미도 존재한다. 우리가 누군가에게 '영감(inspiratio)'을 불러일으킨다고 말할 때 '영감을 주다.'라는 라틴어의 본뜻은 '누구에게로, ~에 향해 (in)' 그리고 '바람, 숨을 불

---

93) 마태 10,20.
94) 루카 23,46.

어넣는다.(spirare)'는 의미이다. 그래서 영을 지칭하는 'spiritus'는 누군가에게 다가가는 운동(motus)이요, 일정한 방향(=목적)을 지닌 특정한 작용(actio)이다.

따라서 '영'은 바람처럼 무언가를 만들어 내는 '창조적 운동(motus creationis)'이다. 가령 바람이 불면 물 위에 없었던 파문이 생겨나고, 나무 위 나뭇잎들을 흔들리게 한다. 또한 자연의 바위를 오랜 세월을 거쳐 기이하게 조각하기도 하고, 산을 깎아 구릉을 만들고 평원을 만들어 내기도 한다. 그러므로 바람(spiritus)은 창조의 운동이요, 그 창조를 진화로 진행하게 하는 원동력인 동시에, 마침내 창조를 완성케 하는 힘이기도 하다.95)

그런데 이 숨에는 그저 단순하게 작용만의 의미만 담겨 있지는 않다. 숨에는 하나의 형상(forma 혹은 idea)이 실리기도 하는데, 이때는 그 형상 때문에 하나의 지향을 향한 특정한 창조가 일어난다. 이를 인간의 언어 작용을 통해 설명해 보자면, 단순한 작용으로서의 숨결(spiratio)을 입 밖으로 내보낼 때(emissio) 특정한 의미를 지니지 않는 공간의 파동만을 일으키는 현상만이 드러날 것이다. 그런데 여기에 타인에 대한 비난과 야유의 생각을 입히면, 좀 전까지는 무색무취의 숨결이 '후~'하는 파동의 소리로부터 '우~'라는 조소의 소리로 특별한 생각을 담아내는 그릇처럼 생각이 드러나게 된다. 반대로 타인에 관한 찬양의 생각을 추가하면 숨결의 파동은 '우~(와)'하며 또 다른 의미를 소유한 '언어'가 된다. 이처럼 창조에는 성부께서 바람인 작용으로서의 성령에 의해 세상의 피조물들을 당신의 영원한 생각이신 로고스를 따라 각자의 형상대로 고유하고 다양하게 만드셨다.

결국 **창세 1,2**에서 언급한 하느님의 영은 하느님의 '거룩한 영(Spiritus Sanctus)'이시다. 그리고 성부의 영원한 생각인 로고스 하느님에 따른 창

---

95) 시편 104,30에 "당신의 숨을 내보내시면 그들은 창조되고 당신께서는 땅의 얼굴을 새롭게 하십니다. (Emittes spiritum tuum et creatbuntur et instaurabis faciem terrae.)"라고 했는데, 여기서도 하느님의 '숨'을 창조와 연관 짓는다.

조의 내용들을 실현하고 완성하는 성부의 작용을 가리키는 '거룩한 운동(Motus)'이시다. 그런데 이 모든 창조 과정에서 생겨난 것들은 없던 것들로부터 존재를 분유 받고 완성으로 초대받았으니, 하느님의 모든 운동은 피조물의 완성을 바라시는 하느님의 자비요 하느님의 무한한 은총이며 이해하기 힘든 '그분의 사랑(Amor Dei)'이다.

**창세 2,7** "주 하느님께서 흙의 먼지로 인간을 빚으시고, 그 코에 생명의 숨을 불어 넣으시니, 사람이 생명체가 되었다." 이 구절을 살펴보면 인간을 두 단계로 나누어 창조했음을 볼 수 있다. 첫 번째 단계로 흙의 먼지로 사람을 만들고(formavit), 그리고 다음 단계로 '생명의 숨을 불어 넣으시니(inspiravit)' 기존의 무기력한 인간이 활력을 갖게 되어 '살아 있는 영혼을 지닌 인간(homo in animam viventem)'이 되었다. 여기서도 하느님 영의 작용이 나타난다. 성령은 모든 피조물과 특히 인간을 참되게 살게 할 힘을 주는 분이시다. 동시에 '물질(육신)적인 인간(homo carnalis)'을 구원하여 완성으로 이끌어 '영적인 인간(homo spiritalis)'으로 변화시켜 준다.[96]

아우구스티누스는 『마니교도 반박 창세기 해설』 1,5,8 그리고 1,7,12과, 『창세기 문자적 해설 미완성 작품』 4,16에서 **창세 1,2**의 "하느님의 영이 물 위를 감돌고 있었다."라는 대목을 작품을 만드는 작가(faber, artifex)의 마음이나 사랑이란 의지적 차원(voluntas fabri)에서 비유적으로 해설한다.

> "아직 형성되지 못한 재료들을 (성경은) '(아직) 보이지 않고 꼴을 갖추지 못한 땅'이라 부르고 있는데, 이는 세상의 모든 요소 중에서 '땅'이 다른 것들에 비해 덜 귀중하게 보이기 때문이다. 땅을 '보이지 않는다'라고 표현한 것은 그의 불확실성 때문에 그렇고,

---

[96] 에페 36,27 "너희 안에 내 영(spiritus)을 넣어 주어, 너희가 나의 규정들을 따르고 나의 법규들을 준수하여 지키게 하겠다." 여기서도 '영'은 무언가 행위를 끌어내는 작용으로 나타난다.

'꼴을 갖추지 못했다'라는 내용은 아직 형성되지 않은 상태로 인해서 그렇게 불렀다. '장인의 의지'가 만들어야 할 재료들에 머물러 있는 것처럼 '하느님의 영'이 머물러 있었던 (창조의) 재료로서의 '물'도 위와 같은 방식으로 부를 수 있겠다."97)

먼저 '물(aqua)'에 관해 살펴보아야 한다. 원문의 물은 복수로 'aquas'라고 되어 있다. 성경에서 '물들'이라고 우리말에서는 사용하지 않는 복수일 때의 속뜻은 무언가 부정적인 의미를 지닌다. 가령, 노아의 홍수 때 세상을 집어삼킨 재앙적인 물들이든가, 모세가 이집트를 탈출하여 가나안 땅으로 들어가려던 때 이스라엘 백성들 앞에 커다란 장애물로 놓여 있었던 홍해 바다의 물들이 여기에 해당한다.98) 아우구스티누스는 이러한 부정적인 의미를 수용하여 성경에 제시된 '물들'을 창조 과정 안에서 아직 완성되지 못한 불완전한 상태의 피조물로서 이해했다. 마치 예술가인 작가가 아직 구상하고 있는 작품을 만들기 위해 마련한 미완성의 재료처럼 말이다.

예를 들면, 어떤 조각가가 평생의 걸작품을 만들기 위해 자신의 창작 구상에 걸맞은 대리석을 찾아 헤매다가 마침내 적합한 돌을 발견하고 재산을 털어 값비싼 희생을 치르고 재료를 마련하였다. 작가는 예전부터 자

---

97) De gen. c. man., 1,7,12 (CSEL 91, 78): "Hanc autem adhuc informem materiam, etiam terram invisibilem atque incompositam voluit appellare, quia inter omnia elementa mundi terra videtur minus speciosa quam cetera; invisibilem autem dixit propter obscuritatem et incompositam propter informitatem. Eadem ipsam materiam etiam aquam appellavit, super quam ferebatur spiritus dei, sicut superfertur rebus fabricandis voluntas aritificis."; 아우구스티누스의 다른 작품에서도 이러한 사상이 보인다. De gen. imp., 4,16 (CSEL 28/1, 469): "Item cavendum est, ne quasi locorum spatiis dei spiritum superferri materiae putemus, sed vi quadam effectoria et fabricatoria, ut illud cui superfertur efficiatur et fabricetur, sicut superfertur voluntas artificis ligno vel cuique rei subiectae ad operandum (⋯) spiritus dei subiecta sibi ad operandum mundi materia."
98) Daniélou J., *Les symboles chrétiens primitifs*, Paris 1961, 56. 71; 이러한 생각은 그리스도교 문화권에서는 일반적이었다. 오리게네스, 예레미야 강해, 16, 1; 마태오 복음 주해, 13,17; 16, 26; 참조. En. ps. 64, 9.

신이 사랑했던 여인의 석상을 만들고 싶어 했다. 이러한 자신의 소망에 적합한 대리석을 작업실에 가져다 놓고, 자신의 인생에 전부였던 연인의 모습을 구현하기 위해 오매불망 작업에 몰두할 것이다. 마치 추억 속에 아련한 그녀가 조각상을 통해 다시 살아나기를 진심으로 믿는 것처럼 반쯤은 정신 나간 사람처럼 아직 완성되지도 않는 대리석 재료 곁에 식음을 전폐하고 머물러 있을 것이다. 다른 사람들에게는 그저 돌덩어리에 불과할 뿐이지만 그의 눈과 마음에는 시공을 초월해 이미 완성된 모습으로 존재할 것이다. 그러기에 그 대리석은 단순한 돌덩어리 재료가 아니라 이미 완전한 그 상태를 중첩해서 투영할 것이다. 따라서 그 작가는 미완의 돌을 바라보지만, 재료로서 존재하는 그 재료는 그에게는 이미 완성된 옛 연인처럼 살아 숨 쉬는 존재로 생각된다. 그래서 그 곁을 결코 떠나지 못한다. 그 미완성의 재료가 남들 보기에도 완성된 조각상이 될 때까지 한시도 마음이 떠나지 못한다.

  아우구스티누스는 이러한 작가의 애절한 사랑의 마음을 **창세 1,2**의 '하느님의 영'에 비유했다. 앞서 언급한 대로 성령은 작품인 피조물을 완성에 이르게 하기 위한 '하느님의 운동'이요 '하느님의 사랑'이다. 바로 이 때문에 하느님의 영은 아직 완성되지 못한 '피조물들 곁에(super aquas)' 한시도 떠나가지 못한 채 머물러 있는 것이라고 설명한다. 하느님의 진정한 사랑으로서의 하느님의 영(= 성령)은 피조물 전체가 작가이신 하느님의 구상대로 완성되기 전까지는 결코 그 작용을 멈추지 않을 것이다. 그래서 **창세 1,2**에서 사용된 동사도 단순히 '머물러 있었다(stabat)'가 아니라 '감돌고 있었다(superferebatur)'라고 표현했다. 이는 피조물의 불완전한 상태를 마음 아파하면서 그에게 어떤 도움을 주어야 하나 하는 전전긍긍하는 애절한 마음의 표현이다. 엄마가 어린아이에게 걸음마를 완성해 주어야 하는데 본인 스스로 해야 완전하게 되는 것이기에, 엄마는 아이가 넘어져 울음을 터뜨리고 상처 입어도 달려가 아이를 안아 일으켜

세우지 않는다. 그러나 그 마음은 아이보다 두 배 세 배로 무너져 내리고 아파한다. 엄마는 아이 곁에 열 걸음 떨어져 자신의 모든 힘과 응원을 아이에게 보내고 있다. 엄마와 아이는 이미 영적으로 하나를 이루고 있기에, 엄마의 마음은 아이 곁을 끝까지 지켜낼 것이고, 그 둘의 애틋한 관계는 완성에 이르기까지 계속될 것이다.

그렇다면, 과연 언제 성령의 운동(작용)이 멈추게 될 것인가? 그것은 모든 피조물이 완성에 도달하게 되어서, 더 이상 완성을 위해 해야 할 일이 남지 않게 될 그때(tunc) 성령의 창조 운동은 정지하게 될 것이다. 이것이 바로 '안식(quies)'의 의미이다. 그러므로 하느님의 안식은 창조의 과정에 지쳐서 일곱째 날 휴식을 취했다는 것을 의미하지 않는다. 그것은 당신을 닮은 피조물과 깊은 친교를 나누는 '존재론적 상태(status ontologicus)'를 의미한다. 마치 창조의 여정 안에 존재했던 털실이 스웨터가 되어가는 과정 안에서 성령의 운동이 감돌고 있었다면, 스웨터로서 완성을 이룬 뒤에는 하느님의 구상대로 실현되었다는 그 일치점에 머물러 있는 것과 같다.

### (2) 아직 형성되지 않은 재료(materia informis)

#### ① 몇 가지 전제들

**창세 1,2**에 "땅은 아직 꼴을 갖추지 못하고 비어 있었다."라고 되어 있다. 삼위일체 하느님께서 세상을 창조하기 이전의 상태에 관해 설명해 주는 대목이다. 그런데 이 부분에서도 삼위일체론적 서술이 포함되어 있다. 그것은 삼위일체 하느님의 창조이니까 세상에 삼위일체 하느님의 흔적이 삼중적으로 남게 되는 것처럼, 창조 이전의 상황에서도 삼위일체 하느님의 '흔적의 부재'라는 관점에서 세상을 기술했기 때문이다. 다시 말해 삼위일체 하느님의 흔적으로 피조물이 삼중적 구조를 지니지만('존재-본질-

무게'), 피조물의 존재 시작 이전에는 그 반대인 삼중적인 흔적들이 아직 각각 존재하지 않았음을 표현해 주는 대목이다.

우선, 이 주제를 다루기 전에 앞서 전제해 두어야 할 성경 번역의 차이에 관해 설명해야 한다. 국문 번역에서 "꼴을 갖추지 못하다."와 "비어 있었다."라는 구절의 내용은 『칠십인역』(LXX) 그리스어 성경과는 미세한 차이를 보인다. 그리스어 성경에서는 "보이지 않고 적절히 준비되지 않았다.(ἀόραοτος καὶ ἀκατασεύαστος)"라고 하였는데, 두 번째 부분도 "혼돈의 상태였다."라고 번역해도 큰 무리가 없겠다.99) 히에로니무스는 성경을 라틴어로 옮기면서, "비어 있었고, 버려져 있었다.(inanis et vacua)"라고 번역하였다.

아우구스티누스는 창세기를 여러 번 주해하면서, 그 시절에 이미 대중적으로 사용되었던 라틴어 번역 성경인 『베투스 라티나』(Vetus Latina)를 주로 사용하였다. 이 성경은 히에로니무스의 『불가타』(Vulgata)와는 비슷하지만 약간의 차이를 갖고 있다. 왜냐하면 히에로니무스의 『불가타』는 히브리 텍스트를 중심으로 번역되었지만, 『베투스 라티나』는 『칠십인역』을 많이 참조했기 때문이다. 『베투스 라티나』 번역에 따르면, **창세 1,2**의 앞서 언급한 부분은 "땅은 보이지 않고 (아직) 질서 잡히지 않았다.(terra autem erat invisibilis et incomposita)"라고 되어있다.100)

라틴어로 번역된 두 성경 중에서, 히에로니무스의 것은 같은 의미를 지니는 형용사들이 두 번 반복하여 등장하는 반면에, 아우구스티누스가 참조했던 성경은 대비를 나타내는 두 가지 단어가 비교와 대치를 이루는 듯 등장한다. 이러한 미세한 차이는 창조 이전의 상황을 설명하는 차원에서는 별다른 차이를 지니지는 못하겠지만, 삼위일체론적 차원에서 분석되는 신학적 성찰에서는 흥미로운 차이를 발생시킨다.

---

99) *Patristic Greek Lexicon*, edited by G. W. H. Lampe, Oxford 1961, 60.
100) *Vetus Latina*, ed. by B. Fischer, Freiburg 1951/4, 2-6.

② "땅은 아직 꼴을 갖추지 못하고 (…)" 성자의 흔적이 없는 'invisibilis'

아우구스티누스는 『마니교도 반박 창세기 해설』 1,3,5에서 **창세 1,2**을 주석하면서 땅이 아직 꼴을 갖추지 못한 상태가 무슨 의미이며, 비어 있었다는 말도 도대체 무엇을 말하기 위한 것인지에 관해 설명한다. 그것은 모든 존재자에게 아직 고유한 형상을 부여하지 않았다는 뜻으로, 이 때문에 아직 보이지 않았다고 해설한다. 또한 존재자들의 형상은 개개의 고유함 만에 그치는 것이 아니라 조화로운 질서 안에 자리 잡는 것도 포함해야 한다. 그런데 아직 하느님의 창조 순간이 시작되지 않았기에 이러한 두 가지의 것이 결핍되어 있음을 나타낸다.

> "한 처음에 하느님께서 하늘과 땅을 창조하셨다. '땅은 아직 꼴을 갖추지 못하고 비어 있었다'라고 말한 것은 도대체 무엇을 보다 부각해서 말하려 함인가? 즉 그것은, 하느님께서 모든 만물을 제각기 구별되는 질서에 따라 (그 존재자가 속하는) 자신들의 자리와 위치를 정해, 만물의 형상들을 부여하시기 이전에, (그) 한 처음에 하느님께서 하늘과 땅을 만드시되, 그러나 그 땅은 (아직) 보이지 않고 질서 잡히지 않았음을 의미한다."[101]

성인의 신학적 성찰은 언제나 삼위일체론적 특성이 매우 강하다. **창세 1,2**의 해설에서도, 삼위일체 하느님 창조가 남긴 흔적의 부재라는 관

---

[101] De gen. c. man. 1,3,5 (PL 34, 176): "In principio fecit Deus coelum et terram; terra autem erat invisibilis et incomposita; id est: In principio fecit Deus coelum et terram; terra autem ipsa quam fecit Deus, invisibilis erat et incomposita, antequam Deus omnium rerum formas locis et sedibus suis ordinata distinctione disponeret."; Bardy G., *La matière et les formes* BA(=Bibliothèque augustinienne) 35, Paris 1959, 512-513; Vannier M. A., *Materia*, AL(=Augustinus Lexikon) III, 1199-1203; Solignac A., *La matière,* BA 14, Paris 1992, 599-603; Gilson E., *Introduction a l'Etude de saint Augustin*, Paris 1949, 256-274.

점이 배어 있다. "땅이 보이지 않았다.(invisibilis)"는 구절이 지칭하는 바는 무엇인가? 그것은 물리적 현상으로 눈에 보이지 않은 상태를 의미하는 것이 아니다. '보이지 않음'은 오히려 존재론적 표현으로 아직 무(nihil)에 가까운 존재의 상태를 설명하는 말이다. 아직 존재자가 자신만의 형상(forma)이나 형태(figura)라든가 다른 존재자들과 구별할 수 있는 존재의 종(species)이나 본질(essentia) 등등을 부여받지 못한 상태를 뜻한다. 이 때문에 영혼의 눈인 정신(이성)이 파악하지 못했으니 당연히 "보이지 않았다."라고 표현했다. 아우구스티누스는 이를 무의 개념에 해당하지는 않지만, 아직 형상이 없는 존재자 즉 존재하는 바의 내용을 아직 얻지 못한 것이라고 규정한다.

> "그러므로 어둠이 심연을 덮고 있었는데, 그것은 빛이 없었기 때문이다. 이는 마치 소리가 없는 곳에 침묵이 있(다고 하)는 것과 같다. 또한 침묵이 존재한다고 말하는 것은 소리가 존재하지 않는 것을 가리킨다. 주님, 당신께 고백하는 이 영혼에, 이 형성되지 않은 재료가 당신께로부터 질서 잡힌 형상을 부여받기 이전에는 그 어떤 것도 존재하지 않았으며 색깔도 형태도 물질도 정신도 존재하지 않았다고 가르쳐 주시지 않았습니까? 그러나 이는 절대적인 무의 개념이 아니라, 오히려 (아직 형상을 부여받지 못한) 형성되지 않은 존재자일 뿐이며 그래서 어떠한 형태도 지니지 않았다."[102]

여기서 형상과 본질과 연관되는 하느님은 로고스인 성자이다. 그래서 로고스 하느님은 존재하는 모든 것에 '존재하는 바의 내용'을 전해 주었

---

102) Conf. 12,3,3 (CSEL 33/1, 311-312): "Super itaque erant tenebrae, quia super lux aberat, sicut sonus ubi non est, silentium est. Et quid est esse ibi silentium nisi sonum ibi non esse? Nonne tu, Domine, docuisti hanc animam, quae tibi confitetur? Nonne tu, Domine, docuistime, quod, priusquam istam informem materiam formares atque distingueres, non erat aliquid, non color, non figura, non corpus, non spiritus? Non tamen omnino nihil: erat quaedam informitas sine ulla specie."

으며, 이에 따라 모든 존재자는 저마다 자신만의 고유한 내용(본질)만큼 하느님의 영원한 생각(Idea)에 참여한다. 그러므로 창조 이전의 상태인 삼위일체 하느님 흔적의 부재라는 첫 번째 표현이 설명되었다.

③ "땅은 (…) 질서 잡히지 않았다." 성령의 흔적이 없는 'incomposita'

두 번째 형용사 "질서 잡히지 않았다(incomposita)"가 의미하는 것은, 개별 존재자들이 저마다 구별되는 본질을 받아 형상적으로도 보이지 않았을 뿐더러, 그 존재하는 바의 내용에 따라 차지하는 자신들만의 '존재의 자리'를 얻지 못했음을 의미한다. 따라서 모든 존재자가 자신의 완성이라는 존재의 목적을 실현하기 위한 존재론적 경향(pondus)을 지니지 못했던 상태를 뜻한다.

앞서 설명한 무게 개념을 적용해 보면, 세상 만물은 자신의 무게에 따라 저마다 완성을 향한 운동을 한다. 그런데 모든 만물이 혼란스러운 방향으로 무질서하게 움직이는 것이 아니다. 자신들 존재의 차원에서는 우주의 총체적 운동인(運動因)인 성령에 따라 자신의 존재와 본질을 완성하는 방향으로 움직인다. 또한 온 우주적 차원에서는 모든 것의 총체적인 완성이라는 거대한 방향으로 질서 있고 조화롭게 움직인다. 바로 이러한 운동의 원인과 그 총합이 하느님의 운동 자체인 성령이시다. 따라서 "질서 잡히지 않았다."라는 뜻은 성령의 흔적이 아직 존재하지 않았던 상태로서 이해될 수 있겠다.[103]

모든 나침반의 바늘은 북극을 가리킨다. 바늘을 돌리다 손을 놓으면 일련의 운동 끝에 예외 없이 북극을 가리키는데, 여기에는 두 가지 요소가 전제되어야 한다. 우선 북극이라는 거대한 지점으로 끌어당기는 지구 전체의 자기장과도 같은 거대하고 강력한 힘이 필요하다. 또한 나침반

---

103) Conf. 13,9,10; De civ. 11,28; Ep. 55,10,18; 157,2,9.

바늘에서도 이 거대한 힘에 반응할 수 있는 비슷한 힘의 흔적이 존재해야 한다. 만일 거대한 자석과도 같은 힘이 개개의 사물에 작용한다고 할지라도 개별 나침반이 이러한 힘에 반응할 수 있는 능력(=capax) 내지는 속성의 비슷함(similitudo)이 없다면, 끌어당기는 그 힘에도 아무런 움직임을 드러낼 수 없을 것이다. 이처럼 모든 피조물을 상징하는 나침반 바늘이 질서 정연하게 한 방향으로 움직이지 않는다는 상황은, 지구 전체에 작용하는 거대한 자성에 반응할 수 있는 개별 자성(磁性)의 부재를 지칭한다.

"땅은 (아직) 보이지 않았고 질서 잡히지 않았다 (…) 실제로 거기에는 어떠한 종(형상)의 개념도 질서도 없었다."[104]

그러나 이러한 운동의 최고 원인으로서 성령은 모든 사물의 창조 이전에도 영원으로부터 존재하고 있었다. 따라서 바늘이 끌어당기는 힘에 반응하지 못함은, 아직 그에게 이러한 힘에 반응할 능력의 부재 때문에 벌어지는 일이다. 결국, "질서 잡히지 않았다."라는 표현도 삼위일체 하느님의 창조 이전 상황을 삼위일체 하느님 흔적의 부재(absentia)라는 개념을 통해 서술한 것이다.

### ④ '(아직) 형성되지 않은(materia informis)', 하늘과 땅과 물

**창세 1,1-2**에 관한 아우구스티누스의 주석에서 한 가지 흥미로운 대목이 더 있다. 『마니교도 반박 창세기 해설』 1,7,11에서, **창세 1,1**에 언급된 '하늘과 땅(caelum et terra)'은 오늘날 우리가 바라보고 딛고 서는 창조 이후의 물질적 차원을 의미하지 않는다고 제시한다. 그것은 무언가 창조 이전과 본격적인 창조 시기의 중간 단계에 해당하는 그 무엇이라고

---

104) Conf. 12,8,9 (CSEL 33/1, 315): "Terra invisibilis et incomposita (…) Ubi enim nulla species, nullus ordo (…)".

설명한다.

> "하느님께서 무로부터 창조하신 이 (형성되지 않은) 재료들은 처음에 '하늘과 땅'이라 불렸다. (…) 한 처음에 하느님께서 하늘과 땅을 창조하셨는데, (완성된 지금의 하늘과 땅을 의미하는 것이 아니라) 하늘과 땅의 씨앗처럼 창조하셨고, 이들 하늘과 땅의 재료들은 아직 혼돈의 상태였다. 그러나 이 씨앗으로부터 앞날의 하늘과 땅이 생겨날 것은 분명하기에, 이 재료들을 하늘과 땅이라 불렀다."[105]

사실 창세기를 읽다 보면 우리에게 익숙한 개념으로서의 하늘과 땅을 창조하는 대목은 **1,6-8**에 기술된 바대로 두 번째 날에 하늘이 만들어졌고, 땅은 **1,9-10**의 언급처럼 세 번째 날에 생겨났다. 따라서 **창세 1,1** 한 처음의 하늘과 땅은 분명 창조의 과정 안에 진행된 결과물들이라기보다는 오히려 창조를 위한 무(nihil)에 가까운 재료들을 의미한다. 아우구스티누스의 표현에 따르면, '씨앗(semen coeli et terrae)'에 해당하는 '(아직) 형성되지 않은 재료(materia informis)'를 지칭한다.

비유적으로 '씨앗'이라고 언급한 것은, 미래의 결실을 잠재적으로 포함하고 있는 기초적인 의미 때문일 것이다. 분명 씨앗과 사과나무는 큰 차이가 있다. 그러나 씨앗은 시간과 공간의 여정 안에서 싹을 틔우고 잎을 내고 줄기로 자라서 큰 나무가 되고 꽃을 피우고 마침내 사과라는 결실을 통해 자신의 고유한 정체성을 드러내는 완성의 단계에 이르게 될 것이다. 그러므로 비유된 씨앗은 앞날의 완성품으로 변화할 근본 재료가 된다. 바로 이 때문에 성경에서도 '하늘'과 '땅' 그리고 2절의 '물'까지,

---

[105] De gen. c. man. 1,7,11 (PL 34, 178): "Informis ergo illa materia quam nihilo Deus fecit, appellata est primo coelum et terra (…) In principio fecit Deus coelum et terram, quasi semen coeli et terrae, cum in confuso adhuc esset coeli et terrae materia; sed quia certum erat inde futurum esse coelum et terram, iam et ipsa materia coelum et terra appellata est."

창조의 작품들을 완성하기 위한 재료들로 언급했다. 한편 물은 담는 그릇에 따라 제각기 모양을 바꾸어 무언가를 표현하기 위해 적합하다. 그리고 땅은 물과 함께 진흙으로 만들어 무엇이든 빚어낼 수 있는 가장 기초적인 재료들로 분명 유용할뿐더러, 그것들을 다루기에도 쉬우므로 재료에 해당하는 표현으로 등장한다.

> "'보이지 않고 혼란스러운 땅'이나 '심연을 덮고 있는 어둠'으로 불린 것은, 그것들이 (아직) 불확정적이기 때문이다. 이는 형상이 없는 상태의 것으로서, 비록 사람이 보고 만지고 하는 개념으로 표현했다고 하더라도, (이 재료들은) 아무런 (구별되는) 종의 개념도 정해지지 않았으며 만져질 수도 없다. (그런데도) '물'이라 불리는 것은, 예술가가 모든 것들을 만들어 내는 데서 다루기에 쉽고 쉬움이 드러나기 때문이다. 바로 이러한 이름들로써 '보이지 않고 형성되지 않은 재료'들이라 표현했으며, 이들로부터 하느님께서 세상을 만드셨다."106)

세상에 많은 부류의 예술가들도 작품을 만들기 이전에 반드시 작품에 쓰일 재료부터 준비한다. 가령 석공(조각가)은 아름다운 대리석을, 목공은 질 좋고 곧게 뻗은 참나무를, 도자기를 구어 내는 도공은 적합한 토양의 진흙을, 악기를 만드는 악공은 울림에 좋은 오동나무를, 그리고 금은세공인은 각종 귀금속을 준비한다. 그러고 나서 그다음에 자신의 구상에 따라 준비한 재료들에 형상(forma)을 부여한다.

그러나 세상 예술가들의 창조 행위나 하느님의 창조에는 근본적 차이점이 존재한다. 그것은 사람의 창조는, 무언가를 새롭게 변형시키거나 조합을 아름답고 조화롭게 하는 차원에서만 성립한다. 반면에, 하느님의

---

106) De gen. c. man. 1,7,12(PL 34, 179): "Dicta est terra invisibilis et incomposita et tenebrae super abyssum, quia informis erat, et nulla specie cerni aut tractari poterat, etiamsi esset homo qui videret atque tractaret. Dicta est aqua, quia facilis et ductilis subiacebat operanti, ut de illa omnia formarentur. Sed sub his omnibus nominibus materia erat invisa et informis, de qua Deus condidit mundum."

창조는 아무것도 없는 상태인 무로부터 피조물을 생성해 낸다. 아우구스티누스는 이러한 '무로부터의 창조(creatio ex nihilo)'를 강조하기 위해 하늘과 땅과 물이라는 기초 재료들을 우선 먼저 만들고, 그로부터 다른 것들을 순차적으로 창조했음을 부각한 것이다. 따라서 '아직 형성되지 않은 재료'들은 형상(forma)을 아직 부여받지 못했기에 '보이지 않았다. (invisilis)'고 말했고, 존재의 자리로 향하는 존재론적 경향인 운동의 역동성도 아직 부여받지 못했기에 '질서 잡히지 않았다.(incomposita)'고 말한 것이다.

### (3) 창세 1,26 하느님 흔적으로서의 모상(imago)과 유사함(similitudo)

창세기 1장 전체에 등장하는 작가인 하느님을 서술하는 동사의 인칭은 3인칭 단수를 사용한다: 'creavit, dixit, vidit, vocavit' 등등. 그런데 인간을 창조하는 대목인 **1,26**에 가서는 갑자기 복수 1인칭을 사용하여 "사람을 만들자!(faciamus)"라고 누군가 당신 말고 다른 위격의 하느님에게 말하는 대목이 나타난다. 그러다가 **1,27**에 가서는 "하느님께서는 이렇게 당신 모습으로 사람을 창조하셨다(Et creavit Deum hominem ad imaginem suam)"라고 다시 3인칭 시점으로 되돌아간다. 이는 명확히 하느님은 한 분이시고 동시에 세 위격으로 존재한다는 삼위일체론을 시작하는 논리의 기초가 되는 데 충분했다.

"우리가 놓쳐 버린 것들에 대해 먼저 살펴보자. 만일 인간이 (단순히 어느 한쪽만의) 성자나 혹은 성부의 모상일 뿐만 아니라, (동시에) 성부와 성자의 (둘 다의) 모상이기도 하다. 이는 또한 결과적으로 (당연히) 성령의 모상이기도 하다. 창세기에서, '우리와 비슷하게 우리 모습으로 사람을 만들자'라고 하였다. 그러므로 아들 없이 아버지 (혼자서) 만들지 않았고, 아버지 없이 아들 (혼자) 만들지 않았다. '우리와 비슷하게 우리 모습대로 만들자.'라는 구절에서, '(우리가) 만들자'라고 했지, '내가 만들겠다.' 혹은 '네가 만들어라.' 혹은 '그가 만들어라.'라고 하지 않았다. (또한) '너와' 혹은 '나와 닮게'라고 하지 않았고, '우리와 닮은'이라 했다."107)

**창세 1,26**에 언급된 인간 창조에 관련된 구절("우리와 비슷하게 우리 모습으로 만들자." Faciamus hominem ad imaginem et similitudinem nostram.)을 살펴보면, 무언가 불필요해 보이는 중복적 표현에 주목하게 된다: '우리와 비슷하게(ad imaginem nostram)' 그리고 '우리 모습대로 (ad similitudinem nostram)'. 이 두 표현은 실상 거의 같아 보이는 것이기에, 그저 단순히 둘 중 하나의 표현만 선택해서 서술하더라도 내용상으로는 크게 문제 되지 않을 것이다.108) 실제로 **1,27**에서는 단순하게 "당신 모습으로 (ad imaginem suam)"라고 언급하기도 했다. 그런데도 왜 성경은 이러한 표현을 제시하는지에 관한 해석으로부터 많은 교부가 인간의 창조와 완성을 설명하는 신학적 출발점으로 삼았다.109)

① 성자의 흔적으로서의 모상에 관하여

그런데 앞서 비유적으로 해설했던 작가와 작품의 관계는 창조에 관해

---

107) Serm. 52,7,18 (PL 38, 361-362): "Intuere ergo, sed primo quod exciderat, videamus, si homo non Filii tantum imago est, aut Patris tantum imago est, sed Patris et Filii; et utique iam consequenter et Spiritus sancti. Genesis loquitur: Faciamus, inquit, hominem ad imaginem et similitudinem nostram. Non ergo facit Pater sine Filio, nec Filius sine Patre. Faciamus hominem ad imaginem et similitudinem nostram. Faciamus; non, 'faciam'; aut, 'fac'; aut, 'faciat ille': sed: faciamus. Ad imaginem; non, 'tuam'; aut, 'meam'; sed, ad nostram."
108) 모상과 유사함의 근본적 차이점에 관해서는 앞서 '삼위일체론의 시작' 부분에서 이미 진술했다. 여기서는 이 두 단어가 지니는 삼위일체론적 의미에 관해 진술할 것이다.
109) Bonner G., *Deificare* in AL II, Basel 1996-2002, 265-267; id., *Deificatio* in *Augustine through the Ages, An Encyclopedia*, ed. by Allan D. Fitzgerald, William B., Eerdmans Publishing Company, Grand Rapids/ Michigan/ Cambridge 1999, 265-266

하느님 모상으로 만들었다는 의미를 성찰하는데 구체적 이해의 실마리를 제공해 준다. 작가는 시공을 초월해서 만들어 낼 작품을 구상한다. 작품은 시공간의 영역에서는 아직 완성되지는 않았지만, 작가의 생각이라는 차원에서는 이미 완전한 피조물로 존재한다. 숙련된 작가는 자신이 구상한 바 그대로(ad ideam), 시공간의 영역에서 작품을 현실화해 나간다. 작가의 능력이 뛰어나면 뛰어날수록 자신의 구상과 작품이 지니는 닮음의 수준이라는 완성도는 정비례하여 높아진다(ad similitudinem). 여기서 작가의 생각(idea)은 청사진과도 같이 작품의 원형이 되고, 작품은 작가가 구상했던 생각의 복사물이 된다.

여기서 작가와 작품의 관계에 관해서만이 아니라 작가와 그 생각에 관해서도 흥미로운 성찰이 생겨난다. 작가의 보이지 않던 생각이 작품이 지니는 유사함을 통해 나타나는 것처럼, 드러나지 않던 작가의 존재도 생각을 통해 나타난다. 물론 그 생각이 언어나 몸짓이나 행동을 통해 나타날 때만 최종적으로 계시가 되겠지만, 일반적으로 말과 행동을 보고 상대방의 생각이 무엇인지를 알게 되고, 더 나아가서는 그 인간의 됨됨이라든가 성숙한 정도 등등의 존재에 관련한 사항들을 알게 된다. 따라서 작품이나 말과 행동은 보이지 않는 (작가의) 생각의 계시 사건이 되고, 생각은 보이지 않는 (작가의) 존재의 계시 사건이 된다. 이를 다른 말로 표현해 보면, 작품이나 말과 행동은 보이지 않는 생각을 닮은 '모상(imago)'이 되고, 생각은 보이지 않는 존재의 모상이 된다. 그러므로 작품은 보이지 않는 작가의 '모상의 모상(imago imaginis)'이 된다.

이를 삼위일체론적으로 다시 정리해 보자면, 성부는 존재 자체이시고 성자는 로고스 하느님으로서 보이지 않는 성부의 영원한 생각이시다. 만물은 (특별히 인간은) 그 영원한 하느님의 생각에 따라 만들어졌으니, 성자는 하느님 모상 자체(Imago Dei Patri)이고 인간은 그 모상 자체(= 영원한 생각)를 본떠서 만든 '모상의 모상(imago Imaginis)'이 된다. 바로 이 때문에 **콜로 1,15**에 "그분은(= 성자) 보이지 않는 하느님의 모상이시다 (qui est Imago Dei invisibilis)"라고 고백하고 있다. 또한 하느님의 영원한 생각에 따라 만물이 창조되었으니, "만물이 그분 안에서 창조되었기 때문입니다(quia in ipso condita sunt universa)"라고도 언급했다. 이를 요약해 보면 다음과 같다.

도표110)

> 작가 ⇒ 구상(보이지 않는 '작가의 imago'=원형) ⇒ 작품(작가의 imago의 imago, 즉 ad imaginem = imago imaginis)

그러므로 **창세 1,26** '우리 모습대로 (ad imaginem)'라는 표현은 하느님의 영원한 생각인 성자의 흔적으로 받아들이기에 타당하다. 그런데 성경에서는 하느님의 창조에 관해 서술할 때, 모든 피조물의 창조 때 모상이라는 용어를 사용하지는 않았다. 하느님으로부터 지음을 받은 피조물들이 분명 하느님으로부터의 흔적을 지녔음에도 불구하고 단순히 유사함(similitudo)만을 지녔다고 언급할 뿐이다. 모상이라는 용어는 오직 인간 창조에만 적용되었다. 그것은 앞서 설명했듯이 인간만이 하느님과의 특별한 관계성을 지녔기에 눈을 들어 초월의 하늘을 바라보고 그것을 알기 원하고 거기에 도달하기를 갈망하기 때문이다.

② 성령의 흔적으로서의 유사함

그렇다면 인간만이 지니는 이 특별한 관계성은 구체적으로 무엇을 지칭하는가? 앞서 설명한 대로 그것을 비유적으로 말하자면 모상은 사진

---

110) 정승익, "창조주 하느님, 삼위일체 하느님 - 창세기 1,1-2; 1,26에 대한 아우구스티누스의 해석을 중심으로", 『가톨릭신학』 22(2013), 24.

과도 같은 것이다. 인간 영혼은 하느님을 모델(= 원형) 삼아 찍어 놓은 사진(imago)과도 같다. 바로 이 때문에 인간은 하느님을 깨달을 수 있고 그분을 사랑할 수 있다. 인간의 이러한 초월적 능력을 교부들은 '하느님을 수용할 수 있는 능력(capax Dei)'이라고 불렀다. 따라서 한 번도 만난 적이 없던 사람도 사진을 보고 (비록 직접적인 방식은 아니더라도) 그에 관해 여러 정보를 얻을 수 있는 것처럼, 영혼 안에 새겨진 흔적으로서의 사진인 모상을 통해 인간은 하느님과 친교를 나눈다. 그분이 누구신지 깨닫기도 하고, 그분과 대화를 나누며, 그분을 사랑하기도 하며 결국 그분과 하나 되기를 갈망한다.

그런데 이러한 인간의 앎이나 사랑이 턱없이 부족하고 불완전한 것은 무엇 때문인가? 그것은 우리가 소유하고 있는 사진이 이미 완성된 사진이 아니라 일종의 즉석 사진과도 비슷하기 때문이다. 즉 즉석 사진이 촬영이 끝났다고 하더라도 시간의 추이에 따라 사진 속 이미지(image-imago)가 서서히 명확해지듯이, 인간 존재가 지니는 하느님을 수용할 수 있는 능력도 인생 여정의 과정과 함께 점진적으로 완성되어 가는 것이다. 그래서 성경에서도 "우리가 지금은 거울에 비친 모습처럼 어렴풋하게 보지만 그때에는 얼굴과 얼굴을 마주 볼 것입니다. 내가 지금은 부분적으로 알지만, 그때에는 하느님께서 나를 온전히 아시듯 나도 온전히 알게 될 것입니다."라고 기술했다.[111] 인간 존재가 완성될 '그때에는(tunc)' 인간 영혼이 지니는 하느님 흔적으로서의 사진도 완성될 것이니 인간 존재는 명확하게 보고 깨닫게 될 것이다. 지금처럼 희미하게 바라보는 방식으로 무엇을 따져 물으며 추론하는 것이 아니다. 그저 '얼굴을 마주 보고' 확연히 깨닫는 방식으로 직관하게 될 것이다. '어찌 그것을 아는가?'라는 질문에 특별한 설명 없이 '그저 그냥 안다.'라고 답하게 될 것이다. 우리는 이것을 '지복직관(visio Dei)'이라고도 부른다.

---

[111] 1코린 13,12.

한편, 인간이 소유한 사진(= 모상)이 완성된다는 것은 자신의 존재를 실현하고 완성하는 것을 의미하기도 한다. 동시에 사진 속에 주인공인 원형이신 하느님 모상도 완성되는 것이다. 이것은 단순히 인간 존재의 완성만을 의미한다기보다 '하느님처럼 변화하는 것(deificatio)'을 포함하는 것이다. 결국 인간의 완성은 하느님 흔적으로서 완성을 의미하고, 그것은 인간 존재 완성의 고립된 상태가 완성됨을 의미하는 것이 아니라 하느님을 향해 열려 있는 '하느님스러움(deificatus)'과 관련한 관계성이 완성되었음을 뜻한다.

그런데 이 모든 과정이 저절로 이루어지는 것은 아니다. 사진 속 모델과의 유사한 수준을 완성하는 그 근본 메커니즘은 바로 성령의 이끄심으로 이루어지는 것이다. 다시 말해 즉석 사진 안에 새겨 놓은 완성을 향한 작용은, 전적으로 그 스스로 운동에 따르는 것이 아니다. 물론 기초적인 화학 작용의 메커니즘은 이미 주어졌다고 말할 수도 있겠지만, 그 사진 외부 공기의 순환이라든가 적당한 온도의 조건과 알맞은 습도 등등은 그에게 새겨진 흔적으로서의 작용(운동)을 가능하게 하는 보다 근본적이고 보편적인 더욱 커다란 메커니즘이 아니겠는가? 마치 인간 자유의지의 응답과 하느님 섭리가 만나 구원을 이루는 것처럼 말이다. 비록 원형으로부터 파생된 복사물일지라도, 즉석 사진인 인간도 원형인 하느님에 가장 가까운 수준에 도달할 것이니, 이 얼마나 은혜롭고 아름다운 일인가? 이 모든 일들이 그분의 선하신 사랑 때문에 이루어진 '보시니 좋은 일'이 아니던가? 성령은 이처럼 불완전한 사진들 위로 애절한 어머니의 마음으로 부단히 감돌고 계신다. 모든 피조물이 완성을 이루는 '그때까지(tunc)' 그 사랑의 운동을 멈추지 않으신다. 그래서 우리는 성령을 '하느님의 사랑'이요, 우리 곁을 지키면서 우리를 돕는 '보호자(paraclitus)'요, 우리 완성으로 이끌어 주시는 '성화자(Sanctificator)'라고 일컫는다.

## 4) 인간학적 전환―심리학적 삼위일체론[112]

### (1) 『고백록』의 시기: 'esse-nosse-velle'

#### ① 외부로부터 내면으로

아우구스티누스의 신학적 성찰에는 일종의 패턴이 보인다. 앞서 보았던 작가와 작품의 관계 안에 흔적을 통한 해석학적 방법은 '아래로부터 위로'라는 양상을 보인다. 또한 외적인 사물에 관한 존재론적 분석으로부터 인간 내면의 여러 현상 안으로 신학적 성찰의 영역이 옮겨가는 '외부로부터 내면으로'라는 양상도 보인다. 이미 피조물 안에 드러난 삼위일체 하느님의 삼중적 흔적에 관한 분석을 통해 치밀한 삼위일체론을 전개했음에도 불구하고 성인은 만족할 수가 없었다. 왜냐하면 영원하시고 불변하신 하느님에 관한 신학적 유비를 스쳐 지나가는 시간과 함께 변화하는 피조물 안에서 그분에 관한 참된 인식을 찾는다는 것은 시작부터가 모순된다고 생각했기 때문이다. 그는 하느님처럼 무언가 영적이고 초월적이고 불변하는 그 무엇으로부터의 접근만이 하느님을 온전히 이해할 수 있는 길을 제시해 준다고 보았다.

그래서 신플라톤 철학이나 스토아 철학으로부터 영감을 받았던 존재론적 삼중구조(mensura-numerus-ordo) 만큼이나 확실하게 삼위일체 하느님의 신적 현상에 접근할 수 있게 도와주는 새로운 유비를 찾기 시작한다. 바로 그러한 신학적 전이 과정이 『고백록』의 후반부를 저술했던 시기(399-401년)에 나타난다. 이러한 탐구는 **창세 1,26**에 관한 성찰로부터

---

[112] 본문에서 필자가 언급한 '의식 현상학적 삼위일체론'에 관해 아우구스티누스를 연구하는 학자들이 일반적으로 사용하는 용어이다. 인간 영혼(psyche)을 분석하여 얻은 삼위일체론이라는 의미이다. 그러나 보다 현대적 용어로서는 의식 현상을 분석해서 얻은 신학적 결론이니 '의식 현상학'이라는 말이 '심리학적'이라는 말보다 훨씬 명확하다. 바로 이 때문에 필자는, '의식 현상학적 삼위일체론'이라고 부르는 편을 선호한다.

시작되었을 것이다. 왜냐하면 인간 영혼은 다른 존재자들과 달리 하느님을 닮은 영적인 존재이면서 더욱이 가변적인 사물의 세계와 독립적으로 존재하기 때문이다. 물론 인간 영혼도 하느님의 피조물로서 한계를 지니는 것은 마찬가지일지라도, 물질적인 현상들 안에서 하느님의 유비를 찾는 것보다는 인간 내면을 분석하는 편히 훨씬 탁월하다는 인간학적 탐구 방법에 확신이 깊었다.

> "짐승들에게서 찾으려 하는가? 혹은 태양이나 별들에서 찾으려 하는가? 이들 중 어느 것이 하느님 모상으로 그분과 유사하게 창조되었단 말인가? 그대 자신 안에서, 찾으려는 이것들보다 더 친밀하고 우월한 그 무엇을 틀림없이 찾을 수 있을 것이다. 사실 하느님께서는 인간을 당신의 모상대로 유사하게 만들었다. 삼위일체의 모상이 삼위일체 하느님의 그 무언가 흔적을 가졌는지를 그대 자신 안에서 찾아라!"[113]

② 위격들의 상호 개방적 관계성

아우구스티누스의 문헌에 익숙하지 않은 많은 학자는 흔히들 이 대목에 관해 혹독한 심판을 가하곤 한다. 그것은 삼위일체론을 인간 영혼의 차원만으로 제한했다는 비판이다. 그러나 앞서 살펴보았듯이 성인의 존재론적 삼위일체론에서도 다양하고 폭넓은 분석과 성찰이 있었음을 이미 보았다. 또한 지극히 사변적이라는 비판도 부적절하다고 본다. 왜냐하면 아우구스티누스의 삼위일체론은 처음 출발부터 '흔적'이라는 관계개념에서 시작하기 때문이다. 흔적은 그 자체로 고립되거나 폐쇄된 개념이 아니다.

---

113) Serm. 52,6,17(PL 38, 361): "Quaeris in pecore, quaeris in sole, in stella? Quid enim horum factum est ad imaginem et similitudinem Dei? Prorsus familiarius et melius aliquid horum quaeris in te. Hominem enim Deus fecit ad imaginem et similitudinem suam. In te quaere, ne forte imago Trinitatis habeat aliquod vestigium Trinitatis."; De trin. 14,8,11; Conf. 10,14,21; 10,24,35; 10,27,38.

그것은 반드시 흔적을 남긴 작가로서의 창조주 하느님과 그 작용으로 형성된 작품인 피조물의 존재와 그 둘의 관계를 전제로 하기 때문이다. 이러한 관계는 다름 아닌 완성을 향한 경륜의 과정이다. 따라서 논증의 과정이 치밀한 철학의 이름으로 전개된다고 하더라도 그것이 사변적이라거나 관념적 차원에 갇힌 것처럼 비판하는 것은 수용할 수 없다.

또한, 아우구스티누스의 사상이 살아 숨 쉬는 성경을 중심으로 분석하지 않고 철학적 개념만으로 편향되었다고들 비판하곤 한다. 그러나 이것도 해묵은 오해의 반복일 뿐이다. 성인의 신학적 성찰은 언제나 성경으로부터 시작한다. 물론 그가 철저히 신플라톤 철학자이기에 그가 사용했던 개념들과 사고의 틀이 플라톤적이라는 사실에는 동의한다. 그러나 그의 철학은 어디까지나 이미 그리스도교화한 신플라톤 철학이라는 사실에 주목해야 한다. 즉 성경에서 가르치는 계시 내용들을 나침반 삼아 세상의 흔적들을 유비적 방법을 통해 철학적으로 분석하고 이해를 시도하는 것이 아우구스티누스의 학문 여정이었다.

또한 성인의 삼위일체론은 철저히 성령론적이기도 하다. 왜냐하면 그는 어느 학자들보다도 하느님의 운동이라는 측면에서 삼위일체를 바라보았기 때문이다. 유일한 일자이신 하느님은 어째서 세 가지 위격으로 서로 구별되어 존재하는가? 그가 찾은 대답은 바로 성령을 중심으로 하는 성찰에서 비롯되었다. 다시 말해 하느님의 존재는 불변할지라도 고착되거나 고정되지 않기 때문이다. 하느님 존재는 역동적인 '운동(Motus)'이기 때문이다. 성경에서도 그분을 사랑이라고 고백하고 있는데, 그 사랑이 무엇이던가? 그것은 좋은 것을 바라고 소유하고 이루려는 그리고 그것을 완성하려는 운동의 또 다른 이름이다. 따라서 하느님은 그의 생각(Logos)을 현실화하려는 방향으로 움직인다. 바로 이 때문에 삼위일체 하느님 내면으로부터 하느님의 자기 이탈로 당신의 생각을 현실화하는 창조의 과정이 완성을 향해 진행하게 되었다.

그래서 '삼위일체 하느님은 로고스적인 운동이다(Deus Trinitas Motus Logo est)'라고 정의할 수 있다. 당신의 생각을 현실화하고 완성하시는 그분의 눈에는 모든 것이 "보시니 참 좋았다."라고 비칠 것이다. 이렇듯 하느님 운동으로서의 성령을 중심으로 하는 아우구스티누스의 삼위일체론은 구원 경륜의 역사를 배제하는 것이 아니라 오히려 세상의 구원인 완성을 향한 하느님의 운동으로서의 사랑을 주목한다.

그러므로 삼위일체 하느님이 뜻하는 구원역사의 완성은, 온 우주의 피조물 전체가 당신 생각인 로고스와의 합일을 이루는 것이다. 작가의 생각과 작품의 현실화가 일치할 때 완성도 높은 작품 활동이 종말을 맞듯이, 하느님 로고스의 현실화는 당신의 생각대로 진행하며 그 생각을 설계도 삼아 점진적으로 구현된다. 그래서 구원의 역사 한 가운데는 언제나 로고스가 중심에 있고 그를 정점으로 시간의 여정이 전개된다. 그런데 여기서 한 가지 질문이 제기된다. 작가와 작품을 구상대로 잘 만들면 충분할진대, 어째서 작가가 작가인 그 자리(신분, 위치)를 버리고 굳이 작품과 똑같은 존재가 되기를 바라고 그렇게 되었는가 말이다. 즉 작가인 하느님은 왜 초월의 영역에서 머물러 있기를 바라지 않으시고 '작가 됨'인 '하느님 됨'을 버리고 인간으로 육화했는가?

삼위일체론의 절정은 분명 그리스도의 육화 사건에서 그 찬란한 빛을 발한다. 특히 육화의 여정 중에서 십자가 사건은 삼위일체 하느님을 계시하는데 그 완전한 절정에 도달한다. 하느님 당신이 스스로 사람이 되어 죄 많은 인간의 죄에 대해 대신 속죄했다는 전통적 해설로는 충분하지 않다. 인간을 사랑한 나머지 인간과 같아지려는 어리석은 하느님의 사랑은 자신의 모든 것을 버리는 '자기 비움'이라는 과정을 통해 인간과 하나 되었다. 그리고 인간이 된 하느님은 인간으로서 모든 것을 죽기까지 전부 내어 주었다. 따라서 그리스도의 죽음은 하느님 사랑의 신비요, 그 사랑 때문에 삼위일체 하느님으로 존재하는 '하느님 됨'에 관한 계시의 절정을 이룬다.

십자가상에서의 "하느님 나의 하느님 어찌하여 나를 버리십니까?"라고 절규했던 그리스도의 마지막 말씀은, 삼위일체 하느님의 가장 강력한 일치를 드러내는 동시에, 하느님과 인간의 강력한 일치도 그분의 죽음을 통하여 하나로 연결된다.

　　아우구스티누스는 동방 교부의 페리코레시스 개념을 알고 있었다. 그의 삼위일체론을 위한 조건 중에 하나의 요건은 다름 아닌 관계성이다. 이 관계개념은 단순히 하나의 연결고리를 지니는가에 해당하는 것이 아니라 더욱 역동적 차원을 포함한다. 가령 아버지는 아들을 전제하지 않고서는 성립될 수 없다. 아버지는 단일 존재자이면서 고유하게 존재할지라도 언제나 아들을 암묵적으로 지칭하고 포함한다. 동시에 아버지는 언제나 아들 곁에(περί) 머문다(χόρευσις). 그래서 아버지와 아들은 하나의 일치를 이룬다. 아들의 존재를 배제하고는 아버지의 존재조차도 생각할 수 없다. 둘은 서로의 존재 안에 머물러 있고(circuminsessio), 서로의 존재 안에 내밀하고 침투하여(circumincessio) 존재한다.114)

　　성인은 이러한 개념을 요한 복음 안에서도 성찰했지만, 특별히 인간의 의식 현상 안에서도 삼위일체론을 위한 적절한 유비를 탐구했다. 그것이 바로 '기억(memoria)'이다. 기억이라는 단어는 고립되어 있거나 폐쇄되어 존재하지 않는다. 오히려 밖으로 개방되어 있고 다른 존재자를 지칭하며 내밀하게 연결된다. 기억은 우선 '기억하는 주체'로서 정신의 '존재'를 지칭한다. 동시에 '기억하는 바의 내용'으로서 무언가 떠올리고 인지하고 하는 등등의 앎의 영역인 '지성(intelligentia)'과, 기억하는 그 자신의 활동과 작용 등 '의지(voluntas)'의 행위도 존재한다는 것을 포함한다. 이들 세 요소는 의식 현상 안에서 언제나 함께 존재하며, 그 어느 것도 배제하지 않은 채 상호 연결되어 존재한다. 그래서 어느 한 요소를 말할 때 당연히 다른 두 요소도 더불어 지칭되는 특별한 관계성을 지닌다. 아우구

---

114) De trin. 9,4,6.

스타누스는 이러한 측면이 삼위일체 하느님을 이해하는데 적합한 유비의 길이라 생각했다.

　이러한 관계개념은 삼위일체 하느님의 내재적 차원에만 해당하는 것은 아니다. 이 관계성은 하느님의 영원한 운동으로서의 성령에 의해 무한히 하느님 밖으로 흘러넘친다. 마치 빛처럼 뿜어져 나가서 온 우주 만물에 영향을 끼친다. 플로티누스가 말한 유출론적 해설처럼 빛이 우주와 섞여 간다는 범신론적 비유의 표현이 아니라 하느님의 작용이 온 우주에 미친다는 점에서 그렇다는 의미이다.

　하느님은 고정적인 존재가 아니라 역동적인 존재이기 때문에 자신 안에 닫혀 존재하지 않는다. 그분은 자신을 이탈하여 자신을 바라보는 존재이다. 따라서 하느님은 본래의 신적 기원으로서 자신을 바라보는 근원적 존재인 성부와, 바라보는 대상이기도 하면서 동시에 그 기원의 존재를 바라보기도 하는 성자, 그리고 이러한 신적 현상을 발생케 하는 하느님의 역동성인 운동으로서의 성령으로 존재한다. 이들 세 위격의 하느님은 서로 하느님으로 하나이면서 동시에 구별된다. 그런데 이러한 서술은 마치 시간적 순차를 따라 기술한 것처럼 보이기도 할 것이다. 그렇지만 이는 어디까지나 논리적 서술을 위한 순차적 기술일 뿐이다. 따라서 위격 사이의 구분은 시간을 초월한 무한하고 영원한 차원에서의 구별일 뿐이다.

　하느님의 역동성인 성령은 하느님 당신을 신적 존재의 내면 안에서만 머물러 있게 하지 않는다. 그 영원의 작용은 빛이 완전할지라도 고정적이지 않고 그 근원 밖으로 무한히 흘러넘치듯이 그렇게 하느님 자기 존재 밖으로도 흘러넘치는 창조의 작용을 수반한다. 성령의 작용은 작가가 자신의 구상(idea)을 실현하려고 애쓰는 모든 작용과 비슷하다. 작가의 모든 작용과 행위는 자신의 구상을 따라 하나씩 시간과 공간의 차원에서 가시화되고 완전해지는 물질화의 과정을 수행한다. 하느님의 거룩한(sanctus) 바람(spiritus)인 성령도 당신의 생각인 로고스를 따라 그 생각의 내용들이 시간과 공간의 영역에서 점진적으로 물질화되고 가시화되고 완전을 향해 나아가도록 이끈다. 마치 호수 위에 물결을 바람이 일으키듯이 우주라는 도화지 위에다 당신의 생각을 그림처럼 그려놓는다.

### ③ 의식 현상학적 분석을 통한 삼위일체론

아우구스티누스의 인간 내면에 관한 성찰은 분명 합리론적 경향을 추구했던 플라톤 계열의 영향임은 분명하다. 그렇다고 해서 그의 삼위일체론이 편협하게 인간 영혼의 유비 안으로만 축소했다는 비판은[115], 그의 신학적 여정에 관한 무지로부터 비롯된 오류 중 하나이다.

인간 의식 현상을 살펴보면, 자명한 존재의 확실성을 발견하게 된다. 후대의 데카르트(R. Descartes)가 논증했듯이 '생각하는 나'라는 인식 주관의 존재가 지니는 명증성이 그것이다. 아우구스티누스의 초기 작품 중에는 당대의 회의론자들과의 논쟁을 포함하는 것도 있는데, 그들을 논박하면서 논리의 기초로 삼았던 것이, 모든 것을 의심하고 있는 주체의 존재 자체였다.("Si enim fallor, sum.")[116] 이는 데카르트가 전개했던 방법적 회의를 통해 얻어 낸 '생각하는 나'의 존재 확실성이라는 주제의 선구자적인 철학적 성찰이었다. 데카르트는 모든 존재가 가변적이기 때문에 그로부터 엄밀하고 명증적인 학문의 토대를 찾을 수가 없었다. 그러나 의심하고 질문을 제기하는 그 존재자의 존재는 무엇으로도 부정할 수 없는 자명한 현상이었다. 그에게는 비로소 학문을 제대로 시작할 수 있는 기초를 얻은 셈이다. 따라서 종래의 철학은 그저 단순한 생각으로서 존재자의 존재를 암묵적으로 인정한 뒤에 사물의 본질을 묻는 존재론적 철학을 전개

---

115) 몰트만 J., 『삼위일체와 하나님의 나라』, 135
116) De civ., 11,26; De trin., 10,10,14 "Quando quidem etiam si dubitat, vivit; si dubitat, unde dubitet meminit; si dubitat, dubitare se intellegit; si dubitat, certus esse vult; si dubitat, cogitat; si dubitat, scit se nescire; si dubitat, iudicat non se temere consentire oportere. Quisquis igitur alicunde dubitat, de his omnibus dubitare non debet; quae si non essent, de ulla re dubitare non posset."

했다면, 이제 데카르트에게서는 존재의 명증성을 확보해 주는 인식 주체 존재와의 관계에 관한 방향으로 선회하게 되었다. 객관적 대상과 관련된 방법론으로부터 주관적 인식에 관련한 방법으로, 즉 존재론 중심의 사고로부터 인식론 중심의 사고로 변화하게 되었다. 바로 이 때문에 철학사에서는 데카르트를 한 획을 긋는 중심인물로 본다.

그런데 아우구스티누스에게는 의식 현상 안에서 '생각하는 나'의 존재에 관해서 관심을 기울인 대목이 나타나기는 하지만, 그 존재의 자의식(autoconscientia)에 관한 명증함에 관해서는 큰 질문을 갖지 않았다. 왜냐하면, 그에게는 모든 존재자의 존재 근거는 존재 자체인 하느님으로부터 말미암은 것이라 수용하고 출발했기 때문이다. 오히려 성인에게서의 제일 주된 관심사는 존재의 확실성과 명증성보다 의식 현상의 구조 자체였다. 인간이 무언가를 생각할 때, 그 생각의 내용이 되는 것은 모두 가변적인 외부 세계로부터 비롯된 것이다. 따라서 불변한 하느님을 이해하기 위해서는 철저히 이러한 생각의 잡다한 것도 배제해야 한다. 그리고 불변한 하느님의 차원에 근접해 있는 영혼의 내면으로 들어가야 했다. 오로지 의식 현상세계 내에만 존재하는 것이라야 불변한 하느님의 유비로서 적당하기 때문이다. 성인에게 초월에 이르는 길이란 무엇보다 의식 내면으로 환원하는 것이었다.

우리 인간의 기억 안에 존재하는 잡다한 모든 것을 제외하고도 끝까지 남는 것들이 있다. 그것은 바로 '생각하는 나(ego cogitans)'의 존재(esse)와 그 '대상이 되는 나(ego cogitatus)'와 그 생각을 일으키고 바라보게 하는 이 둘의 '작용(actio, motus cogitantis)'으로서, 이렇게 세 가지가 삼중구조를 이룬다.

여기서 우리는 현대의 후설(E. Husserl)을 떠올리게 된다. 후설은 데카르트처럼 더욱 명증적인 학문을 전개하기 위하여 모든 외부의 것들을 배제(판단중지, ἐποχή)하고, 순수한 의식의 영역으로만 환원한다. 모든 개별적이고 불확실한 것들을 제외하니, 데카르트가 발견한 '생각하는 나'의 존재(esse)를 만나게 된다. 그런데 그 '생각하는 나'는 홀로 고립되어 존재하는 것이 아니라 두 가지 요소로 구성된다. 생각을 일으키는 '생각하는 나'의 지향적 주체로서의 '노에시스'와 그 생각의 대상이 되는 '노에마'로 존재한다고 앞서 말했듯이, 후설의 현상학에서도 아우구스티누스의 그림자가 나타난다. 단지 생각하는 의식 현상의 작용을 인식 주관의 존재인 노에시스 안에 포함하여 성인보다 좀 더 단순하게 정리했을 뿐이다.

아우구스티누스의 '생각하는 나'에 관련한 처음 성찰은 『고백록』에서 등장한다. 앞서 살펴보았던 존재론적 삼중구조(mensura-numerus-pondus)에 관한 설명에서도 언급한 '흔적'이라는 핵심 주제는 여기서도 반복된다. 창조주이신 삼위일체 하느님의 흔적 중 최고의 걸작품은 두말할 나위 없이 인간 존재이다. 그것도 인간 존재가 지니는 외면적인 차원을 의미하는 것이 아니라 바로 인간 의식 현상을 뜻한다. 성인이 탐구한 의식 현상 안에서의 삼위일체 하느님에 관한 유비는 다음과 같다.

> "세 가지의 것들을 언급해 보면 '존재'와 '앎'과 '원함'이다. 실제로 나는 존재하고, (나 자신을) 알며, (의식의 작용을) 원(의지) 하고 있다. 또한, 나는 (나 자신을) 지각하는 동시에 (존재하기를 혹은 의식하기를) 원하면서 존재한다. 또한, 나는 내가 존재하고 있고 (존재하기를) 원한다는 것을 지각하고 있다. 동시에, 나는 존재하기를 그리고 알기를 원한다. 따라서 이 삼중구조에는 분리할 수 없는 생명 즉 하나의 생명, 하나의 정신 그리고 하나의 본질만이 존재한다. 결국, 분리할 수 없는 구별 그러나 동시에 구별되는 것을 보아야 한다."117)

---

117) Conf. 13,11,12 (CSEL 33/1, 353): "Dico autem haec tria: esse, nosse, velle. Sum enim et scio et volo: sum sciens et volens et scio esse me et velle et volo esse et scire. In his igitur tribus quam sit inseparabilis vita et una vita et una mens et una essentia, quam denique inseparabilis distinctio et tamen distinctio, videat qui potest."; De civ. 11,26 (CCL 48, 345): "nos (⋯) imaginem Dei, hoc est illius summae

아우구스티누스가 탐구한 첫 번째 요소인 존재(esse), 그러니까 '생각하는 나(ego cogitans)'의 존재는 의식 현상을 전체적으로 떠받치는 존재의 근거가 된다. 굳이 데카르트의 설명을 덧붙이지 않아도 '스스로 존재하고 있음을 안다.(autoconscientia)'는 사실은 자명한 것이고, 그로부터 의식 현상이 시작한다. 또한 의식 현상의 다른 요소들도 생각하는 나의 존재에서 비롯된다.

'생각하는 나'의 존재에 관한 성찰은 『고백록』에서 삼위일체론을 전개하며 의식 현상학적으로 분석하는 학문의 여정을 통해 등장하지만, 그 시초는 훨씬 더 앞선 시기로부터 시작한다. 초기 작품 중에 아카데미 학파의 회의론을 거슬러 저술한 작품에서도 '의심하고 있는 나(dubito)'에 관한 존재의 명증성은 당대의 학문적 오류를 극복하게 하는 근본적 성찰이기도 하고, 그만의 학문을 시작하는 시발점이기도 했었다.

아우구스티누스 사상의 발전은 그의 생애를 통해 일종의 진화 과정을 보인다고도 말할 수 있다. 그런데 좀 더 정확한 표현으로 기술해 보자면, 그의 신학적 발전은 이론적이고 사변적 연구의 진보가 아니라 지극히 사목적 맥락 안에서 이루어졌기 때문에 실천적이고 사목적이라고 표현함이 훨씬 적절하다고 하겠다. 성인의 학문적 진화는 언제나 시대 상황을 통해 제기된 질문들과 해결해야 할 문제와 갈등에 관하여 답변을 준비하고 서술하는 과정을 통해 점진적으로 심화의 단계를 겪었다. 그러므로 그때그때 질문에 관한 답변들이 다양하게 등장하고, 나중에는 이것들이 양탄자의 재료가 되는 실들처럼 엮어지고 매듭지어져서 하나의 웅장한 '신학적 양탄자'가 형성되었음을 볼 수 있다.

성인의 초기 작품 중 『독백』(*Soliloquia*) 2,1,1에서도 『고백록』에서 보이는 삼위일체론의 유비와 비슷한 모델이 등장하기도 한다. 그런데

---

Trinitatis, agnoscimus, (…) Nam et sumus et nos esse novimus et id esse ac nosse diligimus."

조금은 그 순서가 다르다는 점을 쉽게 알 수 있다: '존재-삶(운동)-지성(정신)(esse-vivere-intellegere)'. 이는 신플라톤주의 철학자였던 플로티누스의 사상으로부터 영향을 받았다는 사실을 보여 준다. 앞서 설명했듯이, 플로티누스에 의하면, 일자(τὸ ἕν)는 빛처럼 역동적이다. 따라서 일자는 자신을 이탈하여 영원히 뿜어져 나가며 운동한다. 이 '유출'의 진행 과정 중에 일자의 운동으로서 두 번째 요소인 '생명(vivere)'이 기술되는데, 이는 일자의 실존적 역동성으로 제시된다. 그리고 일자는 자신을 이탈하여 자신을 향해 돌아서며 자신을 바라보고 자신을 인식한다.(intellegere)

아우구스티누스는 밀라노에서부터 신플라톤 철학을 접하면서 이러한 삼중구조에 비상한 관심을 두었을 것이다. 그것은 자신이 알고 싶었던 하느님의 신비 특히 삼위일체 하느님의 신비를 해설해 주는 근접한 성찰이라고 느꼈을 것이기 때문이다. 그의 주된 관심사는 오로지 하느님과 인간 자신의 존재가 갖는 신비를 이해하고 싶은 방향에 있었다.[118]

특히 인간학적 관심은 **창세 1,26**의 하느님 모상과 관련한 기존의 신학적 해설들이 그의 신학적 탐구 여정에서 크나큰 기준점이 되었다. 그가 세례를 준비하던 시기의 초기 작품 안에서는 하느님과 인간에 관한 탐구가 별개의 것으로 생각했었지만, 결국엔 둘이 하나의 것이라는 사실을 『고백록』 저술 시기에는 깊이 깨달았다. 다시 말해 하느님을 탐구하는 지름길은 다름 아닌 인간 영혼에 관한 분석이라는 점에 집중하였다. 여기에는 암브로시우스가 전해준 신학적 인간학으로부터의 영향도 있었을 것이고, 특히 앞서 설명했던 오리게네스의 인간 정신과 관련한 탐구도 성인의 성찰에 그 출발점들이 되어 주었다.

'생각하는 나'라는 존재의 자명성은 고립되거나 폐쇄되어 있지 않고 역동적이고 개방적이다. 의식 주체로서의 존재가 그리 단순하게 존재하는 것이 아니라 일종의 활동을 한다는 사실 때문이다. '생각하는 나'는 자신을

---

[118] Sol. 1,2,7 "Deum et animam scire cupio."; 2,1,1 "Deus semper idem, noverim me, noverim te."

스스로 대상화하여 바라본다. 이러한 자기 이탈(autosemotio)은 생각의 활동을 발생시킨 자신의 존재 말고 또 다른 자신(alter ego)을 발견한다. '대상으로서 바라보게 된 자아(ego cogitatus)'는 분명 '생각하는 나'의 존재와 같은 존재자임에도 불구하고, 전혀 다른 '또 다른 나'이기도 하다. 그리고 '생각하는 나'가 스스로에 관해 인식하게 되는 '나'의 내용적 측면에 해당한다. 이를 전통적 형이상학적 용어를 빌려 표현해 보자면, 나의 존재(esse)가 '존재하는 바의 내용(essentia)'을 원천적으로 깨닫는 것이다. 마치 거울에 비친 자기 모습을 바라보는 것과 같다. 그러므로 '내가 나를 안다.'라고 말할 때는 이미 두 가지 요소가 적어도 전제된 것이다: '생각하는 나'와 그 '대상이 되는 나'

그런데 어떻게 이러한 현상이 존속할 수 있는가? 그것은 바로 의식 현상을 존재하게 하는 존재의 역동성 때문이다. 의식 현상 안에는 앞서 기술한 두 요소 말고도 세 번째 요소도 존재하는데, 그것은 바로 의식 활동 자체인 운동이요 작용이며 의지이다. 이는 '생각'이라는 단어의 의미 안에 이미 생각하는 주체로서 '나의 존재'와 '생각의 대상이 되는 나'를 시작으로 시작하여 형성된 생각의 내용들과 그리고 그 생각을 일으키고 수행하는 '의지의 작용'이라는 삼중적인 구조를 포함하고 있다.

이들 세 요소는 서술의 편의성에 따라 일정한 순서를 따라 기술했을지라도, 시간의 추이와는 별개로 동시적으로 존재한다. 어느 것을 먼저라고 말할 수 없고 또한 어느 요소를 부차적으로 뒤따른다고 말할 수도 없다. 이 셋은 결국 하나이며, 동시적이며, 서로 구별되어 존재하기에 '셋으로 존재하는 하나이다.'

④ 세 번째 요소에 관한 이해의 어려움

아우구스티누스는 이러한 의식 현상이야말로 하느님의 신비인 삼위일체 신비를 이해하도록 해주는 데 적합한 유비라고 생각했다. 특히 '어떻게 하나이면서 셋으로 존재할 수 있는가?'에 관련한 답변에도 탁월한 장점을 갖고 있기 때문이다. 왜냐하면 생각하는 나도 나 자신이요, 생각의 대상이 되는 나도 나요, 그 의지 작용도 결국 나의 것인 동시에 또 다른 나이기 때문이다. 그런데 여기서 세 번째 요소가 다른 두 가지 요소처럼 무언가 실체를 갖는 것과는 다르다고 느껴지는 부분이 있다. 이 부분이 현대의 신학자들에게 비판받는 대목이기도 하다. 그러나 유비는 그 특성상 설명하고자 하는 대상인 그 원형을 제한적으로 표현해 줄 뿐이라는 점을 고려해야 한다. 왜냐하면 유비라는 단어의 글자 그대로 지칭하듯이 하나의 사실을 비유적으로 그러니까 간접적인 방식을 빌어 설명해 주기 때문이다. 그런데도 아우구스티누스의 의식 현상학적 유비가 탁월하다고 보는 이유는, 실체가 없이 단순한 의식 작용으로서의 운동으로 제시된 것처럼 보이는 세 번째 요소가 설명하는 성령과 그 점마저도 흡사하다는 것이다.

성령은 그 이름에서도 드러나듯이 '거룩한(sanctus)' 그리고 '바람(숨, spiratio)' 혹은 '영(spiritus)'이시다. '거룩하다'라는 수식어는 초월의 하느님 차원을 구별하기 위해 사용한 것이고, '바람'은 성경의 표현과 그분의 위격적 특성을 드러내는 말이다. 바람과 숨은 그 자체로 실체가 없는 듯 보인다. 그저 단순하게 누군가의 일회적인 작용처럼 묘사되는 일도 있다는 사실은 분명하다. 가령, 호수 위에 바람이 불면 물결의 파문이 만들어지는데, 여기서 바람은 누군가의 작용이라는 차원으로 설명되기도 한다. 하지만 또 다른 관점에서 보면 물결의 파동을 일으키는 주체라고도 할 수 있다. 따라서 바람이 실체를 지니지 않는 '아무것도 아닌 것'으로 간주함은 논리의 모순을 지니게 된다는 것도 분명하다.

또한 의식 현상학적 유비가 지칭하는 하느님 차원으로 격상해서 생각해 보자. 한 분이신 하느님은 스스로 완전한 존재이다. 성부도 성자도 당연히 자존적으로 존재하는 완전한 존재이다. 그렇다면 성령은 어떠한가?

하느님의 거룩한 바람인 성령은 하느님의 완전한 작용이요 의지요 운동이다. 그래서 성경에서도 그분을 '하느님의 손가락'으로 묘사하기도 한다.[119] 마치 손가락으로 버튼을 누르거나 바닥에 무언가를 쓰는 작용처럼 말이다. 그런데 이 바람(=사랑)이 전지전능한 하느님의 차원이라면, 그것도 자존적으로 존재하는 최고의 것이어야 한다. 그러므로 '하느님의 거룩한 바람'도 스스로 존재하는 자존적 존재로서 실체를 지닌다.

삼위일체 하느님을 구원 경륜의 차원에서 설명할 때 하느님이 무한한 사랑이시다는 사실에서 출발하곤 한다. 그분이 무한한 사랑이시라면 인간에게 당신이 지닌 것 중에서 가장 좋은 것을 내어 주어야 한다. 그런데 하느님 당신을 제외하고는 그 무엇이 달리 더 뛰어나게 좋은 것이 있을 수 있겠는가? 따라서 무한한 사랑인 하느님은 그 사랑 때문에 당신 자신을 내어 주셨다. 그래서 하느님은 '내어 주는 하느님'인 성부와 무상의 선물로서 '내어진 하느님'인 성자로 존재한다.

그런데 성부가 자신을 내어 주었다고 해서 자신의 완전함에 그 무엇을 손상한다면 그분은 전능하신 분이 아니시다. 그분은 불변의 하느님이시기에 내어 주고도 변함이 없으신 분이시다. 반대로 자신을 내어 줄 때 무언가를 남기거나 자신을 나눠서 적당하게 내어 주었다면 그것도 완전하고 전능하고 불변한 하느님에 모순을 일으키므로 선물로 내어진 성자도 스스로 완전한 하느님이시다. 마치 촛불 하나가 다른 초에 자신의 불꽃을 전부 내어 주었다고 해서 자신이 밀가루 반죽 갈라지듯이 축소되는 것은 아니다. 또한 내어진 하느님도 같이 완전한 하느님으로 존재한다. 이 둘 사이에는 불꽃이라는 본성적 차원에는 차이가 없이 하나로 같다. 단지 하나는 다른 하나의 기원이고, 동시에 다른 하나를 출산(generatio)하듯이 내보냈다는(missio) 차이만을 지닐 뿐이다. 바로 이 때문에, 기원이 되는 하느님은 아버지처럼 '출산하는 하느님(Deus generans)'으로 성부라 부르

---

[119] 탈출 31,18; 신명 9,10; 루카 11,20.

고, 내어진 하느님은 아들처럼 '낳음을 받은 하느님(Deus generatus)'으로 성자라고 불린다.

여기서 한 가지 '내어 주는 그 사랑'에 관한 성찰도 필요하다. 내어 주는 행위이며 작용인 그 사랑은 분명 눈에 보이는 현실적인 그 무엇이 아닐는지 모른다. 다시 말해, 다른 두 위격처럼 실체를 지니는 명확한 존재자(ens)라기보다는 하나의 작용 내지는 운동으로 우선 파악되기 때문이다. 그런데 어떻게 실체를 지니는 존재자처럼 세 번째 위격의 하느님으로 존재할 수 있는가? 무한한 사랑인 하느님의 작용이라면 그 사랑도 '그저 단순히 완전하다'라고 표현하는 것보다 '하느님 차원으로서 완전'해야만 할 것이다. 따라서 그 사랑이 완전하고 또 완전하다면 그 사랑도 다른 존재자에 의존적으로 기대거나 귀속되지 않고 스스로 존재해야 하고, 또 그러한 완전함은 오직 하느님 밖에는 없기 때문이다. 바로 이 때문에, 내어 주는 사랑인 성령도 자존하는 실체를 지니는 하느님이시다고 말할 수 있다.

인간의 작용이나 운동은 분명 '나'라는 존재의 부산물처럼 보이는 것도 사실일지라도, 하느님의 작용이나 의지는 인간 존재의 단순한 역할이나 일회적인 행위처럼 우연유에 해당하지 않는다. 그분은 스스로 완전하며 그래서 스스로 하나의 위격으로 존재하며 동시에 (다른 두 위격과) 하나를 이루면서 구별된다.

### ⑤ 세 요소의 삼위일체론적 적용

의식 현상학적 삼위일체론의 탁월함은 삼위일체 하느님의 위격적 특성을 잘 설명해 준다는 점이다. 의식 현상의 출발 및 기초를 이루는 '생각하는 나'는 무엇보다도 나의 존재를 뜻한다. 내가 생각한다는 현상도 내가 존재한다는 사실로부터 시작하기 때문이다. 따라서 첫 번째 요소인

'생각하는 나'는 의식 현상을 떠받치는 존재의 기원이요 존재 자체가 된다. '생각의 대상이 되는 나'도, 생각이라는 '의식 작용으로서의 나'도 여기서부터 그 기원을 둔다. 마치 세상 모든 것이 창조주인 성부로부터 비롯되었고 그분에게 존재의 기원을 두는 것처럼, 그리고 성자도 성령도 성부로부터 신적 기원을 두는 것처럼 말이다.

그런데 '생각하는 나'에 관련해서는 그 이상의 무엇도 앎이 발생하지 않는다. 그저 '거기에(ibi)' 존재한다는 사실만을 알 수 있을 뿐이다. 실상 우리가 인식하고 '나'라고 생각하고 부르는 모든 것은 두 번째 요소인 '생각의 대상이 되는 나'에 해당한다. 이는 마치 나 자신을 직접 바라보지 못하는 것과 같다. 나의 모습은 거울에 비쳐 바라보듯이 나를 대상화시킨 '또 다른 나'만을 바라보고 인식할 수 있을 뿐이다.

그러므로 '생각의 대상이 되는 나'는 보이지 않는 '생각하는 나'에 관해 무언가를 알려주는 계시가 된다. 그래서 대상이 되는 나는 생각하는 나의 내용적 측면을 이루며, 그것을 기초로 다양한 생각이나 기억과 지식을 쌓아 올리며 확장된다. 실상, 의식 현상 안에서 의식 주체와 작용을 제외하고는 거의 전부를 이룬다. 바로 이 계시적 특성 때문에 타인은 생각의 대상이 되는 나를 외부로 나타내는 언어나 행동을 통해 나를 알게 된다.

이렇듯 '생각하는 나'와 '대상이 되는 나'가 계시의 관계를 이룰 수 있는 것은, 둘 다 같은 '나'이기 때문이다. 또한 존재론적으로 그리고 동시적으로 같은 것일지라도, 생각하는 나는 아버지처럼 대상이 되는 나를 아들처럼 발생시킨 관계성을 지니기 때문이기도 하다. 그래서 아들이 유전적으로 아버지를 닮았기에 아들을 보면 아버지를 만나지 않고도 아버지의 용모를 대충 그려낼 수 있는 것은 '출산'이라는 관계성이 둘 사이에 존속하고 있기 때문이다.

이러한 출산을 통한 계시적 측면이 성자를 유비적으로 잘 설명해 준다. 성경에서도 아버지를 뵙게 해 달라는 필립보에게, "나를 본 사람은 곧 아버지를 뵌 것이다."라고 말씀하셨다.120) 이처럼 성자는 성부의 영원한 생각으로서 보이지 않는 아버지를 알려주는 성사 자체인 분으로 "보이지 않는 하느님의 모상이시다."121)

그런데 세 번째 요소인 '의식 작용으로서의 나'는 다른 두 요소와 어떠한 관계성을 지니는가? 의식 현상 안에서 그 작용도 첫 번째 요소인 '생각하는 나'로부터 발생한다. 그러나 의식 작용은 철저히 그 어떠한 내용적 차원도 포함하지 않는다. 그것은 단지 운동이요 작용일 뿐이기 때문에 그 어떠한 계시적 측면도 지니지 않는다. 단지 그 기원을 첫 번째 요소인 '생각하는 나'에게 둘 뿐이다. 아우구스티누스는 이러한 관계를 나지안주스의 그레고리우스가 말한 '발출(processio)'이라는 용어를 빌려 정의했다. 빛처럼 그 근원으로부터 무엇을 손상하거나 복제하거나 하는 방식이 아닌 그리고 출산과 구별되는 방식을 통해 그렇게 존재한다고 설명했다.

'의식 작용으로서의 나'는 '생각하는 나'의 존재 역동성을 의미한다. 그 운동으로 말미암아 '생각하는 나'의 존재로부터 자신을 스스로 이탈하여 대상화시키는 임무를 수행한다. 또한 '생각하는 나'와 '생각의 대상이 되는 나'를 구별할지라도, 별개의 전혀 다른 것으로 남지 않도록 둘을 하나로 일치시키는 역할도 한다. 성경은 성령을 '아버지의 영' 혹은 '아들의 영'이라고 부른다.122) 여기서 '영(spiritus)'이라 함은 다름 아닌 '운동(motus)'을 의미하는데, 아버지의 영이란 아버지가 자신을 이탈하는 운동을 통해 아들을 출산하는 것을 말한다. 또한 아들의 영이란 아들이 아버지를 향해 돌아서서(reditus) 자신을 인식하고 아버지와 결국엔 하나임을 깨닫는 것을 뜻한다.

이러한 삼위일체론적 해설에는, 동방 교회의 비판이 존재한다. 그것

---

120) 요한 14,8-11.
121) 콜로 1,15.
122) 마태 10,20.

은 성령의 존재를 성부와 성자의 관계 아래 종속적으로 바라본다는 주장이다. 그래서 서방 교회의 신경 정식인 "성령께서는 성부와 성자로부터 발하시고(qui ex Patre Filioque procedit)"라는 주장에 반대한다. 오히려 "성령께서는 성부로부터 (성자를 통하여) 발하셨다(τὸ ἐκ τοῦ Πατρός διὰ τοῦ υἱοῦ ἐκπορευόμενον)"라는 표현을 선호한다. 서방 교회의 해설에는 아우구스티누스의 영향이 지대했다. 특히 의식 현상학을 통한 삼위일체론에서 '생각하는 나'(=성부)와 '대상이 되는 나'(=성자)의 존재는 명확하게 일차적으로 존재하고, 이 둘 사이 운동과 작용으로서 성령을 순차적으로 생각했기 때문에 오해의 소지가 있던 것도 사실이다. 그러나 아우구스티누스의 본래 생각에서는 그 어떠한 종속론적 해설은 보이지 않는다. 오히려 존재의 역동성에 관한 깊은 관심으로부터 출발해서 얻은 신학적 성찰이기 때문에 서술에서 순차적 차이를 지닐 뿐이다. 또한 존재론적 차원에서는 셋 다 모두 동시적으로 존재하기에 무엇이 앞서거나 뒤따르거나 하는 것은 결코 없다.

반면에 동방 교회에서는 성자의 중재를 부각했다. 성경의 전통에 따라 삼위일체 하느님의 세 위격적 특성에 적합한 전치사들이 사용되었다. **로마 11,36**에서도 "과연 만물이 그분에게서(ex) 나와, 그분을 통하여(per) 그분을 향하여(in) 나아갑니다."라고 위격적 고유함에 관해 언급했다. 우선 성부에 관해서는 만물을 존재하게 하는 기원이신 분으로 고백하기 위해 전치사 'ex'를 사용했고, 성자의 중재를 뜻하기 위해 'per'를 사용했다.

그런데 마지막으로 사용한 전치사 'in'은 그리스어로 'εἰς'를 라틴어로 옮긴 것으로 국문 번역에서는 '향하여'라고 번역했다. 그리스어 사전을 보면 '~를 향하여'라는 의미가 우선 등장한다. 따라서 국문 번역처럼 존재의 기원인 성부로부터 모든 것이 지음을 받아 존재하게 되었고, 모든 피조물이 창조주 하느님의 모습을 닮은 흔적들로서 그 비슷함을 완성하여 존재 자체인 하느님께 참여하도록 이끌림을 받았으니, 다시 그분께로 돌아간다고 말함은 당연하다. 그런데 전치사 'εἰς'의 뜻 중에는 도구나 수단의 의미로 '～에 의하여(= by)'라고도 할 수 있기에 '그분으로 말미암아' 혹은 '그분에 의하여'라고도 번역할 수 있다. 이는 무엇보다도 성령의 운동이나 작용을 설명해 주는 것이기에 삼위일체론에서도 매우 적합하다.123)

동방 교회에서는 이러한 성경적 전통을 잘 알고 있었다. 그들에게는 성부만이 다른 두 위격의 신적 기원이 될 뿐이지 그 어떠한 종속적 의미도 부여할 수 없음을 강조했다. 그래서 성령은 성부로부터 성자를 통하여 발하셨고, 성자도 성부로부터 성령을 통하여 낳음을 받으셨다고 생각했다. 사실, 존재가 지니는 실체적 특성을 고려하면 서방 교회의 입장처럼 성부와 성자가 생각하는 나와 그 대상이 되는 나처럼 존재하고, 이 둘 사이의 의식 작용으로서의 성령을 생각할 수도 있겠다. 또한 의식 현상을 일으키고 존속하게 하는 존재의 역동성에 무게를 두고 삼위일체론을 성찰한다면, 존재의 기원인 '생각하는 나'의 명증한 존재의 확실성이 있고, 그로부터 역동적 작용으로서의 운동인 성령이 있고, 그 성령의 작용으로 '생각의 대상이 되는 나'가 존재하게 된다고도 말할 수 있겠다.

아우구스티누스의 의식 현상학적 삼중구조는 서로서로 깊은 유대와 동시에 관계성을 지닌다. 왜냐하면 그가 발견한 세 요소인 '정신의 존재(esse mentis)'와 대상이 되는 나를 인식하는 '자기 자신에 관한 앎(notitia sui, nosse)'과 의식 작용으로서의 '의지(velle)'는 분리될 수 없는 구별(inseparabilis distinctio)을 지니기 때문이다. 다시 말해 의식 현상 내면에서는 내가 그저 단순하게 존재하는 것이 아니다. '나는 (무언가를) 인식하기도 하면서 또한 (무언가를) 원하고 의지하면서 존재한다.(sum sciens et volens)'. 동시에 '나는 내가 존재한다는 것을 알며, 내가 원한다는 것을(혹은 의식 작용하기를 원한다는 것을) 안다(scio esse et velle)'

---

123) 정승익, "탈출 3,14의 하느님 이름(Ego sum qui sum)에 대한 삼위일체론적 해석 - 아우구스티누스의 삼위일체론을 중심으로", 『누리와 말씀』 37 (2015), 89-92; *Vocabolario della lingua greca...*, op. cit., 611-612.

그리고 '내가 존재하기를 바라고 알기를 바라고 작용하기도 한다(et volo esse et scire)'.124)

이러한 삼위일체론 이해를 위한 삼중구조는 『독백』 2,1,1에 나타난 그것과 비교해 볼 때, 훨씬 그리스도교적 관점으로 전이된 모습도 보인다. 『독백』에서도 의식과 관련한 무언가 삼중구조를 다루는 듯 보인다. 그러나 신플라톤주의 철학의 영향이 강하게 엿보이던 그 시절의 성찰은, 삼위일체 하느님에 관해서가 아니라 인간 존재의 영혼을 이해하기 위한 차원에만 머물러 있었다.125)

인간 존재의 이해는 훗날 점진적으로 삼위일체 하느님에 관한 이해를 위해 유비적 통로로 성찰되고, 그 시기의 시작이 『고백록』을 저술하던 시기에 시작하여 『삼위일체론』을 저술하면서 심화하고 구체화하는 일종의 사상적 진화 과정을 볼 수 있다. 특히 『고백록』에서 의식을 해석한 결과물인 삼중구조를 삼위일체 하느님에 관한 이해의 길로 본격적으로 수용하고 적용한 점은 아우구스티누스의 삼위일체론을 연구하는 데에 매우 중요한 대목이다.

> "확실히 자기 자신 앞에 서 보라! 그리고 자신에게 집중하여 바라보고 나에게 이야기해 보아라! 만약 무언가를 발견하고 그것에 대해 말할 때, 영혼을 초월하여 변함없는 존재, 즉 불변한 방식으로 존재하며, 불변한 방식으로 알고 불변한 방식으로 의지하는 존재를 발견했다고 생각하지 마라! 이들 세 가지의 요소로 인해 거기에 삼위일체가 있다거나, 혹은 각각의 세 위격 안에 삼위일체가 있다고 할 수 있는가?"126)

---

124) Conf. 13,11,12.
125) Du Roy O., *L'intelligence de la foi en la Trinité selon saint Augustin*, Paris 1966, 176; Sol. 2,1,1.
126) Conf. 13,11,12 (CSEL 33/1, 353): "Certe coram se est; attendat in se et videat et dicat mihi. Sed cum invenerit in his aliquid et dixerit, non iam se putet invenisse illud, quod supra ista est incommutabile, quod est incommutabiliter et scit incommutabiliter et vult incommutabiliter; et utrum propter tria haec et ibi trinitas, an

그러나 위에서 보듯이 『고백록』에서는 여전히 확신과 의혹이 교차한다. 그가 탐구했던 유비들이 과연 삼위일체 하느님에게 적용할 수 있는가에 관해 물음표를 던진다.127) 그리고 이에 관련해서 심화한 성찰은 『삼위일체론』에 가서 다양하고 진화한 방식으로 전개된다.

## (2) 삼위일체 유비에 관한 다양한 접근, 『삼위일체론』

### ① 『삼위일체론』 – 인간 의식 구조의 역동성, 사랑

『고백록』에서의 의식 현상학적 삼위일체론의 관심은 매우 단순한 씨앗과도 같은 분량으로 나타난다. 그러다가 『삼위일체론』에서는 제목에서도 드러나듯이 본격적으로 탐구하는 여정을 걷는다. 이는 어느 시기보다 강한 확신으로 인간 영혼이 하느님 모상이기에 인간 정신에 관한 탐구야말로 하느님을 이해하는 길이라는 점을 명확히 했다.

> "이제 인간 정신 안에 하느님 모상을 발견하기 위하여 정신의 더욱 중요한 부분에 관해 탐구해야 할 순간에 도달했는데, 이 인간 정신의 더욱 중요한 부분에 의해 (정신은 이미) 하느님을 알고 있거나 혹은 알 수 있을 것이다. 비록 인간의 정신이 하느님에게 속한 본질에 해당하는 것은 아닐지라도, 다른 모든 것들보다 우월한 본질에 속하는 모상은 당연히 우리 안에서 탐구되고 찾아져야만 한다."128)

---

in singulis haec tria, ut terna singulorum sint."
127) Conf. 13,11,12: "아니면 신비로운 방식으로 단순하면서도 다수로 존재하고, 자신 안에 또한 자신을 통해 무한한 동시에 한계를 짓는 방식으로 존재하며, 그로 말미암아 존재하고 스스로 지각하고 스스로 변함없이 충만한, 풍요로운 다양함 안에서의 일치를 이루는, 그 자체인 삼위일체에 대해 누가 쉽게 생각해 낼 수 있으리오? 누가 어떠한 방식으로라도 그것에 대해 말할 수 있으리오? 두렵게도 누가 감히 마음대로 표현할 수 있으리오?"
128) De trin. 14,8,11 (CCL 50/A, 435-436): "Nunc vero ad eam iam pervenimus disputationem, ubi principale mentis humanae, quo novit Deum vel potest nosse, considerandum suscepimus, ut in eo reperiamus imaginem Dei. Quamvis enim mens humana non sit illius naturae cuius est Deus: imago tamen naturae eius qua natura melior nulla est, ibi quaerenda et invenienda est in nobis (…)"

아우구스티누스는 의식 현상 자체를 발생하게 하는 정신의 운동인 존재의 역동성에 주목한다. 누구든 본능적으로 '자기 자신에 관한 사랑(amor sui)'을 지니고 있다.129) 이 사랑 때문에 자신에게 좋은 것을 소유하려는 운동을 발생하고 자신에게 해로운 것으로부터 회피하려는 움직임도 존속한다. 그래서 성인은 사랑을 '영혼의 운동(motus animi)'이라고 불렀다.130) 이러한 사랑은 일상생활에서도 드러나기도 하지만 인간의 의식 안에서도 마찬가지로 적용된다. 사람은 누구라도 보호본능처럼 자신을 위하여 생각하고 활동한다. 인간 자신이 자신을 사랑할 때, 의식 현상 안에서는 '사랑하는 주체(amans)'와 '사랑받는 대상인 자기 자신(amatus)' 그리고 '사랑 그 자체(amor)' 이렇게 세 가지 요소가 발생한다.

> "정신이 자기 스스로 사랑할 때, 두 가지 요소를 드러내는데, 그것은 '정신'과 '사랑'이다. (…) 그러나 사랑과 정신은 두 가지 (서로 다른) 영혼이 아니라 하나의 영혼이기에, 두 개의 본질이 있는 것이 아니라 하나의 본질만이 존재하는 것이고, 결국 두 가지 다른 것이 하나를 이룬다. 즉 '사랑하는 사람'과 '사랑 그 자체'와 '사랑받는 사람'과 그 '사랑 자체'라고도 일컬어진다."131)

이 요소들은 분명 하나의 존재자인 나 자신을 이룬다. 자기 자신을 사랑하는 나 자신은 분명 존재하며, 마치 두 존재자가 존재하는 것처럼

---

129) De ver. rel. 38,71; Conf. 10,30,41; In Io. tr. 2,11-14.
130) De dua. an. 10,14 (CSEL 25/1, 68): "Voluntas est animi motus, cogente nullo, ad aliquid vel non amittendum, vel adipiscendum."; De doct. chr. 3,10,16 (CSEL 80, 89): "Caritatem voco motum animi ad fruendum deo propter ipsum et se atque proximo propter deum; cupiditatem autem motum animi ad fruendum se et proximo et quolibet corpore non propter deum"; Gilson E., *Introduzione allo studio di sant'Agostino*, trad. it., Genova 2001, 157-158; Trapé A., *Agostino - l'uomo, il pastore, il mistico*, Citta' nuova 2001, 337-338.
131) De trin. 9,2,2 (CCL 50, 295): "Mens igitur cum amat se ipsam, duo quaedam ostendit: mentem, et amorem. (…) Neque tamen amor et mens duo spiritus, sed unus spiritus; nec essentiae duae, sed una; et tamen duo quaedam unum sunt: amans, et amor; sive sic dicas: "quod amatur, et amor"".

'사랑하는 나(ego amans)'와 '사랑받는 나(ego amatus)'가 존재한다. 또한 이 둘을 하나로 일치시키는 '사랑 자체(amor ipsus)'도 존재한다. 여기서 사랑은 빛의 속성처럼 역동적이다. '사랑한다.'라고 말함은 반드시 '누군가'를 혹은 '무엇인가'를 사랑한다는 지향적 관계성을 지닌다. 따라서 사랑은 자신 안에 폐쇄적으로 갇혀 있지 않다. 언제나 자신을 넘어서는 혹은 이탈하여 타자에게로 향한다. 이러한 존재자가 지니는 사랑의 역동성은 인간 의식 현상 안에서 생각을 발생케 하는 '정신(mens)'이라는 고정적 틀 안에 갇혀 있지 않고, 또 다른 나 자신으로 개방되어 있다. 그래서 정신은 홀로 존재하지 않는다.

아우구스티누스는 존재의 역동성에 관해 신플라톤 철학자들로부터 그리고 특히 성경을 건네준 교회 신학자들로부터 전해 받았을 것이다. 그것은 요한1서 4장 8절과 16절에서 알려진 것처럼 '하느님은 사랑(=운동)'이시다는 공통점으로부터 깊은 영감을 받았을 것이다.132) 하느님의 사랑은 하느님 존재 안에 머물러 고립되게 하지 않고, 그 충만함이 흘러넘치도록 움직이게 했다. 그래서 자신을 이탈하여 또 다른 자기 자신인 성자를 바라보게 되었고, 그리고 하느님 운동으로서의 성령은 존재 자체인 성부와 하느님의 영원한 생각이신 로고스 하느님(= 성자)을 일치하게 한다. 그래서 하느님은 사랑이시다.133)

인간 존재도 이러한 역동성을 분유 받았다. **창세 1,26**의 하느님 모상이라는 측면이 무언가 이성적 차원에서의 흔적을 주로 의미한다. 반면에 **로마 5,5** "우리가 받은 성령을 통하여 하느님의 사랑이 우리 마음에 부어졌기 때문입니다."라는 구절에서도 보이듯이, 하느님의 흔적으로서 특히 성령의 흔적으로 역동성을 분유 받았음을 볼 수 있다. 그러므로 하느님이 사랑이듯이, 인간 존재도 사랑이다. 하느님의 실존이 거룩한 바람

---

132) De trin. 8,8,12.
133) De trin. 8,10,14.

즉 운동이듯이, 인간의 실존도 운동이다.

### ② 『삼위일체론』의 삼중구조: mens-notitia-amor

『고백록』에서 살펴보았던 삼중구조 '존재-앎-원함(esse-nosse-velle)'이 『삼위일체론』에 와서는 좀 더 깊이 있고 다양한 성찰을 담아내기 시작한다. 특히 첫 번째 요소의 변화에 관련한 부분에 주목할 필요가 있다.

> "그러나 정신이 스스로 사랑할 때 '정신'과 그에 대한 '사랑'이라는 두 개의 것이 있는 것처럼, 정신이 스스로에 대해 인식하게 될 때도 '정신'과 그에 대한 '앎'이라는 두 개의 것이 있다. 따라서 '정신'과 '앎'과 '사랑'은 세 가지 요소들이며, (동시에) 이들 세 요소가 완벽하다면 하나이고 동일하다."[134]

두 번째 세 번째 요소는 대체로 같은 것을 지칭한다: 'nosse'-'notitia', 'velle'-'amor'. 단지 라틴어 문법적으로 동사의 부정형을 같은 의미의 명사로 옮겨 적은 차이뿐이다. 그리고 세 번째 요소로 'velle'가 'voluntas'가 아니라 'amor'로 적은 것은, 아우구스티누스의 사전적 정의에서는 서로 넘나드는 비슷한 말이기 때문에 별다른 차이가 없다.

그런데 첫 번째 요소는 좀 달라 보인다. 'esse'가 'mens'로 변화 내지는 대체되었음을 볼 수 있다. 이는 '생각하는 나'의 '존재(esse)'에 관해 한 걸음 더 심화한 성찰을 담고 있다. 『고백록』 13,11,12에 언급된 '존재(esse)'는 형이상학에서 일반적으로 말하는 존재론적 의미로서의 존재이기도 하지만, 의식 현상 내면에서 '의식 주체 자체'를 의미한다. 따라서

---

[134] De trin. 9,4,4 (CCL 50, 296): "Sicut autem duo quaedam sunt, mens et amor eius, cum se amat; ita quaedam duo sunt, mens et notitia eius, cum se novit. Ipsa igitur mens et amor et notitia eius tria quaedam sunt, et haec tria unum sunt, et cum perfecta sunt, aequalia sunt."; Sciacca M. F., *Trinité et unité de l'esprit*: AM I, Paris 1954, 526-533.

의식 현상의 구조에 관해 기술할 때 필연적으로 첫 번째 요소로 언급해야 함은 당연하다. 그러나 그 용어 자체가 '생각하는 나'를 의미하기는 하더라도, '존재'라는 단어가 지니는 의미가 '또 다른 나'로 확장된다기보다는 그 자체로 고립된 것으로 보인다. 물론 '존재'를 '생각하는 나'로 바꾸어 생각하면 '생각의 대상이 되는 나'의 차원으로 확장되기는 할 것이다. 그러나 아우구스티누스가 기술한 작품 안에서는 도식적으로 표현한 '존재-앎-원함(사랑)'이라는 언급이 전부이다.

그런데 삼위일체론적 유비를 위해서는 다음과 같은 세 가지 요건을 충족시켜야만 한다: 1) 어떻게 하나이면서 셋일 수 있는가에 관해 해명해야 한다. 2) 각각의 세 요소가 서로 다른 삼위일체 하느님의 구별되는 위격성을 설명해 내어야 한다. 3) 각각의 요소는 그 자체로 다른 두 요소에 관해 관계성을 이루며, 상호 내재하고 포함해야 한다.

이들 조건 중에 세 번째 관계성에 관해서는 앞서 동방 교부의 '상호내재(페리코레시스, περιχορεύσις)'라는 개념을 설명하면서 언급한 적이 있다. 아우구스티누스도 이 점에 주목했다. 삼위일체 신학을 위해서는 이러한 관계개념을 설명할 수 있는 유비를 찾아야 했다. 즉 하나의 요소를 말하지만 동시에 다른 요소를 지칭하거나 포함하는 모델이 필요했다.

성인에게 '존재'라는 용어는 이러한 조건을 충족시키기에는 부족하다는 성찰이 강하게 두드러졌다. 그래서 『삼위일체론』에서 다양한 성찰이 제시되었는데, 그중 하나가 '정신'이다. 그러나 '정신'이라는 용어가 분명 의식 활동의 주체를 의미하고 '존재'보다는 한층 구체적이고 관계개념에도 좀 더 다가서 있기는 하다고 보았지만, 아직도 '정신'이라고 말할 때 다른 그 무엇으로 명확하게 확장되지는 않는다. 인간 의식 주체의 존재를 좀 더 의식 현상 내부로 내면화하여 그 활동의 주체로서 '정신'을 언급한 것은 진일보했지만, 여전히 성인의 마음에는 흡족하지 못했다. 그에게는 일상의 여러 친숙한 개념들처럼 상호 포함하며 내재하는 관계개념을 담아

낼 새로운 대안이 필요했다. 예를 들면 '친구'라는 단어도 일차적으로 어느 특정한 한 사람을 지칭하겠지만 그와 친구 관계를 이루는 사람을 이미 포함하고 있으며, 동시에 다른 사람들과는 구별되는 특별한 우정이라는 사랑의 관계를 이루고 있음을 내포하는 그러한 대체재가 필요했다.

> "'사랑하는 주체'와 '인식하는 주체'가 실체이고 그 '인식된 내용'과 '사랑' 그 자체 역시 실체라고 하더라도, '사랑하는 주체'와 '사랑' 그 자체 혹은 '인식하는 주체'와 '인식된 바의 것'은 '친구들'이라는 개념처럼 관계개념을 포함한 채로 언급된다. 그러나 '정신'과 '영'은, '사람들'이라는 용어가 관계적이지 못한 것처럼, 관계를 지칭하는 개념이 아니다. 그런데 친구들이 서로 분리되어 존재할 수 있는 것과는 달리, '사랑하는 주체'와 '사랑' 그 자체 그리고 '인식하는 주체'와 그 '인식된바'라는 그러하지 아니하다."135)

### ③ 관계성의 해결: 기억-지성-의지(memoria-intelligentia-voluntas)

이러한 관계개념을 충족시키는 유비가 인간의 '기억(memoria)'과 관련한 현상이다. 여기서도 두 번째 세 번째 요소는 대동소이하다. 다만 첫 번째 요소가 '존재'나 '정신'이 아닌 '기억'으로 대체되어, 인간 의식 현상을 특별히 기억이라는 차원에서 더욱 세밀하게 접근하고 있다는 부분이 다를 뿐이다. 인간의 기억은 일종의 생각하는 작용이지만, '생각하는 나'의 '존재'나 '정신'처럼 의식주관의 존재를 가리키는 차원에 고립되어 한정 지어지지만은 않는다. '기억'은 과거에 경험했던 사건이나 사물에 관한 회상(reminiscentia)이나 일종의 소환이다. 사람이 무언가를 기억한다는

---

135) De trin. 9,4,6 (CCL 50, 298): "Sed item quamvis substantia sit amans vel sciens, substantia sit scientia, substantia sit amor, sed amans et amor, aut sciens et scientia relative ad se dicantur sicut amici; mens vero aut spiritus non sint relativa, sicut nec homines relativa sunt; non tamen sicut amici homines possunt seorsum esse ab invicem, sic amans et amor, aut sciens et scientia."

사실은 일차적으로 '기억하는 주체(ego meminens)'를 전제한다. 이로부터 '기억하는 행위'와 '기억의 내용'이 시작하고 출발하는 의식 존재의 근본 확실성이 담보된다. 그리고 기억은 즉각적으로 기억하는 바의 내용을 지칭하기도 한다. '생각하는 나'가 자신을 이탈하여 자신을 타자화해서 바라보듯이(notitia sui), 기억하는 주체인 나는 '나 자신에 관련한 기억(memoria sui)'을 떠올린다. 그것은 나 자신에 관한 앎인 동시에 자각하는 자의식이기도 하다. 또한 기억하는 의식 현상 안에는 '기억작용'이라는 세 번째 요소도 '기억'이라는 말 안에 이미 포함되어 존재한다. 이들 세 요소 '기억-지성(기억하는 바의 내용)-의지(기억작용)'는 기억이라는 용어 안에 합쳐지기도 하고 동시에 세 가지 구별되는 개개의 요소로도 존재한다. 더욱이 기억하는 존재는 단순히 고립되어 존재하는 것이 아니라 기억작용을 통하여 무언가를 기억하고 발견하기에 관계개념을 충족한다.

> "그러므로 세 가지 요소는 '기억', '지성'과 '의지'인데, 이들은 세 가지 생명들이 아니라 하나의 생명을, 세 가지 정신들이 아니라 하나의 정신을, 결론적으로 세 실체를 이루는 것이 아니라 하나의 실체를 이루는 것이다. '기억'은 생명과 정신과 실체를 언급하므로 그 자체로의 의미로도 일컬어지지만, 동시에 관계적인 의미로도 표현되기도 한다. 이것은 또한 '지성'과 '의지'에 대해서도 마찬가지로 적용된다. (...) '내가 기억한다'라고 하는 것은 실제로 내가 '기억'과 '지성'과 '의지'를 갖고 있음을 뜻한다. 그리고 '내가 안다'라고 하는 것은, 내가 (무엇을) 알고 있으며 의지하고 기억하고 있음을 의미한다. 또한 '내가 의지한다'라고 하는 것은 (동시에) 내가 의지하고 기억하고 알고 있음을 가리킨다. '내가 기억한다'라는 것과 더불어 내 모든 '기억', '지성'과 '의지'가 함께 한다."[136]

---

136) De trin. 10,11,18 (CCL 50, 330-331): "Haec igitur tria, memoria, intellegentia, voluntas, quoniam non sunt tres vitae sed una vita, nec tres mentes sed una mens, consequenter utique nec tres substantiae sunt sed una substantia. Memoria quippe quod vita et mens et substantia dicitur ad se ipsam dicitur; quod vero memoria dicitur ad

아우구스티누스의 의식 현상학적 삼위일체론은 어떻게 하나이면서 셋으로 존재할 수 있는가에 관한 유비적 답변과, 구별되는 세 위격의 하느님에 관한 위격성에 관해서도 설명이 가능한 실마리를 제공해 주었다. 특히 현대 신학에서 반복되는 비판에도 불구하고, 그의 삼위일체론은 삼위일체 하느님의 내면적 신비를 이해하는 데 비교할 수 없는 탁월한 수준에서 이해의 열쇠를 제공해 주었다. 현대의 신학은 구원 경륜의 역사 안에 제시된 하느님과 인간과의 관계 안에서만 집중적으로 성찰하는 균형 잡히지 못한 단순함을 지니고 있다. 그들의 설명은 지극히 단편적일 뿐이다. 가령 성부는 어떤 하느님인가? 혹은 질문을 다른 말로 표현하자면, 그분의 위격적 속성이 무엇인가라는 답변으로, 주로 '내어 주는 하느님' 정도의 답변만을 제시할 뿐이다.

흔히들 삼위일체론에서 내재적 삼위일체론과 구원 경륜사적 삼위일체론을 구분해서 말하곤 한다. 이전의 교부들 시대를 향해 단순하고 살아있는 삼위일체 하느님의 성경적 해설을 그리스 철학으로 관념화했다고들 비난하곤 한다. 그리고 그들이 말하는 삼위일체 하느님에 관한 진술이라고는 하느님과 인간의 관계 안에서만 초점을 맞추는 초라한 해설들 뿐이다. 어느 한 사람을 알고 사랑한다고 하자! 그가 나와 맺는 관계 안에서 그의 모습을 파악했다고 해서 그를 온전하게 안다고 말하는 것이 타당한 것인가? 그 상대방이 지니는 존재론적 의미를 알지 못할 때 그를 안다고 말할 수도 없을뿐더러, 그를 진정으로 사랑한다고도 말할 수 없다. 상대에 관한 존재론적 의미와 사실에 관해 묻지 않아서 그에 관해 알지 못할 때 어찌 그와 나 사이의 관계 안에서의 사랑을 논할 수 있겠는가?137)

---

aliquid relative dicitur. Hoc de intellegentia quoque et de voluntate dixerim, (...) Memini enim me habere memoriam et intellegentiam et voluntatem, et intellego me intellegere et velle atque meminisse, et volo me velle et meminisse et intellegere, totamque meam memoriam, et intellegentiam, et voluntatem simul memini."; Serm. 5,8,20.
137) De trin. 9,3,3 (CCL 50, 295-296): "Mens enim amare se ipsam non potest, nisi etiam noverit se. Nam quomodo amat quod nescit?"; Io Io. tr. 96,4

④ 『삼위일체론』에서의 내면화

a. 외적 바라봄(visio exterior), 'res-visio-intentio'

아우구스티누스의 신학적 여정에서 내면화의 과정은 매우 치밀한 투쟁의 결과이다. 그것은 불변한 하느님을 유비적으로 이해해 보기 위한 접근 방식이었다. 가변적인 차원에 속해 있는 것들로 얻어진 내용들은 그야말로 변화가 가능한 한계가 드러나는 것들이기 때문에 불변하신 하느님께로 적용할 수 없다고 보았다. 왜냐하면 가장 완전한 존재이신 그분은 어떠한 변화도 수용할 수 없기 때문이다.138) 그래서 철저히 가변적이지 않은 차원으로의 전이가 필요했다. 바로 이러한 여정이 가변적이고 물리적인 법칙이 지배하는 외부 세계에 관한 성찰들을 버리고 그와 독립적으로 존재하는 의식으로 환원하는 내면화의 길을 걸었다.

『삼위일체론』 11권에서는 주로 인식론적 현상에 관해 분석한다. 인간이 어떻게 사물을 바라보고 인지하며, 어떻게 앎을 형성하고 기억하는가에 관해 분석하는 과정을 통해 삼위일체론적 해법을 제시한다.139) 아우구스티누스의 인식론적 관점은 다분히 플라톤적 노선에 서 있지만, 그가 이해하고 수용한 철학은 순수 플라톤의 사상이라기보다는 아리스토텔레스 철학을 어느 정도 수용하고 절충한 신플라톤주의의 것이기 때문에, 인간 감각에 관한 고찰 역시 포함하고 있다는 점은 흥미로운 대목이다.

> "한 사물을 바라볼 때, 세 가지 요소들을 고려하고 구별해야 한다. 우선 우리가 바라보는 '사물 자체'로, 돌이나 불꽃이나 눈으로 볼 수 있는 그 밖의 다른 대상으로, 우리가 바라보기 이전에도 이미 분명히 존재할 수 있었던 것을 뜻한다. 다음으로 '표상'인데,

---

138) Ep. 147,19,46; 참조, 야고 1,17 "그분께는 변화도 없고 (non est transmutatio) 변동에 따른 그림자도 없습니다. (nec vicissitudinis obumbratio)"
139) De trin. 11,1,1.

사물의 현존이 감각 작용을 자극하기 이전에는 존재하지 않았다.
그리고 세 번째는 사물을 바라보고 있는 동안 그 사물에 눈의 감각
이 보존하고 있는 '영혼의 지향'이다."140)

인간이 의식주관 밖의 무언가를 바라볼 때 삼중적인 구조가 발생한다. 우선 바라보는 대상인 '사물 자체(res ipsa)'와 바라보는 즉시 즉각적으로 의식주관 내면에 형성된 일종의 모상으로서의 '표상(表象, visio)'과 그리고 바라보는 의식 행위를 지속하게 하는 지각 작용으로서의 '영혼의 지향(intentio animi)'이라는 세 요소가 존재한다.

외부 세계의 사물은 의식주관과는 분명 아무런 관계도 지니지 않은 것일지라도, 감각을 통해 지각하는 순간 사진기가 대상을 사진으로 담아내는 것처럼, 대상과 유사한 일종의 복사물(=모상)을 의식주관 내면 안에 형성한다. 그래서 한 사물을 바라보다가 갑자기 눈을 감아도 그 대상 사물의 잔상이 눈앞에 있는 것처럼, 그 바라봄이 지속한다고 느낀다. 외부 세계의 대상 사물과 동일한 그 무엇이나 그 대상의 일부가 쪼개져 의식 안으로 건네진 것이 아니다. 오히려 그와 비슷한 복사품과도 같은 것인 모상으로서의 표상을 바라보는 것이다. 그리고 이 모든 과정은 영혼의 작용으로 발생하고 수행되고 유지된다.141)

여기까지는 아리스토텔레스 철학자들의 견해와 대단히 흡사하다.

---

140) De trin. 11,2,2(CCL 50, 334): "Cum igitur aliquod corpus videmus, haec tria, quod facillimum est, consideranda sunt et dignoscenda. Primo, ipsa res quam videmus sive lapidem, sive aliquam flammam, sive quid aliud quod videri oculis potest; quod utique iam esse poterat, et antequam videretur. Deinde, visio, quae non erat priusquam rem illam obiectam sensui sentiremus. Tertio, quod in ea re quae videtur, quamdiu videtur sensum detinet oculorum, id est animi intentio."; 11,2,5(CCL 50, 338): "Quae cum ita sint, tria haec quamvis diversa natura, quemadmodum in quamdam unitatem contemperentur meminerimus; id est, species corporis quae videtur, et imago eius impressa sensui quod est visio sensusve formatus, et voluntas animi quae rei sensibili sensum admovet, in eoque ipsam visionem tenet."
141) 정승익, "「삼위일체론」안에 나타난 심리학적 삼위일체론의 유비들 - 하느님을 알게 해 주는 통로로서의 인간", 『누리와 말씀』 34(2013), 106-107.

그들은 감각을 통해 획득된 잡다한 감각적 정보들을 인간 지성이 분류하고 추상화 내는 능력이 있고, 이 능력에 의하여 인식과 사고가 가능하다고 생각했다. 아우구스티누스도 인간의 감각으로 얻어진 인식의 내용들이 존재한다는 사실을 일부 인정한다. 그에게 감각적 경험이란 인간 영혼이 육신을 통해 보고, 느끼고, 맛보고 체험하는 것으로 보았다. 따라서 육신이 감각적 인식의 주체가 아니라 영혼이 주체로서 육신을 통하여 작용한다고 해설했다.

> "이러한 과정에 있어서 감각은 바라보는 사물로부터 생겨나지 않고, 지각할 수 있고 활력을 지닌 육신으로부터 생겨나는데, 영혼이 육신을 통해 놀라운 방식으로 바라보는 것이다. 그러나 표상은 바라보는 사물로부터 산출되는데, 이는 무언가 정보를 획득한 감각 자체를 말한다."[142]

이러한 삼중구조의 한 요소로서의 '표상'은 사물로부터 생성된 (혹은 산출된 generata) 일종의 복사물(copy)인 모상(imago)이다. 이 표상은 보이는 사물로부터 산출되기는 하지만, 바라보는 그 주체가 존재하지 않았다면 홀로 독립적으로 형성될 수 없다. 따라서 표상은 보이는 사물과 그 사물을 바라보는 주체로부터 생성된다.[143]

이 인식된 모상은, 도장이 진흙이나 밀랍에 찍힐 때 그 도장의 문양이 그대로 비슷하게 찍히는 것처럼, 외부 세계의 사물이 인간 영혼 내면에 그 흔적을 산출(generatio)하는 것을 통해 형성된다.

---

[142] De trin. 11,2,3 (CCL 50, 336): "Atque in his cum sensus non procedat ex corpore illo quod videtur, sed ex corpore sentientis animantis, cui anima suo quodam miro modo contemperatur; tamen ex corpore quod videtur gignitur visio, id est, sensus ipse formatur."
[143] De trin. 11,2,3 (CCL 50, 336): "Gignitur ergo ex re visibili visio, sed non ex sola, nisi adsit et videns. Quocirca ex visibili et vidente gignitur visio (…)"; 참조, 11,5,9.

"인장(印章)이 밀랍(蜜蠟)에 찍힐 때, 거기에 아무런 모상을 남기지 않는다고는 말하지 못할 것이다. 그것은 그 둘이 분리되지 않는다면 구별되지 못하기 때문이다. 그러나 밀랍이 인장으로부터 일단 분리되고 나면, 볼 수 있도록 생성된 그 무엇이 남게 되기 때문에, 인장으로부터 분리되기 이전에도 밀랍에는 인장으로부터 찍힌 형상이 이미 존재하고 있었다고 쉽게 이해가 갈 수도 있겠다."144)

여기서 표상을 형성할 때, '산출(generatio)'이라는 표현을 자주 만나게 된다. 일반적으로 'producere'라는 동사가 더욱 적합해 보일런지도 모른다. 그러나 굳이 'generatio'라는 용어를 사용한 데는, 표상과 대상 사물의 관계 때문에 비롯된 것이다. 표상은 사물로부터 생성될 때, 아들과 아버지의 관계처럼, 유사함을 건네주기 때문이다. 비록 표현은 유사함이라는 언급을 사용했을지라도, 이 둘 사이에는 거나 차이가 거의 없을 것으로 보았다. 다시 말해, 사물의 있는 그대로의 것이 거의 감각으로 전해진다고 생각했다. 그것은 둘 사이를 구별 지을 어떠한 여지도 허용하지 않을 정도로 결합하여 있기 때문이다.145) 바로 이 때문에 사물을 있는 그대로 인식할 수 있다고 아우구스티누스는 주장했다.

### b. 내적 바라봄(visio interior), 'memoria-visio interna-voluntas'

이러한 인식의 과정에서 발견되는 삼중구조는 인간기억 안에서도 그대로 적용된다. 외부 사물을 바라볼 때 형성되었던 표상들은 기억 안에 저장되고, 감각기관을 통해 형성된 표상들은 기억 안에서 또 다른 형태의 대상

---

144) De trin. 11,2,3 (CCL 50, 336-337). "Neque enim cum anulus cerae imprimitur, ideo nulla imago facta est, quia non discernitur, nisi cum fuerit separata. Sed quoniam post ceram separatam manet quod factum est ut videri possit, propterea facile persuadetur, quod inerat iam cerae forma impressa ex anulo et antequam ab illa separaretur."
145) De trin. 11,2,3; Rohmer J., *L'intentionalité des sensations chez St. Augustin*: AM I, 494-496.

사물을 바라보는 것처럼 사유의 대상으로 바라보는 현상이 이어진다.

> "물질적인 차원에서 지각되었던 사물의 형상들이 사라지고 나면, 기억 안에는 그 사물의 유사한 그 무엇이 남게 된다. 이에 대해 의지가 영혼의 바라봄을 다시 향하게 하는데, 이는 거기에 내면적인 차원에서도 표상이 형성되도록 하기 위함으로, 이전에 지각될 수 있는 외부 사물로부터 감각이 정보를 얻게 되는 것과 같다. 이렇게 '기억'과 '내적인 표상'과 '의지'로부터 산출된 삼중구조가 드러나며, (여기서) 의지 때문에 다른 두 가지 요소가 하나로 결합한다."146)

이전의 외적 바라봄과는 달리 내면 안에서 발생하는 이 현상들은 기억 안에서 이루어지는 것이다. 따라서 외적 바라봄에서는 외부 사물과 인식 주관의 내면이 연결되었다면, 내적 바라봄에서는 전적으로 '생각(cogitatio)'이라는 의식 현상 내부의 기억 안에 하나로 결합하여 일치한다.147) 더욱이 내면 안에 형성된 세 가지 요소인, '영혼의 작용(voluntatis intentio)'과 기억 안에 형성된 '외부 사물의 모상(imago corporis)'과 이를 바탕으로 형성된 '(새로운) 생각의 표상(visio cogitantis)'은 내적인 것들에 해당하고(intus est) 모두 하나의 영혼(= 의식 주체)이다.

> "(…) '의지'의 지향은 바라본 (외부) '사물'과 '표상'이 결합하도록 작용하는데, 여기서 세 가지 요소의 일치가 형성되기는 하지만, 이들은 다른 본질에 속하는 것들이다. 또한 (의식 내면에서도) '기억' 안에 현존하는 사물의 표상과 영혼의 지향이 기억 안에서 찾은 '생각

---

146) De trin. 11,3,6 (CCL 50, 339-340): "Quia etiam detracta specie corporis quae corporaliter sentiebatur, remanet in memoria similitudo eius, quo rursus voluntas convertat aciem ut inde formetur intrinsecus, sicut ex corpore obiecto sensibili sensus extrinsecus formabatur. Atque ita fit illa trinitas ex memoria, et interna visione, et quae utrumque copulat voluntate."
147) De trin. 11,3,6.

의 표상' 즉 형상을 결합하도록 같은 의지가 작용한다. 여기에서도 세 가지 요소로부터 일종의 일치가 형성되는데, (이번에는) 이들은 본질에 있어서 더 이상 구별되지 않고, 하나이고 같은 실체에 속하는 것들이다. 그것은 이들 모두는 내면적인 것들이고, 모두 하나의 영혼이기 때문이다."148)

그러나 이 유비 역시 성인의 최종 종착지는 아니었다. 그 이유는, 언뜻 보면 내적 인간의 영역에 해당하는 이 삼중구조가 정신의 세계에만 속하는 것처럼 보이지만, 이 또한 가변적인 세상으로부터 비롯된 표상과 연결되어있다는 점 때문에, 불변하신 초월의 하느님을 이해하기 위한 유비로는 부적당하다고 보았다.149)

아우구스티누스에게서 데카르트와 후설이 지향했던 학문의 명증성과 엄밀함을 추구하려던 그 치밀함의 원천이 보인다. 확실하지 않은 것에 관해 판단을 중지하고 더욱 확실하고 자명한 사실로 환원해야 하는 것처럼, 삼위일체 하느님에 관한 탐구 여정의 끝은 가변적인 외부 세상과는 무관한 순수 영적인 차원인 순수 의식의 세계로 넘어가야 했다.

"인간 영혼이 자신 안에서, 공간적인 장소를 통하여 행하는 방식이 아니라 비물질적인 방식으로 (자기 내면으로) 환원하는 방식으로, 자기 자신에 대해 생각하고 바라보는 것만이 영혼의 본질에 속하는 것으로 남는다."150)

---

148) De trin. 11,4,7(CCL 50, 342-343): "(…) et quod est intentio voluntatis ad corpus visum visionemque copulandam, ut fiat ibi quaedam unitas trium, quamvis eorum sit diversa natura; hoc est eadem voluntatis intentio ad copulandam imaginem corporis quae inest in memoria, et visionem cogitantis, id est, formam quam cepit acies animi rediens ad memoriam; ut fiat et hic quaedam unitas ex tribus, non iam naturae diversitate discretis, sed unius eiusdemque substantiae; quia hoc totum intus est, et totum unus animus."; Cf. De trin. 11,7,12.
149) De trin. 11,5,8.
150) De trin. 14,6,8(CCL 50/A, 431): "Proinde restat ut aliquid pertinens ad eius naturam sit conspectus eius, et in eam, quando se cogitat, non quasi per loci spatium,

아우구스티누스의 참된 인식은 감각적 인식을 초월한 인간 내면 안에서의 진리 인식이다. 그래서 그의 작품 여러 부분에서 물리적인 세상에 촉발한 육신의 것을 버리고 인간 내면(cor, interioritas hominis)으로 돌아갈 것을 촉구했다. 왜냐하면 거기에서 하느님의 것에 접근할 수 있다고 보았기 때문이다. 또한 인간 내면 안에는 하느님 모상이 있고 그리스도가 있으며, 그 모상 안에서 창조주 하느님을 만나고 인식할 수 있다고 보았기 때문이다.151)

## 5) 언어 현상에서의 삼위일체

아우구스티누스의 의식 현상에 관한 탐구는 인식론적인 차원에만 머물러 종결되지는 않았다. 의식 현상 안에 존재하는 내면의 것이 어떻게 의식주관 밖으로 표현되고 소통되는가에 관해서도 깊은 성찰을 이어갔다. 다시 말해 인간 이성(logos)의 것이 언어(verbum) 현상으로 어떻게 전이되고 표출되는가에 관해 해설했다.

> "우리가 말을 할 때 우리도 말씀들(verba)을 말한다. 혹시 그 말씀들이 하느님 곁에 계셨던 그 말씀(Verbum)은 아니던가? 우리가 발음하는 그 말씀이 소리가 되었다가 사라져 버리는 것은 아니던가? (...) 내면 안에 머물러 있는 말씀이 인간 안에 존재한다. 사실 소리는 입으로부터 생성되는 것이다. 내면 안에서 형성되는 말씀이 있는데 그것은 소리로부터 인지하게 되지만 그 말씀은 소리와 같은 것은 아니다. (...) 이 소리로 된 말씀은 사라지지만 그 소리가 의미하는 바는 그것을 말하는 사람의 생각 안에도 그것을 듣는 사람의 지성 안에도 남게 된다. 이 소리가 사라져 버려도 (소리가 의

---

sed incorporea conversione revocetur."
151) In Io tr. 18,10.

미하는 바는) 남게 된다."152)

소리(sonus)는 외적인 물리적 차원에 존재하는 것으로 발음되었다가 (sonat) 사라진다(transit). 그러나 소리에 담긴 그 의미는 말하는 사람 안에도 그리고 그 말을 듣는 사람 내면에도 사라지지 않고 남아 있다(manet). 이 내면의 말씀은 생각(idea)으로 존재하며 물리적 성질을 지니지 않은 정신적 차원에 속한다. 인간의 의식 안에 존재하는 영적이기도 하고 이성적인 그것을 '내적 말씀(verbum interius)'라고 한다. 그것은 앞서 말한 소리가 의미하는 것(quod significat sonus)이기도 하다. 그래서 내적인 말씀은 '정신의 아들'과도 같다.

그런데 한 사람이 숨(spiratio)을 통해 공기를 진동시켜 무언가 소리를 내어 말을 할 때, 많은 사람이 그 의미를 올바로 알아듣는 것은, 모두가 공통으로 지니는 보편적인 관념으로서의 무언가를 다들 이미 선험적으로 소유하고 있기 때문이다. 이것을 이성(logos)이라고 말한다. 사람은 이 이성의 활동으로 무언가 생각을 만들어 내고, 그 생각한 바를 숨을 통해 외부로 또 다른 말씀을 생성해 내는데 이를 '외적 말씀(verbum exterius)'이라고 한다.

"정신이 생각을 출산해 내는 것처럼 정신에서 생성된 생각과도 같은 말씀을 너의 내면에 가질 수 있다. 또한 정신의 아들과도 같이 그리고 너의 내면의 아들과도 같은 생각이 존재할 것이다."153)

---

152) In Io tr. 1,8(CCL 36, 4-5): "Et nos diximus verba, cum loqueremur. Numquid tale Verbum erat apud Deum? Nonne ea quae diximus, sonuerunt atque transierunt? (...) Est verbum et in ipso homine, quod manet intus: nam sonus procedit ex ore. Est verbum quod vere spiritaliter dicitur, illud quod intellegis de sono, non ipse sonus. (...) Hoc verbum transit, quod sonat: quod autem significavit sonus, et in cogitante est qui dixit, et in intellegente est qui audivit, manet hoc transeuntibus sonis."
153) In Io tr. 1,9(CCL 36, 5): "Si tu potes habere verbum in corde tuo, tamquam consilium natum in mente tua, ut mens tua pariat consilium, et insit consilium quasi proles mentis tuae, quasi filius cordis tui."

마치 인간 의식 안에서 혼자 말하는 것처럼 무엇인가를 생각하는 때 그 생각은 하나의 개념(ipsa rei conceptio in corde)이 되는 동시에 이미 언어(verbum)이다. 이 언어는 내적 말씀으로 아직 의식주관의 존재 밖으로 나가지는 않았지만, 내면 안에서(in corde) 이미 생겨났고(natum), 이제 곧 외부로 발출(procedit)하여 외적인 말씀이 될 것이기도 하다. 이렇게 발출한 언어는 그리스어나 라틴어로 구별될지라도, 내면 안에서 생성된 내적 말씀(verbum illud quod corde conceperas)은 어떤 특정한 나라의 언어와는 직접적으로 상관없는 그 너머의 것이다. 따라서 인간 정신이 무언가를 말하려 할 때 그 순간 인간 의식 안에 생성된 개념(conceptio)을 소유하게 되는데 이는 외적인 물리적인 세상과는 무관한 영적(spiritalis) 차원에 속한 것이다. 그래서 내적 말씀은 아직 소리(sonus)나 음절(syllaba)에 의해 구별되거나 전달되지 않는다. 아직 내면의 개념(관념) 안에 (in conceptione cordis) 머물러 있을 뿐인데, 이 내면은 인간 정신의 현상적 차원(in spectaculo mentis)을 의미한다.154)

가령 누군가 '카르타고'라고 말할 때, 입으로부터 소리가 터져 나오고(erumpentes ex ore) 상대의 귀를 건드리고(tactae sunt aures) 육신을 통해 영혼의 감각에 도달한다(tactus est sensus animae per corpus). 이때 자신 안에 이미 소유하고 있는 것(=기억)을 향하고(reflexus est animus ad id quod ibi erat) 마침내 기억 안에 카르타고를 보는 것처럼 떠 올리게 된다(vidit). 이때 카르타고에 관한 표상(이미지)이 새롭게 형성된 것은 아니다. 오히려 원래부터 거기에 존재했고 단지 숨겨져 있었을 뿐이다(iam ibi erat, sed latebat). 인간 영혼이 의식하지 않을 때 숨겨져 있다가 관심을 기울일 때 기억 안에 원래부터 존재했었던 것들을 발견하는 것이다(cum vero reflexa est cogitatio tua ad id quod erat in memoria, inde formata est, et visio quaedam animi facta est). 이러한 이미지(=

---

154) In Io tr. 14,7.

표상, imago, visio)는 카르타고에 방문했을 때, 육신의 눈으로 영혼이 바라본 것이고(accepit speciem per oculos anima) 기억 안에 이를 저장해 둔 것이다(haec species recondita est in memoria).155)

아우구스티누스는 이 부분에서도 전형적으로 플라톤적 합리론에 근거한 사고를 개진한다. 그러나 아리스토텔레스의 인간 감각 경험을 수용한 측면도 분명히 나타난다. 시각을 통해 수용된 정보들이 인간기억 안에 저장되고 그것이 다시 떠올라 언어의 소통이 이루어진다는 점은 눈여겨볼 만하다.

그렇다면 언어란 무엇인가? 발음되었다가 지나가면서 사라지는 것이다(sonat et transit). 말씀(verbum)은 발음된 공기의 파동을 통해 귀를 진동시키고(verberato aere autem percutit) 더 이상 존재하지 않는다. 가령 한 문장을 말하면, 그 문장은 잔존(manet)하며 더 이상 발음되지 않으면서 사라져 버린다(non sonando transibat). 한편 자신 안에 말씀이 있을지라도 소리와는 다른 것이다(Apud teipsum, homo, cum est in corde tuo verbum, aliud est quam sonus). 그러나 자신 안에 있는 그 말씀이 우리 자신에게로 건네지기 위해서는 일종의 탈것(vehiculum)처럼 소리를 필요로 한다(verbum quod est te, ut transeat ad me, sonum quasi vehiculum querit). 결국 말씀은 소리를 취하고(assumit ergo sonum) 탈 것에 올라타는 방식으로 말씀 자신을 얹어서(imponit se quodammodo in vehiculum) 공기를 통해 빠르게 전달하여(transcurrit aerem) 자신으로부터 멀어지지 않으면서(nec recedit a te) 상대방에게로 도달한다. 그러나 소리(sonus)는 상대에게로 도달하기 위해 자기로부터 멀어졌지만, 상대방 안에 머물러 있지도 않다.156)

여기서 아우구스티누스는 말씀과 소리를 구별한다. 먼저 말씀은 말하

---

155) In Io tr. 23,11.
156) In Io tr. 37,4.

는 주체의 내면에 존재하는 일종의 생각이다. 아직 외부로 발설되지 않은 의식주관의 의식 활동을 통해 생성된 것으로 존재하는 내적 말씀이다. 반면에 소리는 자연현상 안에 흔하게 발생했다가 사라지는 그러한 종류의 것이다. 그런데 인간의 생각인 내적 말씀이 소리를 탈것으로 도구 삼아 결합하면, 여타의 자연현상과 구분되고 의미를 지니는 특별하고 의도된 소리가 된다. 즉 발설된 생각의 물질화(현실화)를 통해 생성된 외적 말씀이 된다. 따라서 '외적 말씀= 내적 말씀+ 소리'라고 정리할 수 있겠다. 이러한 소리를 듣는 다른 사람들은 단순하게 소리만을 듣는 것이 아니라 소리에 올라타 있는(imponit se quodammodo in vehiculum) 말씀의 의미를 인지한다. 더 이상 소리는 존재하지 않더라도 말씀은 말하는 이에게도 또한 그것을 듣는 이에게도 여전히 존속한다.

어떻게 이러한 언어 현상이 가능한가? 앞서 잠시 언급했듯이 무엇보다도 모든 인간이 동일하거나 유사한 말씀을 공통으로 소유하고 있어야 한다. 그리고 보이지 않는 내적 말씀을 보이게끔 드러내는 일종의 계시 방법 내지는 그 능력을 소유하고 있어야만 한다.

**콜로 1,15**의 그리스도 찬가에서 "그분은 보이지 않는 하느님의 모상이시며 모든 피조물의 맏이이십니다."라고 고백하고 있다. 두 번째 위격의 하느님인 성자를 보이지 않는 하느님의 모상이라고 천명한다. 그것은 성자는 하느님의 '영원한 생각(Idea)'이시며 그분의 '영원한 말씀 (Logos)'이시기 때문이다.[157] 그런데 인간은 하느님 모상으로 창조되었다. 즉 하느님의 흔적으로서 지음을 받았는데 인간은 하느님의 영원한 생각인 로고스를 따라 만들어졌다. 마치 작품을 만드는 작가가 작품에 관해 자기 생각(idea)에 따라 만드는 것처럼 말이다. 그러므로 작품 안에는 작가의 생각과 동일하다고는 할 수 없을지라도, 그와 비슷하게 생성된 것들이 발생한다. 따라서 한 작가가 만든 여러 작품 안에는 이러한 유사함의 흔적들

---

157) 요한 1,1.

이 당연히 존재하게 된다. 이 흔적들은 일차적으로는 작품 개개의 정체성을 드러내어 주는 일종의 계시 사건이 되며, 동시에 자신의 것을 넘어서는 보이지 않는 작가의 작품 구상 의도를 드러내어 주는 이차적인 계시 사건도 된다.

인간에게도 성부의 영원한 생각으로 존재하는 하느님 로고스(Logos)로서 성자의 흔적이 존재한다. 그 흔적이란 다름 아닌 인간이라는 본질을 가리키는 것으로, 인간 안에 존재하는 이성인 로고스(logos)를 의미한다. 인간의 로고스는 모든 사람에게 보편적으로 존재하는, 영원한 로고스인 성자의 공통된 흔적이다. 바로 이 때문에, 인간은 다른 사람과 생각을 주고받을 수 있는 공통의 것들을 제한적이나마 소유한다.

그렇다면 이러한 공통의 흔적을 어떻게 소리를 매개로 해서 그 안에 담긴 의미를 주고받고 이해하는가? 교부들은 하느님 모상을 때때로 보다 구체적으로 표현하기 위해 '하느님을 수용할 수 있는 능력(capax Dei)'이라고도 불렀다. 사실 삼위일체 하느님이 사람에게 남긴 흔적에는 지성적이고 내용적인 차원 즉 로고스적인 차원만 존재하는 것이 아니다. 동시에 감성적이고 의지적인 운동의 차원도 포함한다는 사실에도 주목해야 한다. 바로 이 때문에 인간은 생각하고 그 생각을 발전시키고 정리하고, 그리고 누군가에게 언어 작용을 통해 생각을 전달하여 자기 생각을 이해시키기까지 한다.

그런데 인간 존재의 이러한 언어 차원에서의 운동은 언제나 존재가 지니는 것들을 완성하려는 방향으로 지향한다. 따라서 인간은 단순한 생각의 차원이나 불분명한 차원에 머무르지 않고, 더욱 완성된 생각 즉 더욱 깊이 있는 깨달음으로 도달하려는 갈망(= 운동)이 있다. 또한 누군가에게 자기 생각을 전할 때도 더욱 정확하게 자신을 표현하고 이해시키려는 경향(= 운동)도 동시에 있다.

이러한 의식주관의 운동으로 인간은 자신(생각하는 나)의 존재를 초월해 또 다른 자신인 '생각의 대상이 되는 나'를 바라보게 된다. 이것은 생각하는 주체의 존재가 또 다른 나의 존재를 대면하는 매우 즉각적인 행위(= 운동)로 발생한 사건이다. 여기에는 이른바 생각의 내용이라고 불릴만한 것이 존재하지 않는 의식의 순순한 구조만이 존재할 뿐이다. 그런데 의식 활동은 여기에 머물러 있지 않고, 바라보는 대상으로서의 나 자신에 관한 인식을 넓혀 나간다. 자신이 누구인가라는 본질적 내용과 삶의 기억과 느낌들 등등이 순수 의식 구조에 겹겹이 싸여서 '나 자신에 관한 앎(notitia sui)'을 더욱 풍요롭고 완전하게 한다.

인간은 창조로부터 이러한 사유 능력을 지니고 태어났다. 그것은 모든 만물을 완성으로 이르도록 중력과도 같은 힘으로 이끄시는 성화자 성령의 흔적이다. 인간은 이러한 흔적으로 말미암아 자신이 누구인지에 관해 호기심 어린 갈망으로 질문하고 성찰하고 깨닫고 정리하는 사유의 삶을 살아간다.

그런데 사유의 능력에서 발견되는 운동은 인간 내면의 의식 활동으로만 존재하는 것은 아니다. 내면 안에 발생하고 깨달은 여러 사항도 자신 밖으로, 그러니까 자신 말고 타인에게 전달하기도 한다. 그런데 놀라운 사실이 하나 더 있는데, 그것은 모든 사람이 서로 알아들을 수 있는 공통적인 방식이 있다는 사실이다. 분명 내면의 생각들은 보이지 않고 지각될 수 없는 차원에 머물러 있는데도 말이다. 그러나 인간은 생각을 전달할 수 있는 능력을 통해 소리를 탈 것에 얹어 다른 사람에게 인지되도록 한다. 마치 보이지 않는 그 무엇이 보이게끔 드러내는 성사적 사건처럼 말이다. 따라서 언어는 그러니까 외적 말씀은 보이지 않는 내적 말씀인 말하는 사람의 생각을 보이게끔 (알아듣고 깨달을 수 있게끔) 드러내어 주는 계시 사건이요 성사적 사건이 된다. 이 덕분에 우리는 서로서로 마음을 읽고 이해하게 된다.

그런데 인간 자신에 관한 깨달음이 늘 불완전한 것처럼, 자기 생각을 언어로 표현하는 데에도 항상 부족함이 따른다. 그래서 오해도 발생하고 다툼도 생겨난다. 아마도 구원의 완성이 이루어지는 순간에는, 모든 사람이 자기 생각은 물론 그를 표현하는 능력에도 완전해질 터이니, 더 이상 오해와 다툼은 생겨나지 않을 것이다.

    인간이 언어를 통해 자기 생각을 타인에게 전달하는 언어 현상은 삼위일체 하느님의 흔적으로서 하느님의 신비를 설명해 주기도 한다. 성부는 세상에 말씀하듯이 당신의 영원한 생각인 로고스인 성자를 당신의 의지 작용으로서의 '숨'인 성령에 의해, 소리가 되듯이 물질화 내지는 현실화하신다. 이는 인간이 자기 생각을 숨을 통해 소리를 내고 생각의 일부인 의미를 담아 소통하는 것과 비슷하다. 인간의 생각이 소리(언어)라는 물리적 속성을 지닌 무언가를 발생하듯이, 하느님의 말씀은 당신의 생각대로 만물을 생성하게 하는 창조를 진행하셨으며, 성부의 내적 말씀으로서의 로고스를 닮은 피조물들을 무로부터 만들었다. 그래서 세상의 모든 존재하는 것은 존재의 기원인 성부로부터 지음을 받았고, 저마다 고유한 형상을 지니며 서로 조화롭게 구별된다. 이러한 존재의 고유한 내용들은 모두 하느님의 영원한 생각(= Logos)에 따른 것이고, 인간이 말하듯이 그분께서도 신적 언어 작용을 통해 세상을 소리로 만들어 내듯이 창조하셨다. 그리고 당신이 만든 모든 것을 당신의 선하심으로 좋게 만드시니, 보시기에 사랑스럽고 좋으셨다.

### 6) 구원 = 삼위일체 하느님 모상으로서 삼중구조의 완성, De civ. 11,28

#### (1) 인간 존재(esse hominis)와 본질의 완성

> "우리는 우리 창조주의 모상대로 창조된 사람들로, 그분은 참된 영원함과 영원한 진실과 영원하고 참된 사랑이며, 그분은 영원하고 참되며 사랑의 삼위일체로서 혼합되지 않고 분리되지 않는다. 만일

(세상 만물이) 참으로 존재하시며 지극히 지혜로우시며 한없이 좋으신 그분에 의해 창조되지 않았다면, 우리보다 열등한 피조물들도 어떠한 방식으로도 존재하지 않을 것이다. 또한 어떠한 특성도 지니지 않을 것이고, 어떠한 질서도 갈망하거나 소유하지 못할 것이다. (…) 그분 안에서는 우리 존재는 죽음을 갖지 않을 것이며, 그분 안에서는 우리의 앎도 아무런 오류를 갖지 않을 것이고, 그분 안에서는 우리가 사랑한다는 것도 아무런 장애가 없을 것이다."158)

존재론적 삼위일체론을 통해 얻어낸 삼위일체 유비는 '존재-수(본질)-무게(질서)'였다. 이는 창조주 하느님을 닮은 피조물인 인간이 지니는 초월의 흔적으로서 인간을 가장 인간답게 해주는 본질적 요소들이기도 하다. 따라서 불완전한 인간이 완전하게 될 구원의 상태를 성찰하게끔 그 통로를 열어주는 열쇠이기도 하다. 즉 인간이 구원받는다는 것이 구체적으로 어떤 상태인지에 관해 알려주는 가능성을 제공해 준다.

인간이 아직 완성되지 못하고 불완전하다는 말은, 인간 존재가 불완전하여 자신의 본질인 존재하는 바의 내용을 완전하게 실현하지 못했다는 말이다. 또한 인간 자유의지의 사용도 창조된 자아를 실현하는 방향이나 그 자아를 존재케 하는 참 존재이신 하느님과 일치하지 못함을 의미한다. 그러므로 존재론적 삼중구조를 기준으로 현재를 살아가는 불완전한 인간의 상태를 표현해 보자면, '불완전한 존재-불완전한(실현되지 못한) 본질-무질서한 자유'라고 할 수 있겠다. 즉 인간은 온전하지 못한 삼중구조의 상태를 살고 있다.

---

158) De civ. 11,28 (CCL 48, 348): "Quoniam igitur homines sumus ad nostri Creatoris imaginem creati, cuius est vera aeternitas, aeterna veritas, aeterna et vera caritas, estque ipse aeterna et vera et cara Trinitas neque confusa neque separata: in his quidem rebus, quae infra nos sunt, quoniam et ipsa nec aliquo modo essent nec aliqua specie continerentur nec aliquem ordinem vel appeterent vel tenerent, nisi ab illo facta essent, qui summe est, qui summe sapiens est, qui summe bonus est, (…) Ibi esse nostrum non habebit mortem, ibi nosse nostrum non habebit errorem, ibi amare nostrum non habebit offensionem."

구원이란 존재의 완성을 의미한다. 털실이 자신에게 주어진 시간과 재료를 모두 소진하는 '그때(tunc)' 털실이라는 차원의 불완전한 존재는 사라졌다고 말할 수도 있겠지만, 동시에 스웨터라는 기존 존재의 완전한 차원에 속하는 존재자로 완성되었다고 말하는 편이 훨씬 정확할 것이다. 스웨터라는 존재의 완성은 불완전한 털실의 상태를 극복하고 초월한 더욱 우월한 차원에 속한다. 물론 털실의 상태도 그 자체로 존재 의미가 있다 할 수도 있겠지만, 그것을 존재하게끔 만든 장인의 생각(idea)대로 완전하게 되어서 이전의 상태보다 더욱 월등하게 완성된 상황이 바로 스웨터에 해당한다.

그런데 털실이 스웨터가 되었다는 것은 개별 존재자들로서 자신에게 주어진 목적을 달성한 개별 존재의 완성이라는 차원만을 의미하지는 않는다. 물론 자신의 본질인 스웨터로서 존재하는 바의 내용을 완전하게 실현했다고 하더라도, 그 완성은 동시에 장인(faber, artifex)이 가졌던 그 생각의 완성도 의미하기 때문이다. 다시 말해 스웨터는 털실이라는 개별 존재의 완성인 동시에, 그렇게 만들려고 구상했던 장인 생각이 완전하게 현실화된 것을 의미한다. 그러기에 그 완성도에 부합하는 만큼 장인의 생각과 존재에 참여(participatio)하게 되는 것이다.

따라서 인간 존재의 완성은 개별 인간이 완성된 것인 동시에 하느님 생각인 로고스의 창조 구상이 완성된 것이기도 하다. 바로 이 때문에 모든 완성된 존재자는, 그것을 만들고 완성한 하느님 생각인 로고스에 참여하는 것이고, 그렇게 참여한 만큼 그분을 닮게 되는 것이다. 우리는 이것을 '신화(deificatio)'라고 부른다.

성경에서는 인간을 '하느님 모상'으로 창조했다고 알려준다. 여기서 하느님 모상이란 하느님과 비슷한 그 무엇을 의미한다. 하느님과 비슷한 것이 도대체 어떤 것인가? 그것은 초월의 흔적으로서 인간 존재가 하느님의 생각이요 로고스를 따라 만들어졌다는 말이다. 그래서 인간은 하느님을 알고 하느님을 이해하고 그분과 대화를 나눈다.159) 그래서 인간 존재의 완성은 다름 아닌 하느님 모상의 실현이고 완성을 말한다.

하느님 모상으로서의 인간 존재가 완성을 이루었다는 의미는 하느님의 영원한 로고스(Logos)를 따라 인간이 존재하는 바의 내용인 본질을 완성했다는 의미이기도 하다. 특별히 인간이 소유한 이성적 차원에서의 로고스(logos)도 완성되었다는 뜻을 포함한다. 다시 말해 인간이 도달해야 할 깨달음이 완성되었다는 말이다. 앞서 하느님 모상을 '하느님을 수용할 수 있는 능력(capax Dei)'으로서 설명하고, 인간 존재의 두 가지 측면인 이성과 감성(의지)적인 두 차원에서 언급했듯이, 인간 존재의 완성은 '하느님을 이해할 수 있는 능력'의 완성을 지칭한다.

구원을 설명할 때 '하느님을 바라봄(visio Dei)'이라는 표현과 '지복직관'이라는 표현을 사용하곤 한다. 여기서 하느님을 바라본다는 말을 물리적으로 해석하지는 않는다. 그분을 바라봄은 그분을 있는 그대로 그분의 본질에 대하여, 인간이 도달할 수 있는 최대치의 깨달음에 이르렀다는 뜻이다. 그때 가서는 하느님을 배워서 들어서 깨우치는 과정을 통해 바라보고 인식하는 것이 아니다. 오히려 '그냥' 단순하게 직관적으로 알게 되는 것이다. 눈앞에 사물을 명확하게 바라보고 특별한 설명이 필요 없이 '그냥' 아는 것처럼 그렇게 하느님을 바라보고 그분이 어떤 분이신지를 그냥 보고 아는 것이다. 덧붙여 추론할 필요 없이 그저 '확연히' 거울에 비쳐 보는 것이 아니라 '직접' 알게 될 것이다.

사람과 사람이 대화를 나눌 때는, 언어라는 외적 말씀을 통해 내적 말씀인 개별 로고스의 파편들을, 소리를 탈것처럼 매개체 삼아서 주고받는다. 하느님과 인간 사이에도 이러한 로고스 사이(Logos-logos)의 대화가 존재한다. 하느님은 창조주로서의 로고스 자체이시고, 인간은 당신의 피조물로서 로고스 자체와 닮은 유한한 로고스를 지닌다. 하느님 편에서는,

---

159) De trin. 14,8,11.

모든 개별 로고스의 창조주이시고 그 종합으로서 총체이시기 때문에, 모든 존재자가 지니는 로고스를 깊이 뚫어 알고 계신다. 그러나 인간 편에서는 창조주이신 로고스를 부분적으로만 이해할 뿐이다. 그것도 그 유사함이라는 차원을 통해서만 가까스로 이해할 뿐이다. 그래서 우리 인간은 하느님을 희미하게 수수께끼처럼 인지한다. 이러한 좁힐 수 없는 차이에도 불구하고 창조주 로고스(Logos)와 피조물 로고스(logos) 사이에는 일종의 대화가 존재한다. 그것은 시공간에서 진행하는 일상적인 대화를 말하는 것이 아니라, 창조를 통해 인간 내면 안에 새겨진 흔적으로서 로고스가 지니는 유사함이라는 '다리' 덕분에 창조주 로고스 하느님과 '존재론적 대화(dialogus ontologicus)'를 나눈다. 그것은 인간 존재가 자신의 본질을 바라보고 그것을 완성하기 위해 실존의 상황을 살아가는 동안 자기 본질의 깨달음을 통해 초월의 그분을 바라보고 경외하는 것을 의미한다. 동시에 하느님 로고스도 원형으로서의 자신을 법칙과 원리 삼아 세상을 바라보는데, 이 관계 안에는 '원형과 흔적'이라는 존재의 닮음이라는 소통(communicatio)과 친교가 존재한다. 따라서 로고스 하느님은 인간 안에 내재한 로고스를 통해 말씀을 건네신다.

### (2) 인간의 완성과 신화

**로마 8,28-30**에서 "하느님께서는 이미 오래전에 택하신 사람들이 당신의 아들과 같은 모습을 가지도록 미리 정하셨습니다."라고 언급했는데, 이 구절을 육화한 그리스도의 인격적 차원에만 너무 연결할 것이 아니라 로고스적 차원으로 확장해 해설해야 한다. 특히 "당신의 아들과 같은 모습"에서는, 만물이 로고스를 따라(ad Iamginem Patri) 개개 사물의 본질과 원리로서의 로고스적 차원이 (이성적인 차원을 포함하거나 그렇지 않거나) 그때 완성될 것이다. 이때 하느님 로고스(Logos)는 보이지 않는 하느님 모상(Imago Patri)이시고 인간 로고스(logos)는 그 하느님 로고스를 본떠서 만든, 즉 하느님 모상을 따라 만든(ad imaginem Dei) 하느님 모상의 모상이 된다(imago Imaginis).

'Logos의 물질화(incarnatio Logi)'는 창조의 또 다른 말이다.160) 작가가 하나의 작품을 만들 때의 구상대로 시공간의 영역에서 '생성-불완전한 미완성의 상태-완성'이라는 단계의 과정을 거친다. 없던 것이 작가의 구상에 따라 생겨나기 시작하고 그 구체적 꼴을 갖추고 쓰임새 등의 존재 목적에 부합하는 모습으로 점점 변화해 나간다. 보이지 않던 생각이(idea invisibilis) 보이는 상태인(status visibilis) 물리적 시공간의 옷을 입는 '생각의 물질화(realization of idea)'가 진행되었다. 이를 전체 우주적으로 생각해 보면, 우주는 '한 처음에' 생성되어 진화하고 팽창해 가는데, 그저 우연한 일들이 다채롭게 진행하는 것이 아니라 로고스를 따라 일정한 규칙적인 패턴을 따라 진행되는 것이다. 온 우주는 로고스의 유사함을 점점 완성해 가면서 그를 닮게 되고, 그 유사함을 매개로 온 우주와 로고스 하느님은 한 몸(일치)을 이루게 된다.

여기서 창조를 '로고스의 외연화(exetnsio Logi)'라고 이해하는 점과 구원의 역사 안에 이루어졌던 로고스 하느님의 사람 되심(Incarnatio) 자체는 어떻게 연결 지어 생각할 수 있을까? 작가의 생각이 시공간의 영역에서 구체화하는 과정을 통해 완성되어서 작가와 작품 사이의 유사함이 절정에 닿는 완전함을 획득하는 것만으로는, 작가에게는 무언가가 아직 부족해 보였단 말인가? 그래서 자신도 작품 중 하나가 반드시 되어야만

---

160) 로고스 하느님의 물질화 과정인 창조에 관해 'materialization'라고 부르기보다 'incarnatio Logi'라고 하는 편이 훨씬 좋다고 본다. 그것은 '물질화'라고 한다면 영원한 생각인 로고스가 시공간의 영역 안에 단순히 무언가 질료적 요소와 결합하여 구체화 되었다는 의미만이 존속할 뿐이다. 그런데 'incarnatio'라고 부르면 2천 년 전의 육화 사건과 혼동되는 오해를 불러일으킬 여지가 있으므로, 소문자로 표기하였고, 하느님 창조가 단순히 당신의 생각을 물질화시키는 차원에서 머무는 것이 아니라, 당신과 결합된 '온전하고(totus)' 그러면서 모든 피조물을 수렴하는 '총체적인(totus)' '신인(Theoanthropos)'이라는 차원에까지 이른다는 면에서, 그때 완성될 세상은 다름 아닌 하느님 몸(caro)인 신비체를 이룰 것이기에 하느님 창조를 로고스의 외연화라는 의미에서 'incarnatio Logi'라고 칭하기에 충분하다.

하는 절박하고 타당한 이유가 있었단 말인가?

　가끔 천재들의 일화나 소설에 등장하는 작가의 비범함을 통해 비유적으로 생각해 보면, 작품 안에 작가 자신의 혼을 부어 넣기 위해 광기를 넘어선 강한 집착을 보이는 일도 있곤 한다. 가령 도공이 도자기를 빚고 구워내는데 그저 단순한 예술의 차원에 도달하는 데 만족하지 못할 때도 있다. 자기 생각을 구현해 내는 것에 그의 광기가 그치는 것이 아니라 작가 자신과 거의 같은 생명력을 주고 싶기도 해서다. 그런 나머지 도자기를 굽는 과정 중 가장 마지막의 절정에 도달한 그 시점에 가마에 뛰어들어 자신을 불태워 도자기와 하나가 되려는, 이해할 수 없는 비정상의 극치인 광기를 부리는 것을 보게 된다. 논리로는 더이상 해명할 수 없는, 창작(creatio)에 관한 이 '미친 사랑'은 일반적인 사고의 지평을 넘어서는 '저 너머(al di là)'의 일일 것이다.

　이처럼 하느님은 세상을 당신 생각(Idea, Logos)대로 만드시고, 당신 법칙에 따라 유기적으로 조화롭게 돌아가는 무감각한 '톱니바퀴 우주'를 만드시는 데 머물러 있는 것으로 만족하지 않으신다. 무언가 당신을 닮아 사고하고 사랑하는 존재자로의 격상을 원하셨고, 이 때문에 인간을 당신과 비슷하게(ad imaginem Dei) 만들어 스스로 생각하고 깨닫게 하시고 또한 사랑할 수 있는 존재자로 만드셨다(capax Dei). 여기까지는 작품을 만드는 장인(artifex)의 탁월함만이 나타난다. 그러나 하느님은 당신이 만든 작품인 인간이 훨씬 뛰어난 그 무언가가 되기를 바라셨다. 그저 단순히 물리적 공간만을 점유하다 소멸하는 다른 여타의 피조물과는 달리, 당신처럼 영원을 향유(frui)하기를 바라셨다. 또한 당신을 닮아 창조된 그 유사함의 완성(perfectio imaginis Dei)을 넘어 당신처럼 변화되기를(deificatio) 간절히 바라셨다. 그래서 작품으로서의 인간적 차원뿐만 아니라 신적 차원에서도 당신과 비슷한 존재자로 한 몸을 이루기를 바라셨다. 그래서 피조물인 작품의 차원에서의 완전함에 머물러 있게 하지 않고 창조주인 작가의 차원으로 초대해 주셨다. 영원한 작가인 하느님은 당신의 영원함을 나누어 주시기 위해, 도공이 자신의 생명과 혼을 작품에 넘겨주기 위해 불구덩이로 뛰어드는 것처럼, 그렇게 하느님 당신을 세상과 특히 인간에게 내어 주셨다.

아우구스티누스는 "(한때) 사람이었던 이들이 신들이 될 것이고, (이를 위해) 하느님이었던 분이 사람이 되었다."라고 말하였다.161) 그리스도의 육화 원인으로 인간의 신화를 그 이유와 목적으로 바라보았다. 따라서 완전한 피조물이었던 아담이 비록 죄를 지었을지라도, 이 때문에 하느님의 육화가 이루어졌고, 그 은총으로서 완전한 피조물 상태를 훨씬 능가하는 '하느님처럼 변한' 존재가 되었으니 그야말로 '참으로 복된 탓'은 분명하다.

이러한 하느님의 미친 사랑으로 인간은 영원함을 얻게 되었고, 하느님과 하나가 되어 작가인 그분을 바라볼 수 있는 지복직관(visio Dei)의 은총을 누리게 될 것이다. 그러므로 하느님께서는 시공간을 점하는 개개의 인간을 만드셨다기보다, 당신과 하나 된, 그리스도를 머리로 하여 온 우주를 품에 안은 신비체(Corpus mysticus)로서의 '총체적 그리스도(Totus Christus)'를 창조하셨다고 보아야 한다.162) 그리고 성자와 하나 된 총체적 신인(神人, Theoanthropos)을 보시고 마침내 "보시니 참 좋았다."라고 감탄하셨다.163) 이는 삼위일체 하느님의 내재적 일치의 원리인 사랑의 성령을 통하여 성부와 성자가 한 일치를 이루고 서로를 향해 바라보듯이, 삼위일체 하느님께서 당신을 닮은 그리스도 신비체를 사랑으로 바라보시고 그 사랑을 통해 하나 된 온 우주와 깊은 일치(connexio)를 이루신 그 상황을 보시고 좋다고 그것도 '참' 좋다고 말씀하셨다. 그러므로 '한 처음에' 아담으로서 대표되는 개개의 인간을 만드셨다면, 시간의

---

161) Serm. 192,1: "Deos facturus qui homines erant, homo factus est qui Deus erat."; Capanaga Victorino, *La deificacion en la soteriologia augustiniana*, AM II, 1954, 745-754.
162) En. in ps. 30,II,d.1,3; Serm. 133,8; In Io tr. 111,6; 108,5.
163) 창세 1,31.

완성을 이루는 그때는 모든 사람이 하나의 일치를 이루는 동시에 하느님과도 한 몸을 이루는 참되고 궁극적인 일치가 실현될 것이다.

만물이 저마다 자신의 본질을 완성할 때, 하느님 로고스의 물질화도 종결될 것이기에 성자가 다시 세상에 재림할 것이라는 성경의 표현도 그리스도 신비체에 관련한 성찰로 충분히 해설이 가능할 것이다. **1요한 3,2**에 "그분께서 나타나시면 우리도 그분처럼 되리라는 것을 알고 있습니다. 그분을 있는 그대로 뵙게 될 것이기 때문입니다."라고 세상의 종말에 그리스도의 재림을 묘사하고 있다. 여기서 "그분께서 나타나시면"이라는 구절에서 보면, 예수의 재림에 관해 무언가 힌트를 주는 내용이 나타난다. 그렇다고 글자 그대로 부활하고 승천한 예수가 하늘나라로부터 지상에 다시 (구름을 타고) 재림하는 것을 의미하지는 않는다. 하느님 로고스의 물질화의 과정인 창조가 완성되는 동시에 세상 만물 안에 내재하는 로고스 하느님의 흔적들이 100% 완전하게 실현되어 현실화하는 상황을 지칭하는 것으로 여겨야 한다. 바로 이때 창조주의 영원한 로고스가 완전한 방식으로 그 유사함을 통해 우리에게 드러나게 되는 것을 '재림(παρουσία)'이라고 부른다.

'재림'의 단어 뜻을 살펴보아도, 라틴어 'adventus'는 지상으로(ad) 다시 오시는(venio, ventus) 의미로 이동과 행위의 의미를 담고 있다. 반면에 그리스어 'παρουσία'는 한 사람이나 존재자의 현존(presence)을 의미한다.164) 재림이란, 승천한 예수가 다시 돌아와서 선인과 악인들을 심판하고 솎아내고 정화해서 하느님 나라를 완성한다는 설화적 표현이 아니다. 오히려 당신의 생각인 로고스에 따라 만물을 창조하였고, 그 때문에 발생한 당신과의 유사함이 희미하고 불분명한 흔적의 차원에서 점점 충만하고 완전한 방식으로, 존재 자체인 그분에 참여하는 것을 의미한다. 또한 피조물이 하느님과의 유사함을 극대화하는 차원에 도달할 때, 모든 만물

---

164) *Vocabolario della lingua greca*, op. cit., 1514.

안에 로고스 하느님의 완전한 현현(manifestatio)이 현존하게 됨을 뜻한다. 바로 그때 예수께서 다시 오신 것과 같은 현상이 벌어지게 될 것이다. 모든 피조물 안에 흔적의 완성이라는 면에서 로고스 하느님이 신비로운 방식으로 현존하시니 말이다.

이 완전한 상태에 도달한 모든 존재자(ens)는 자신의 존재(esse)를 완성하게 될 것이고, 동시에 자신이 존재하는 바의 내용인 본질(essentia)도 온전하게 실현될 것이다. 이로써 자신이 누구인지 무엇 때문에 사는지 삶의 목적이 무엇인지 확연하게 깨닫게 될 것이다. 또한 더 이상 무엇인가를 이루어내려는 작용이나 운동도 불필요하게 될 것이기에 참된 의미에서의 평화의 안식(quies)을 누리게 될 것이다. 결국 인간이 지니는 하느님 모상을 완전하게 실현하여 하느님을 깨달을 수 있고 그분을 사랑할 수 있는 능력도 완성할 것이다.

한편 '그분처럼 된다.'라는 의미는, 마찬가지로 그분(로고스 하느님)처럼 되는 것은('similes ei erimus') 하느님과의 유사함(similitudo)을 완성한 '우리(logi perfecti)'가 될 것이다. 그래서 그분 즉 하느님의 원리(Principium)인 로고스 하느님에 관해 완전하게 깨닫게 될 것이다('quoniam videbimus eum sicut est.'). 이는 단순하게 인식론적 차원에서 하느님의 영역에 관해 그 무언가를 알게 된다는 사실을 넘어서는 일이다. 또한 동시에 존재론적 차원에서도 초월적 상태에 도달하게 된다는 사실을 의미하는데, '하느님처럼 변한(deificatus)' 상태에 도달하는 것을 가리킨다.

**시편 82,6**에도 "내가 이르건대 너희는 신이며 모두 지극히 높으신 분의 아들이다(Ego dixi dii estis et fili Excelsi omnes vos)"라고 되어 있다. 이 구절에서는 구원의 날 인간 존재의 존재론적 변화에 관해 '신(dii, deus의 복수형태)'이라고 서술하고 있는데, 이 또한 하느님의 유사함을 완성한 '작은 신(deus)' 혹은 '하느님과 비슷한(deificatus) 존재로 변화된 존재자'가 될 것이라는 의미이다.

이러한 완성(=신화)의 의미를 아우구스티누스의 존재론적 삼위일체론을 통해 재해석해 보자면, 인간 존재(esse)가 피조물(substantia creata)의 차원에 머물기는 매한가지일지라도, 그 존재를 완성하여 '하느님처럼 변한(deificatus)' 존재로 완성되었음을 말한다. 그런데 하느님을 닮은 존재는 하느님으로부터의 관점에서 서술된 표현이고, '나(ego) 자신'이라는 존재의 차원에서는 '나'라는 존재가 완전해진 것이라는 의미도 동시에 포함한다. 따라서 '하느님을 닮은 존재(esse deificatum)'는 다름 아닌 '완성된 나(ego perfectus)'이기도 하다. 일상적 용어로는 '참된 나'가 되는 것이다.

인간의 본질이나 존재하는 바의 내용과 관련해서는, **1요한 3,2**의 말씀대로 '인식(videbimus)'이라는 하느님 모상으로서 지니는 '하느님을 수용할 수 있는 능력(capax Dei)'의 한 부분도 완성될 것이다. 결국 그때에는 바오로 사도의 언급대로, '지금(nunc)'처럼 거울에 비추어 희미하게 바라보고 알고('videmus nunc per speculum in enigmate') 하는 것이 아니다. "그때에는(tunc)' 얼굴과 얼굴을 마주 볼 것입니다(tunc autem facie ad faciem)"라고 쓰인 것처럼 인간의 모든 지식과 지혜가 완전해질 것이다. 또한 "지금은 부분적으로 알지만(nunc cognosco ex parte)" 완성의 "그때에는 하느님께서 나를 온전히 아시듯 나도 온전히 알게 될 것입니다(tunc autem cognoscam sicut et cognitus sum; τότε δὲ ἐπιγνώσομαι καθὼς καὶ ἐπεγνώσθην)."[165]

국문 번역에서, 내가 장차(tunc) 하느님을 온전히 알게 될 것인지, 나 자신에 관해 알게 될 것인지, 아니면 세상 모든 만물과 이치 등등을 알게 될 것인지 목적어가 불분명하다. 특히 "하느님께서 나를 온전히 아시듯"이라는 해석은 번역자의 신학적 견해가 의도했든 그렇지 않았든 구절의 의미가 조금은 원문의 본래 뜻과는 다르게 번역되어 있다. 원문의 본뜻

---

165) 1코린 13,12.

은 '내가 알려졌던 것 그대로 나도 알게 될 것이다.'라고 해석해야 한다. 그런데 여기서 '내가 알려졌던 것 그대로(sicut et cognitus sum; καθὼς καὶ ἐπεγνώσθην)'라는 구절이 뜻하는 바는 무엇인가? 'ἐπιγινώσκω' 동사가 수동태로 쓰인 것을 고려해 보면, 다른 사람들이나 나에게 내가 누구인지 어떤 존재인지 이제껏 충분히 알려졌고 그래서 명확하게 내가 누구인지 아는 것처럼 그렇게 다른 모든 본질적 내용에 관해서도 완전하게 알게 될 것이라고 번역하는 편이 나을 것이다. 그러므로 사람이 어제도 오늘도 내일도 내가 누구인지 어찌 살아왔는지 무얼 원하고 성취하고 살 것인지를 확연하게 성찰하고 깨닫고 살아왔기에, 이러한 것들에 관해 굳이 장황하고 복잡한 설명이 없이도 이미 나 자신이 잘 알고 있는 것처럼, 그때 가서는 복잡한 논리의 추론 과정 없이도 눈앞에 보이고 알려진 사실을 '현재적으로' 바라보듯 직관할 수 있게 될 것이다. 따라서 그때는 하느님에 관해서도, 세상의 원리나 이치에 관해서도, 인간에 관해서도 특히 자기 자신에 관해서도, 완전하게 이것저것 논리적으로 따져 묻고 하는 방식이 아니라 모든 것을 '그저' 그리고 '확연하게' 알게 될 것이다. 이를 '지복직관'이라고 부른다.

### (3) 인간 의지의 완성

존재론적 삼중구조의 세 번째 요소로서 '무게(질서)'가 있는데, 이는 앞서 무게(pondus) 개념을 해설하면서 인간 의지와 관련 있다는 점을 언급하였다. 이제 이 개념을 통해 인간 존재의 완성인 구원에 관해 설명해 보도록 하겠다. 모든 존재자는 자기 존재의 본질을 완성하려는 존재론적 운동을 지니기에, 존재의 완성 이전까지는 부단한 운동(motus)의 과정을 겪는다. 그러나 그때 가서는 더 이상 완성해야 할 어떠한 부분도 남지 않게 될 것이기에, 그 어떠한 운동도 변화도 수용하지 않는 평화로운 안식의 상태(quies in perfectione)에 놓이게 될 것이다.

만물은 저마다 자신에게 가해지는 중력(pondus)에 따라 자기 존재의 자리(locus naturalis)로 돌아가려는 경향(inclinatio)이 있다. 이처럼 돌은 땅바닥으로, 연기는 하늘로, 기름 한 방울은 물 위로 돌아가 더 이상 움직임이 존속하지 않는 상태에 놓이게 된다. 그때 인간 존재도 자기 존재의 자리인 하느님께로 도달하려는 운동(motus essendi)을 종결하게 될 것이다. 그러면 불변하신 하느님과 더불어 변화나 운동을 배제한 지극히 평화로운 상태(quies in Deo)를 누리게 될 것이다.

이때의 인간 자유는 무엇을 선택하거나 그 결과로 불안하거나 기쁨을 누리거나 하는 시간이나 변화 혹은 운동을 전제로 하는 그러한 의미로서의 자유가 아니다. 이미 충만하게 완성된 자신만의 것을 100% 스스로의 의지로 수용하고 그것을 향유하는 불변의 자유 혹은 상태의 자유를 획득하게 될 것이다.(libertas actionis ⇒ libertas quietis) 즉 자유 역시 불완전한 존재의 왜곡된 의지로 인한 오류를 겪지 않고, 완전한 자유로서 존재의 불안전함이나 선의 결핍을 찾아볼 수 없는, 그래서 더 이상의 '죄 지을 수조차 없는(non posse peccare)' 그래서 '죽을 수조차 없는(non posse mori)' 은총으로 '하느님만을 향한 자유(libertas ad Deum)'를 실현했음을 뜻한다.

### ① 인간 의지의 왜곡으로서의 원죄(perversio voluntatis)

낙원에서의 사탄의 유혹은, "눈이 열려(aperienter oculi vestri)" 선과 악을 아는 "신들처럼 될 것이다(eritis sicut dii)"라고 되어있다. 그러나 국문 번역에서는 "하느님처럼 되어서"라고 쓰여 있지만, 원문 성경에서는 "신들처럼(ὡς θεοὶ)"이라고 절대자를 가리키는 단수의 일자를 지칭한다기보다 복수의 의미로 쓰여 있다. 따라서 '하느님과 같은 존재가 된다'라는 의미보다 '천사들처럼' 신적 존재자들이 될 것이라는 의미로 해석해야 한다. 그래서 사탄과 인간의 교만으로서 대변되는 원죄의 이유는 절대자인 하느님과 똑같은 존재가 되려 했다는 이유에서 비롯되었다고 보기는 어렵다. 오히려 구원에 도달하려는 열망이 지나쳐 하느님의 도움을 통해서가 아니라 인간 스스로 구원에 도달할 수 있다고 믿고 행동하는 것이 인간의 원죄라는 의미로 받아들여야 한다. 즉 인간이 지니는 원죄는 삶에서 하느님을 배제하는 것이다. 인간 스스로 모든 것을 재단하고 성취하여 최종 목적에 이를 수 있다는 교만에서 비롯된 착각으로부터 인간의 죄(peccatum)는 시작한다. 그러므로 죄의 의미는 하느님과 더불어 살아가야 하는 조건의 인간이 그것을 저버렸기 때문에 결과로 주어진 존재의 결핍을 말한다. 구원은 하느님께서 주시는 무상의 선물이다. 인간은 철저히 수동적으로만 그것을 수용할 선택의 능력과 자유만을 지녔음을 망각하기 시작한 것이 바로 죄이다.

따라서 구원의 여정에서 하느님을 배제하고 스스로 신들처럼 될 '신화'의 주도권을 지닐 수 있게 된다고 믿었으니, 국문 번역으로 "하느님처럼 될 것이다."라고 확장해서 번역할 수도 있겠지만, 신학적으로 더욱 구체적 내용들을 상실해 버릴 수 있다는 가능성을 지적해 둔다.

원죄에 관한 성찰은 아우구스티누스의 창조종말론에서 본격적으로 다루어졌다. 그의 성찰은 단계적 구분을 나타낸다: 하느님의 완전한 창조 ⇒ 인간의 범죄, 그 완전함의 상실 ⇒ 그리스도의 구속 사업을 통한 완전성의 회복. 성인에 따르면, 인간의 범죄가 없었더라면 그리스도의 육화도 없었을 것이다.166) 하지만 창조는 하느님의 '자기 증여(autodonatio)' 사건 혹은 '하느님의 로고스적 운동(motus Logo Dei)'이라고 정의할 수 있다. 그렇다면 설령 인간이 범죄를 저지르지 않았더라도 그 범죄의 유무와는 상관없이 그분의 자기 증여는 여전히 이루어졌을 것이다. 그것은 하느님 사랑의 역동성 때문이다. 왜냐하면 그분의 무한한 사랑은 당신에게

---

166) Serm. 174,2 "Si homo non perisset, Filius hominis venisset."

가장 좋은 것인 당신 자신을 내어 주는 것을 제외하고 그 무엇으로도 더 완전한 사랑을 이룰 수 없었을 것이기 때문이다. 따라서 하느님의 사람 되심은 세상을 '그리스도 신비체(Totus Christus)'로 창조하시고 그것을 시공간의 역사 안에서 완성해 나가시는 하느님 섭리로서의 필연적인 과정이요 그 결정판임이 분명하다.

그렇다면 왜 이러한 필연적인 과정의 운동을 사랑이라고 말하는가? 그것은 창조라는 로고스적 운동이 당신에게도 피조물에도 좋은 쪽으로 진행하기 때문이다. 그것은 당신 선함(Bonum)에 비추어 이러한 창조의 과정이 "보시니 참 좋았기" 때문이다. 동시에 창조는 피조물의 존재 완성을 향해 진행하니 그 또한 좋은 일이기에 사랑이라 말할 수 있다. 그런데 세상의 모든 상태와 조건이 시공간의 차원에서 완전할 수 있단 말인가? 그것은 불가능하다. 왜냐하면 하느님 창조는, 전통적 사상에서 제기된 것처럼, '한 처음에' 완전한 상태로 창조가 이루어지지는 않았기 때문이다. 창조는 진화의 과정을 수반하면서 씨앗처럼 불완전한 상태로부터 서서히 점진적으로 완전한 상태로 진행하는 것이다. 그러므로 인간의 불완전함은 창조 과정 안에서 지극히 자연스러운 현상이다. 그러나 시간을 초월한 영원하신 하느님의 눈에는 '이미' 모든 것이 영원한 현재 안에 놓여 존재하는 완전하고 아름답고 조화로운 피조물이기도 하다.

여기서 죄에 관한 해석도 존재론적인 차원에서 접근해 설명할 필요가 있다. 죄를 단순하게 윤리적 차원에서만 해석하면, 아담의 죄로부터 시작되는 세상의 진화적 완성을 이해하기 위해서는 어려움을 겪게 된다. 따라서 '죄=존재의 불완전함(imperfectio essendi)'이라고 보아야 한다. 따라서 그리스도의 육화를 세상의 죄(hamartia)를 속죄하기 위한 희생 제사적 성격만으로 바라보는 것에 더하여, 로고스인 그리스도의 물질화 과정이 창조로부터 시작하며, 육화 안에 정점을 이루고 종말에 가서는 완성된다는 의미로도 이해해야 한다.

결국 창조가 로고스의 물질화이기 때문에, 창조는 우주적 육화의 시작이요, 총체적 그리스도의 시작이기도 하며, 하느님의 자기 증여가 시공간에서 이루어지는 과정이기도 하다. 그러므로 로고스의 물질화가 완전하게 이루어진다고 함은, 무엇하나 남김없이 로고스의 모든 것이 물질화 되어야 한다. 생각의 모든 것 즉 자신도 물질화(내어주는)되어야만 한다. 이것은 바로 육화의 정점인 하느님의 사람 되심으로 이어진다.

이러한 인간의 죄스러움의 상황인 원죄와 관련하여 아우구스티누스가 해설한 자유의지의 완성 단계를 기술해 보자면 다음과 같다.

## ② 죄를 짓지 않을 수 있는 상태(posse non peccare 혹은 posse non mori)

**창세 2,17** "선과 악을 알게 하는 나무에서는 따 먹으면 안 된다. 그 열매를 따 먹는 날, 너는 반드시 죽을 것이다(ex eo morte morieris)"라고 하셨다. 이 구절을 조금은 비틀어 읽어보면, 죽음에 관한 경고라기보다는 오히려 에덴동산의 선악과를 따 먹지 않으면 죽음을 겪지 않을 것이다라고 말씀해 주셨으니, 한편으로는 분명 경고하신 것이기도 하고 한편으로는 죽음을 면할 길을 보여 주신 축복의 말씀이기도 하다. 그 길은 선악과로 상징되는 주님의 뜻을 따라 사는 것임을 알려주셨다. 이제 에덴동산의 인간은 '하느님의 뜻(voluntas Dei)'대로만 살면 절대로 죽지 않게 될 것이다.

그런데 태초에 아담을 만드실 때, 완전한 상태로 창조하셨다고 함은 어떠한 상황을 뜻하는가? 그 완전함에도 죄는 또 어찌해서 짓게 되었는가? 아담의 완전함은 제한적인 완전함이었다. 그것은 완전함은 완전함이되 시간의 여정 안에서 가변성을 지니는 '잠정적' 완전함이었다. 즉 오늘은 완전하지만 언제라도 그 완전함을 잃어버릴 가능성의 자유를 지녔다. 이 잠정적인 완전함은 범죄 후에 무너져 내리게 되었고, 구원의 순간에 시간을 종결하는 그때 완성된 자유로 '결정적으로' 완성될 것이다. 다시 말해, 아담의 상태와 구원된 상태와의 차이는 덜 완전하고 더욱 완전함에 있지 않다. 아담이 지니는 시공간 안에서의 가변적 완전함이 결정적으로 돌이킬 수 없는 방식으로 확정되는 완전함을 뜻한다.

아담은 하느님의 뜻을 실천할 수 있는 은총의 상태로 창조되었다. 그의 자유의지는 죽음이라는 어둠 앞에서 스스로 어떤 길이든 선택할 수 있다. 하느님의 뜻을 따르든 그 반대인 자신의 관심사를 따르든지 하는 것은 전적으로 그에게 달려 있다. 물론 그 결과도 그에게 지워질 것은 당연하다. 인간의 삶에서 하느님을 배제하는 죄는 결국 인간에게 죽음을 그 결과로 가져다주었다. 그러나 이 모든 것이 인간에게 주어진 자유의 차원에 해당하는 것이기에 이 또한 은총의 산물이다.

따라서 원죄에 물들지 않고 태어난 원초적 상태의 아담과 원죄에 물들지 않은 마리아와 예수는 어떤 상태의 사람들이었을까 하는 호기심 짙은 질문이 생겨난다. 그들은 하느님을 향한 사랑(amor Dei)과 자신을 향한 사랑(amor sui)이 공존하는 시소에 올라탄 상태와 비슷하다. 어디로 아직 기울지는 않고 평형을 유지하고 있지만 언제라도 자신을 향한 사랑으로 기울어질 수 있는 죄스러운 가능성을 안고 있는 상황에 놓여 있다. 그런데 이 상황에서의 포인트는 죄스러움으로 기울어지는 것이라기보다는 하느님의 것을 사랑할 수 있는 능력이 온전히 자유로움 안에서 보장받고 있다는 사실이다. 그래서 인간은 아무런 장애 없이 하느님을 온전히 사랑할 수 있었다.

### ③ 죄를 지을 수밖에 없는 상태(non posse non peccare 혹은 non posse non mori)

그러나 인간은 하느님과 함께 그분을 사랑하며 살아야 자기도 완전한 존재로 살아갈 수 있다는 사실을 망각했다. 이로 인한 원죄 이후에 인간은 존재의 부족함이나 나약함을 그 결과로 짊어지게 되었다. 이는 윤리적으로 무엇을 잘하고 잘못하고 하는 것들의 범주를 말하는 것이 아니라 존재론적 불완전함을 의미한다. 이로써 인간에게는 '탐욕(concupiscentia)'이 원죄의 결과로서 생겨났는데, 이는 단순히 감각 자체나 감각의 쾌락과 타락만을 의미하지는 않는다. 더욱이 인간의 성적인 측면을 부각하여 뜻하는 것도 더더욱 아니다. 그것은 이성을 거스르는 불순종이다("inoboedientia contra dominatum mentis"167)). 또한 영적인 유익함이나 영원한 것을 사랑하고 소유하기보다는 세상의 일시적인 것이나 감각적인 것들을 탐닉하려는 영혼의 충동을 말한다("appetitus animi quo aeternis bonis quaelibet temporalia bona praeponuntur."168)). 다시 말해 영혼과 육신의 무질서와 영원과 시간의 부조화를 포함하는 것이다.

앞서 언급한 시소의 비유로 설명하면, 인간의 범죄로 하느님을 향한 사랑과 자신을 향한 사랑인 탐욕 사이의 조화와 균형은 이미 깨져 버렸다. 기울어진 운동장처럼 한쪽으로 기울어진 시소처럼 인간은 이제 더 이상 스스로 '죄를 짓지 않을 수 있는 은총'을 상실하였다.169) 공이 기울어진 경사면을 굴러 내려가듯이 인간은 그렇게 자신을 향한 탐욕으로만 치닫는 존재론적 불완전한 상태에 갇히게 되었다. 또한 존재의 불완전함이 가져다준 결과로 인간은 존재의 죽음을 겪게 되었다. 하느님처럼 될 수 있는 영원의 가능성을 스스로 저버렸기 때문이다.

그러므로 이제 인간의 자유의지는 철저히 죄의 노예로 전락했기 때문에 인간 스스로는 완성에 도달할 수 없게 되었다. 바로 이 때문에, 인간의 죗값을 치르고 구원하기 위해 하느님께서 사람이 되셨다. 십자가를 저울

---

167) Cont. Iul. 5,3,8.
168) De mendacio 7,10.
169) 국문 번역으로 '죄지을 수밖에 없는 상태(non posse non peccare)'라고 옮겼는데, 원문으로 보면 훨씬 단순하고 명료하다. 즉 범죄 이전에는 '죄를 짓지 않을 수 있는 상태(posse non peccare)'였다면, 원죄 이후에는 그것을 상실해 버렸기에 그 앞에 'non'을 첨가해 기술한 것이다.

삼아 한편에 인간의 죄를 매달고 다른 한편에 당신의 목숨을 매달아 속량하셨다. 그래서 그분의 은총 없이는 누구도 구원에 도달할 수 없게 되었다. 인간 의지는 그저 그 은총을 향해 바라보고 지극히 수동적으로 그것을 받아들이는 차원에서만 온전히 발휘될 뿐이다. 구원을 선물처럼 내어 주시는 하느님을 향해 손을 내밀어 선물을 받아 안는 것이, 인간의 자유의지가 미치는 영역의 끝자락일 것이다.

### ④ 죄를 지을 수조차 없는 상태(non posse peccare 혹은 non posse mori)

앞서 원죄의 결과로 영혼과 육신 사이의 조화와 균형이 무질서하게 파괴되었다고 언급했는데, 아우구스티누스의 육신 부활에 관한 이론을 따라가면서 인간의 의지가 어떻게 완전하게 구원될 것인가에 관해 살펴보겠다.

"영적인 육신이기는 하지만 그래도 육신이지 영은 아니다(Caro spiritalis, sed tamen caro, non spiritus)."[170] 아우구스티누스는 구원받은 뒤의 육신 즉 부활한 육신을 그렇게 정의하였다. 이는 토마스와는 달리 영혼과 육신을 두 가지 대립하는 각각의 실체로 파악했기 때문이다. 즉 부활을 인간 존재 전체의 변화와 완성으로 일원론적으로 바라보았다기보다는 두 가지 것이 완성되는 것으로 성찰한 결과이기도 하다. 즉 영혼은 부활 뒤에도 영적 특성을 지닌 상태로서 지속될 것이고, 육신은 죽을 운명이 아닌(immortalis) '영적 육신(caro spiritale)'으로 변화할지라도 육신의 실체가 완성되는 것이지 사라지거나 다른 것 즉 '영(spiritus)으로' 변화되거나 통합되는 것은 아니다. 따라서 인간 존재의 영은 영(spiritus)으로, 육은 육신(caro)으로 존속하기는 하지만 '영적으로(spiritale)' 변화될 것이

---

170) De civ. 22,21.

라는 점이 성인의 신학적 성찰이다.171)

　현세의 육신(corpus animale)은 동물들과 비슷하게 일종의 고유한 본능이라고 부르는 영역의 소프트웨어가 장착된 육신(= 하드웨어)이라면, 구원받은 육신은 본능의 차원에서의 소프트웨어가 아닌 영적 차원의 것이 장착된 육신을 의미한다. 단 여기서 영적인 육신(caro spiritale)이란 물질적 차원에 머물러 변화와 운동을 전제로 하는 그러한 차원에는 더 이상 속하지 않은 또 다른 것으로 격상될 것이다. 이때 영육이 하나로 조화를 이루고 질서 잡힌 인간 존재의 영육의 결합체로 완성된다. 그러나 안타깝게도 적극적 용어를 사용하여 표현할 방법이 부족해서 부정신학적 표현으로 대체하여 설명할 뿐이다.

　그러나 아우구스티누스의 인간학에 관한 이 부분은 좀 진부한 생각이라고 여겨진다. 인간 존재는 영육의 두 실체의 결합체로서 존재하는 것이 아니다. 하나의 존재자의 두 가지 특성으로 영육이 존속하는 것이기에, 구원의 상태에서 구원(=완성)된 인간 존재가 존재하는 것이지, 영육이 각각 완성된 것으로서의 결합한 인간이 존재하는 것은 아니다.

　아우구스티누스의 언급과 비슷하게 성경에도 관련 구절들이 나타난다. **1코린 15,44** "물질적인 몸으로 묻히지만, 영적인 몸으로 되살아납니다(seminatur corpus animale surgit corpus spiritale)". '육신'이란 현실의 물리적 세상에서 영혼의 고유한 현존 양식으로서 '나(ego)'를 물질적으로 드러내는 나의 고유한 실존(existentia)을 의미한다. 다시 말해 나의 기쁨과 슬픔 등의 모든 것들을 시공간 안에서 드러내는 존재의 근원적이고 실체적인 존재 방식으로서의 실존을 말한다. 그렇다면 육신의 부활이란 이러한 고유한 실존이 더 이상 물리적(animale) 차원에 머물러 있지 않고, 이제 또 다른 차원인 영적(spiritale) 차원으로 변화하여 존재함을 의미한다고 보아야 한다.

---

171) Ep. 147,21,50; 참조, 1코린 15,42-54.

'영적 육신(caro spiritale)'의 의미는, 물질적이지 않음을 일차적으로 강조한 표현이다. 성경의 표현 중에서 '빛의 옷'처럼 무언가 현세의 현상을 초월하는 상태를 지칭하는 것이다. 그러므로 영적 육신이라는 언급에서 '영적'이란, 모든 물리적 현상을 초월하는, 즉 생성과 소멸 등의 변화를 겪지 않음을 뜻한다. 일상적 용어로는, '죽지 않을' 내지는 '아프거나 병들지 않을' 그리고 '늙거나 존재가 쇠퇴하지 않을 것'이라는 식으로도 말할 수 있겠다.

그런데도 여전히 육신이라고 강조한 이유는, 인간 존재 안에 영이 아닌 다른 무엇이 있음을 시사한다. '육신'이라 표현한 것이 무언가 물질적 속성을 포함할 것 같은 오해를 불러일으킬 수도 있다. 그러나 굳이 '육'이라고 표현한 것은 구원된 인간 안에 '영'말고 무언가 현재적이고 구체적인 속성을 지칭하는 것을 말하기 위함이다. 다시 말해 인간 존재가 영의 특성을 육신을 통해 현실화된 삶을 지속하고, 고유하고 독특한 자신만의 존재 정체성을 육신을 통해 드러내고 실현하는 차원을 뜻한다. 그러므로 육신은 영의 고유한 실존 양식이다. 다시 말해 육신은 영의 외적 표현이다: "Corpus existentia propria spiriti est."

그러므로 죽음과 부활의 참된 의미는 구원된 속성의 차원에서 무언가가 다시 '복원(restauratio)'되는 것을 의미하지는 않는다. 오히려 물리적 차원을 넘어서는 그래서 더 이상 생성과 소멸이라는 물리적 세계의 변화 법칙에 구속되지 않은 '영적' 차원으로 건너감을 의미한다. 동시에 영의 고유한 실존을 완성했다는 의미도 있겠다.

**1코린 15,51**에 모든 사람이 죽음을 맞이할지라도 다시 살아나게 될 것이라고 했다. 성경의 이 표현은 죽음을 일종의 '문(porta)'처럼 생각한 것으로 보인다. 즉 죽음은 '끝(terminus)'이 아니라 '변화(transformatio)'와 '전이(transferre)'에 해당한다. 왜냐하면 사랑의 하느님은 한결같은 사랑으로 모든 피조물에 생명을 부여하셨는데 그것을 반대로 뒤엎는 소멸이라는 죽음을 만드실 리가 없기 때문이다.172) 그러므로 모든 사람은 생물학적 죽음 뒤에도 소멸하지 않는다. 단지 하느님처럼 변화될 뿐이다. 삶은 두 단계로 나누어진다. 마치 나비의 일생은 하나이지만, 번데기와 나비의 인생이 있거나 혹은 털실과 스웨터의 두 단계의 여정이 있는 것처럼 말이다. 죽음을 경계로 미완성과 완성이라는 구별만이 존재할 뿐이다. 그러나 죽음 뒤에 모든 영혼이 완성되는 것은 아니다.173) 이때 완성에 이른 나비를 보고 그저 미완성에 그친 애벌레로 남아있는 존재자들은 "울며 이를 갈 것이다."174) 하느님은 모든 인간이 구원받기를 바라시지만, 이 선택을 인간 자유에 전적으로 맡겨 주셨다. 그래서 인간의 자유 앞에 그분은 무능하리만큼 철저히 자신을 숨기신다. 그것이 하느님께서 행하시는 사랑의 방식이요 그분의 '무능한 전지전능'이다.

인간이 '영적 육신'으로 거듭나고 완성되기 이전에는 누구나 '육(caro animale)'이라는 물리적 특성에 의해 지배받는다. 그 물리적 특성을 대변하는 것 중의 하나가 바로 시간이다. 그런데 시간이란 '정지'나 자기 동일성 안에 머무르는 그 무엇이 아니다. 오히려 계속해서 다르게 변화하는 그 무엇이다. 시간의 세 요소인 과거-현재-미래는 다름 아닌 현재의 어느 한 '~인' 존재자가 과거의 '~이었던바'대로 고정되는 것이 아니라 앞으로 '~일 것'으로 변화해 나가는 운동을 의미한다. 따라서 시간은 존재자의 변화 가능성이고 그에 따르는 과정을 의미한다.175)

그러므로 어느 한 존재자가 자기 동일성을 항구하게 획득했다는 사실은 더 이상 어떠한 변화도 수용하지 않는 상태를 말한다. 거기에는 개별 존재자의 존재 완성을 향한 더 이상의 어떠한 변화도 그에 따른 운동도 없음을 의미하기 때문에, 자신의 존재를 완성했거나 혹은 미완성의 상태

---

172) 지혜 1,13.
173) 1코린 15,51 "non omnes inmutabimur."
174) 마태 8,12; 13,42.50; 22,13; 24,51; 25,30; 루카 13,28.
175) Plotinus, *Ennéades*, VI 3,22.38-46, texte établi par E. Bréhier, Les Belles Lettres, Paris 1925; trad. it. di G. Faggin, Milano 1996.

로 머물러 있음을 의미한다. 외견상 둘 다 변화나 운동의 멈춤(quies)만이 있게 된다.

    모든 인간은 시간 안에 존재하고 살아간다. 누구나 과거의 나이였던 바대로 현재의 내가 존재하면서 미래의 새로운 나일 것으로 존재한다. 다시 말해 인간 존재는 시간과 무관하지 않은 채 시간 안에도 시간과 함께도 시간에 의해서도 자신을 성찰하고 인식하고 수정하며 살아간다. 따라서 인간 존재가 살아갈 시간이 종결되어 죽음을 맞이한다는 사실은, 그에게 남겨진 시간이 더 이상 없다는 의미인 동시에, 그가 겪어 내야 할 시간을 완성했다는 의미도 포함한다. 바로 이러한 상황에 관해 직면하는 인간 존재는 더 이상 시간과 함께 살지 못한다. 이는 (더 남겨진 미래라는 시간이 지칭하는) 어떠한 존재의 변화도 더 이상 존속할 수 없음을 뜻한다. 그러므로 시간의 종결인 시간의 완성은 인간 존재에게 그 어떠한 변화의 역동성도 허락하지 않을 것이다. 이에 따라 인간의 불완전함은 능동적으로 채울 수 없는, '절대적 수동'의 상태에 놓일 것이기에, 인간은 자신의 완성인 구원을 위해 그 무엇도 할 수 없게 될 것이다. 전통적 신학 용어를 빌어 다시 말하자면 시간의 종결이란 인간의 죽음을 의미한다. 그리고 절대적 수동의 상태로 인간 존재 밖의 도움을 기다릴 수밖에 없는 인간의 철저한 무능과 원천적 불완전함을 '원죄'라고도 부른다. 또한 시간의 종결 뒤에 겪게 될 수동적 상태 하에서의 도움을 구원의 은총이라고 부르며, 그러한 상태를 연옥이라고 부른다.

    앞서 의지의 완성을 살펴보기 위하여 영혼과 육신의 조화와 완성을 언급했다. 아담이 누렸던 원초적 은총의 상태인 '죄를 짓지 않을 수 있는 상태'는 시간의 변화 과정 안에서 가변적인 조건을 갖는다. 그러나 시간의 종결을 맞이한 인간에게는 더 이상 그 변화의 가능성이란 존재하지 않을 것이다. 단지 존재의 완성에 부합하는 의지의 완성으로서 영혼과 육신의 완전한 조화가 있게 될 것이다. 그때는 인간이 자신의 자유의지를 통해 생각하고 행동하고 바라는 모든 것이 하느님 뜻 안에 온전히 일치를 이루게 될 것이다. 그때는 무엇이 하느님의 뜻인지 어디까지가 인간 자신의 뜻인지 구별하지 않아도 될 만큼 그 둘은 하나가 될 것이다(amor sui = amor Dei).176)

"(인간이) 원하는 것이 무엇이든지 올바른 것이고, (만일) 올바르지 않은 것은 원하지도 않게 될 것이다."177)

그러므로 인간의 의지는 그렇게 완성되어서 무엇을 행하든지 하느님의 뜻대로 행하게 될 것이니 더 이상 죄를 짓는다는 것은 불가능하게 될 것이다: '죄를 지을 수조차 없는 상태(non posse peccare)'.

---

176) 1요한 3,9; 정승익, "Augustinus의「요한서간강해」에 나타난 '무게(pondus)' 개념에 관하여",『누리와 말씀』29(2011), 69-71.
177) C. Iul. op. imp. 4,58 (PL 45, 1374): "quidquid concupivit, licuit; quidquid non licuit, non concupivit."

# 5. 삼위일체론의 확장:
### 총체적 그리스도(Totus Christus), 온 우주의 완성으로서의 삼위일체(에페 1,10; 창세 1,26)

## 1) 승천의 의미

### ① 구름, 하느님 현존의 상징

　승천에 관한 성경을 보면, **루카 24,51** "이렇게 강복하시며 그들을 떠나 하늘로 올라가셨다."고 하는데, 그 '하늘'은 도대체 어디를 말하는가? 저 멀리 은하계 너머의 또 다른 세상을 말하는 것인가? 또한 **마르 16,19** "승천하시어 하느님 오른쪽에 앉으셨다."라고도 되어있는데 정녕 제자들이 눈으로 이러한 사항을 직접 보고 증언하는 것인가? 그렇다면 그들의 눈은 천문 관측에 매우 특화된 시력을 지니고 있음에 틀림이 없다. 여기서 나타나는 '하늘'과 '하느님 오른쪽'이라는 표현은 물리적인 공간으로서의 의미를 뜻하지 않는다. 오히려 부활한 예수의 신비로운 현존을 설화적인 서술을 빌려 고백하려 했을 것이라 보는 편이 훨씬 타당하리라.
　성경의 또 다른 승천에 관한 구절 중 '구름'에 관련한 대목도 있다. **사도 1,9** "그들이 보는 앞에서 하늘로 오르셨는데, 구름에 감싸여 그들의 시야에서 사라지셨다." 이 구절에서 구름이 암시하는 의미를 중심으로 다시 읽는 것이 매우 중요하다.

구름과 관련한 성경 구절을 일단 나열해 보면 다음과 같다: **탈출 34,5** "주님께서 구름에 싸여 내려 오셔서 모세와 함께 그곳에 서시어, '야훼'라는 이름을 선포하셨다." **묵시 10,1** "나는 또 큰 능력을 지닌 천사 하나가 구름에 휩싸여 하늘에서 내려오는 것을 보았습니다." **탈출 13,21** "주님께서는 그들이 밤낮으로 행진할 수 있도록 그들 앞에 서서 가시며, 낮에는 구름 기둥 속에서 길을 인도하시고..." **탈출 16,10** "주님의 영광이 구름 속에 나타났다." **탈출 19,9** "이제 내가 짙은 구름 속에서 너에게 다가가겠다." **민수 11,25** "주님께서 구름 속에서 내려 오시어 모세와 말씀하시고..." (민수 12,5; 신명 1,33; 31,5) **신명 33,26** "그분께서 너를 도우시러 하늘을 타고 오시며 당신의 권능과 함께 구름을 타고 오신다." **1열왕 18,12** "주님은 짙은 구름 속에서 계시겠다고.." **2역대 5,13** "구름이 그 집, 곧 주님의 집에 가득 찼다." (2역대 6,1; 시편 68,5; 다니 7,13) "사람의 아들 같은 이가 하늘의 구름을 타고 나타나...." **1테살 4,17(15-17)** "산 이들이... 구름 속으로 들려 올라가 공중에의 주님을 맞이할 것입니다."

위에서 보듯이 성경에서 말하는 '구름'이란 하느님의 현현(manifestatio) 그 자체나 혹은 현현의 장소를 의미한다. 즉 구름이 말하고자 하는 바는 하느님께서 우리와 함께하신다는 것이다. 따라서 예수의 승천은 머나먼 특정한 공간(하늘, 공중)으로 사라지거나 세상과 사람들 곁을 떠난 사건을 말하지 않는다. 그것은 구약에서의 구름처럼 '신비로운' 방식으로 이스라엘 백성과 함께 '하나 됨'을 나타내는 것처럼, 육화하고 부활한 예수가 특별하고 신비스러운 방식으로 (물리적 제한 없이) 세상과 하나를 이루었다는 또 다른 차원의 '일치'를 상징한다.

그러므로 '하늘로 오르셨다.'에서 하늘은 세상과 일치를 전제로 하는, 예수가 지상의 삶에서 선포하고 실현하려 했던 하느님 나라를 말한다. 이 하느님의 나라는 세상 안에 '이미' 도래했고 '아직' 완성되지 않았을 뿐이다.

② 그리스도 신비체

이 하느님 나라는 그리스도를 머리로 하는 모든 피조물이 그의 몸을 이루는 신비체로서 존속할 것이다.(에페 1,10 참조) 아우구스티누스는 이에 관해 『설교집』 341,1에서 그리스도의 세 가지 존재 방식에 관해 언급했다: 영원한 로고스 하느님 ⇒ 육화한 예수 그리스도 ⇒ 모든 세상의 피조물이 하나의 일치를 이루어 그리스도 신비체를 이루는 '총체적 그리스도(Totus Christus)'. 이 중 세 번째 존재 방식이 승천으로부터 펼쳐지는 하느님 나라의 완성이요 그리스도 신비체의 완성이다. 특히 신비체의 완성은 창세기의 인간 창조의 연장선에서 이해해 볼 수 있겠다. 하느님은 창조의 마지막 날에 사람을 만들고 모든 조화로움을 함께 보시고 아주 좋아하셨다. 여기서 창조된 인간은 아담만을 의미하지 않는다. 두 번째 아담으로 지칭되는 그리스도가 시작하고 완성한 그리스도 신비체인 '총체적 그리스도'를 의미한다.

로고스 하느님의 육화는 비단 2천 년 전의 "하느님의 사람 되심(Verbum caro factum est.)"[178]만을 의미하지 않는다. 거기에 더욱 폭넓은 의미를 지닌다. 물론 육화의 절정과 완전함은 나자렛 예수로서 실현되었을지라도, '로고스의 물질화' 내지는 '현실화'라는 창조의 시작과 과정도 그 안에 포함된다. 왜냐하면 창조는 성부의 영원한 생각인 로고스를 통하여 자신과 닮은 피조물을 만들어 내고 완성해가는 진행 과정이기 때문이다. 따라서 창조의 과정 끝에 해당하는 종말이란 결국 로고스의 현실화 과정의 마지막 완성을 의미한다. 다시 말해 하느님께서 구상하신 모든 생각들을 현실화하고 구체화하고 완성하는 단계들을 마쳤다는 뜻이다. 그리스도 신비체는 하느님 로고스에 따라 창조된 모든 피조물이 그 생각대로 완성될 때 동시에 함께 완성될 것이다.

---

178) 요한 1,14.

창세 2,7에서 하느님은 사람을 흙으로 만드시고 코에 숨(spiratio)을 불어 넣어서 생명체(homo in animam viventem)를 만드셨다. 이와 마찬가지로 주님 승천을 통해 신비로운 방식으로 그리스도는 세상과 하나인 한 몸을 이루고, 성령 강림을 통해 그리스도 신비체에 숨을 불어 넣으셨다.[179] 그리하여 새롭게 완성된 온 우주와 인간을 포함한 새로운 아담이며 하느님 나라의 시작인 교회를 통해 서서히 현실화하는 새로운 '한 몸'을 만드셨다.[180] 이 신비체는 하느님이신 그리스도 덕분에 신적인 존재자들의 결합체가 되어 그리스도와 결합하였고, 그리스도와 더불어 창조주이신 하느님을 직접 바라보게 될 것이다.[181] 따라서 제2위격의 하느님 로고스가 육화하고 부활하고 승천하고 성령을 보낸 사건은, 온 우주 모든 피조물의 일치를 위한 구세사의 결정적 사건이 된다.

따라서 창세 1,26에 사람을 만드시고 그를 바라보시며 매우 기뻐하셨다는 것은 단순히 개별자로서의 아담만을 바라보았다는 것을 의미하지 않는다. 성부께서 바라보았던 그 사람은 온 인류가 그리스를 머리로 하고 하나로 일치된 '총체적 그리스도'를 바라보고 너무나 흡족해하셨다. 그것은 당신 자신을 닮은 그리고 당신과 하나를 이룬 신화된 사람들의 집합체를 통하여 일찍이 마리아에게 말씀하셨던 '임마누엘' 하느님의 의미 즉 '하느님께서 함께하신다.'라는 그 구원 약속의 실현을 이루셨기 때문이기도 하다.

## 2) 인류의 연대성과 총체적 그리스도

그리스도를 통한 구원의 보편성을 해설하기 위해 아우구스티누스는 인간의 연대성을 주장하면서 그리스도 신비체 개념에 바탕을 둔 '총체적

---

179) 요한 20,22.
180) Serm. 341,1,1 (PL 39, 1493): "modus est quodam modo totus Christus, in plenitudine Ecclesiae, id est, caput et corpus, secundum plenitudinem perfecti ejusdam viri, in quo viro singuli membra sumus."
181) 1코린 13,12.

그리스도' 사상을 발전시킨다. 그래서 연대성과 관련한 원죄론은 그리스도 구원의 보편적 성격을 위한 한 부분으로 간주해야 한다.182)

원죄와 관련하여 아우구스티누스는 테르툴리아누스(Tertullianus)처럼 물질주의적 해석이나 플라톤주의자들의 영혼 선재설을 배격한다. 그러면서 그리스도교적인 창조론에 근거하면서 원죄에 관해 설명을 전개한다. 따라서 '아담 안에 죄를 지었다.'라는 원죄의 의미는 인류 전체의 '집합적 인격체'를 지칭하는 출발선으로 보았다. 그래서 아담이 인간 전체 파멸의 대표라면, 그리스도는 인간 전체 구원의 대표로서 한 몸을 이루고 그 때문에 같은 운명과 영향을 받는다고 생각했다. 따라서 모두가 아담 안에서 단죄받았고, 모두가 그리스도 안에서 구원받았다.183)

성인은 구원의 보편성을 담보하기 위해 아담의 원죄로부터 생겨난 그 영향의 보편적 성격을 강조하였다. 가령, 한 마을에 산파 한 명과 문법 선생 한 명이 있었다고 하자! 그 마을에서 태어난 모든 사람은 산파의 손을 거쳐야 한다. 또한 누군가 공부하기를 원한다면 그 마을에 있는 유일한 선생으로부터 가르침을 받아야 한다. 산파도 모든 이를 태어나게 하고 선생도 모든 이를 가르치는 보편적인 특성이 있지만 이 둘 사이에는 분명한 차이가 존재한다. 산파가 지니는 보편성은 예외 없이 절대적으로 딱 떨어지는 '숫자적 차원의 보편성(universalitas numerica)'을 지닌다. 반면에 선생으로 말미암은 보편성은 원하는 모든 이에게만 해당하는 '인과론적 보편성(universalitas causalis)'을 갖는다. 그러므로 산파는 아담처럼 모든 이에게 영향(=원죄)을 끼치지만, 선생은 그리스도처럼 구원을 수용하려 애쓰는 이들에게 제한적으로 영향(=구원)을 끼친다. 왜냐하면 모든 사람이 구원받는 것은 아니기 때문이다. 그런데도 선생이 그 마을 전체 사람에게 주어졌기에, 공부할 기회는 즉 구원의 가능성은 모든 사람을

---

182) En. in ps. 30,II,d.1,3; Mersch E., *Le corps mystique du Christ*, Paris 1930, 35-138.
183) Serm. 293,8.

위해서 모든 사람에게 열려 있다고 말할 수 있다.[184]

이렇듯 그리스도를 통한 구원의 집합적이고 보편적인 특성을 강조하기 위해 원죄론을 발전시킨 것이지, 원죄론 그 자체에 아우구스티누스 학문적 성찰의 최종 목적지가 있지는 않았다. 따라서 그리스도를 머리로 하는 신비체가 온 우주를 수렴한다는 이레네우스의 사상을 더욱 심화시켜, 신화된 하나의 신인적 공동체를 창세기의 인간 창조의 결정판으로 생각했다.

아우구스티누스의 총체적 그리스도는 인간학에 바탕을 둔 그리스도론을 기초로 한다. 즉 사람의 아들이 영혼과 육신을 지니는 것처럼 하느님의 아들도 영혼이 육신을 취하는 것처럼 온 인류를 취하게 될 것이라고 보았다.[185] 이렇게 로고스 하느님이 인간을 취하셨듯이(assumpsit), 종말에 가서는 모든 존재자를 그리스도의 위격적 일치의 확장 안에 포함할 것이다. 다시 말해 영혼이 육신을 취하여 인간 존재를 이루듯이, 로고스 하느님도 모든 사람을 하느님이면서 인간인 당신의 위격적 일치를 통해 그 안에 모아들일 것이다. 그래서 모든 사람이 그리스도의 인성과 결합하여 하느님이신 그리스도의 신성과도 하나를 이루게 될 것이다. 모든 이가 하나의 거대한 공동체가 되어 창조주인 성부를 바라보게 될 것이다.

하느님의 창조를 필자는 '로고스의 물질화(incarnatio Logi)'라는 용어로 옮겨 적었는데, 이 표현은 작가의 생각이 주체의 존재 밖으로 외연을 확장(extensio)하여 본래의 구상대로 현실화 과정을 통해 시공간 안에 점점 '물질화'해 나가는 과정을 의미한다. 그런데 '물질화'라는 표현을 굳이 '육화(incarnatio)'라는 용어로 확장해 부르는 이유는, 창조의 과정이 모든 존재자의 완성이라는 단순한 차원의 목적만을 향해 나아가는 것이 아니기 때문이다. 즉 하느님 로고스의 유사함이라는 차원에서 모든 피조물이 창조주와 한 몸을 이루어 '그리스도의 몸' 혹은 '신비체'를 이룬다는

---

184) De pecc. mer. et rem. 1,28,55; 1,15,19.
185) In Io. tr. 19,15; "Filius hominis habet animam, habet corpus. Filius Dei, quo est Verbum Dei, habet hominem tamquam anima corpus."

면에서 그 의미를 살려 그렇게 이름을 붙였다. 그러므로 창조는 육화의 첫 단계요, 그다음 단계는 바로 그리스도의 신비로운 몸(caro)인 그리스도 신비체로서 완성되는 총체적 그리스도이다.

이러한 신학적 성찰은 주님의 기도에서 일부 엿보인다. 기도문의 시작은 '하늘에 계신 우리 아버지'라고 되어 있다. 본래 서양에서 '우리'라는 표현은 잘 쓰지 않는다. 오히려 '나의(my) 아버지'가 일반적이다. 여기서 하느님을 아버지로 고백하는 데서 일인칭 복수를 사용한 것은 하느님과 '인류 전체'라는 공동체(communitas)에 관련한 의미들을 이미 포함하고 있기 때문이다.

또한 '아버지의 뜻'은 과연 어떤 의미를 지니는가? 단순하게 계명의 차원만을 가리키지는 않는다. 그것은 '하느님 나라(Totus Christus)'라는 온 우주적 차원의 구원 계획을 말한다. 하느님의 뜻은 모든 만물을 창조하시고 모든 피조물이 당신과 하나 되는, 그리스도를 머리로 하고 한 몸을 이루어 두 번째 아담으로서의 새로운 인간 창조를 뜻한다. 그때는 초월의 삼위일체 하느님과 그리스도를 통해 결합하여 하나가 된 총체적 신인(Theoanthropos)으로서의 그리스도가 직접 마주하고 바라볼 것이다.[186]

일찍이 예수께서도 자신과 당신을 따르는 교회를 하나로 동일시 하셨다. 사도 바오로가 회개하기 이전에 그리스도교 신자들을 박해하러 다마스쿠스로 가던 길에서 그에게 "사울아 왜 나를 박해하느냐?"라고 말씀하셨다. 여기서 "왜 내 백성(제자, 내 사람들)을 박해하느냐?"라고 해야 논리적으로 타당한 말씀이지만 굳이 '나를 박해하느냐?'라고 하신 것은 당신의 신비체를 염두에 두셨기 때문이다.[187]

> "(...) 왜냐하면 우리는 몸이고, 왜냐하면 그분은 우리의 머리이시기 때문이다. 또한 머리와 몸을 이룬 총체적 그리스도이기 때문이다."[188]

---

186) 1코린 13,12.
187) En. Ps. 30,2,3-5.

따라서 이 세상과 하느님은 그리스도 신비체를 이루어 하나로 완성되는 여정 안에 존재한다. 그래서 이 세상의 모든 아픔은 세상 사람만의 것이 아니라 하느님의 아픔이 된다. 눈물 흘리는 어느 개별 인간의 슬픔은 인류 공동체와 무관하지 않으며 동시에 하느님도 함께 눈물을 흘리신다. 이렇듯 하느님은 세상을 사랑하신 나머지 피조물 모두와 하나 되기를 갈망하셨기에 자신을 내어 주셨고 결국엔 하나의 일치를 이루게 될 것이다.

이러한 총체적 그리스도는 '이미' 시작되었지만 '아직' 완성되지는 않았다. 단지 종말의 완성 전까지는 부분적으로만 알고 말할 뿐이다. 그러나 완성의 그때가 도래하면 이러한 부분적 불완전함은 사라지게 된다. 이는 마치 아이였을 때의 불완전한 상태의 조건일지라도, 완성의 때가 오면 마치 어른이 되고 아이 때의 불완전함이 언제 그랬냐는 식으로 사라지게 될 것이다.[189]

그러므로 모든 피조물의 완성인 총체적 그리스도가 완성을 이룰 그때에는 우리 인간의 지성 또한 완전하게 되어서 더 이상 불완전하게 (희미하게) 하느님을 알아보는 수준에 머물러 있지 않을 것이다. 오히려 그냥 눈앞에 있는 현실을 무얼 따져 묻고 분석해서가 아니라 그저 바라볼 뿐이다. 왜냐하면 있는 그대로 보고 알게 될 것이기 때문이다.[190] 따라서 우리도 그분과 세상의 이치를 온전히 알게 될 것이다. 이것이 바로 하느님의 뜻이고 창조의 목적이요 하느님 사랑의 끝으로서의 종착역이다.

그리스도의 신비체가 완성되면, 우주의 모든 피조물은 가장 완벽한 수준으로 하느님과의 닮음(imago Dei)을 실현하게 될 것이다. 그러므로 그 유사함(similitudo)이 완전함에 도달할 것이다. 이는 피조물의 차원에 있어서 하느님과의 완전한 일치를 이루게 됨을 의미한다. 이는 모든 피조

---

188) Serm. 133,8 (PL 38, 742): "...quia nos corpus est, quia ipse caput nostrum, quia totus Christus caput et corpus."
189) 1코린 13,9-11.
190) 1요한 3,2.

물의 존재 자체가 하느님을 완전하게 닮는 것이니, 그 분유된(participatio) 존재의 완성의 100% 전부는 결국 하느님의 것에 해당한다. 따라서 인간은 하느님처럼 될 것이며(deificatio), 하느님은 가장 완전한 상태의 피조물인 인간 안에서 모든 것이 될 것이다.[191]

결국 모든 인간은 자신의 존재를 완성하는 순간 하느님의 흔적을 완성하는 것이다. 그러기에 저마다 완성된 고유함을 지닌 채로 인간의 보편실체 안에 모두 결합할 것이다. 그리고 하느님이면서 동시에 인간이시기도 한 그리스도의 인성을 통해 모든 인간이 결합할 것이다. 바로 그때 두 번째 아담의 완성인 그리스도 신비체를 이루어 하느님과 마주하게 될 것이다. 그래서 성부와 총체적 그리스도가 사랑이신 성령으로 긴밀한 일치를 이루게 될 것이다. 이는 삼위일체 하느님의 신적 내밀함을 확장해서 이루어진 온 우주의 하나됨도 실현됨을 의미한다. 결국 구원이란 하느님과의 관계성을 완성하는 것이다(Salus est perfectio ralationi cum Deo). 이때 모든 사람은 완전한 인간이면서 동시에 '신적'인 존재로서 하느님의 영원에 참여하게 될 것이다.(partecipatio perfecta=deificatio)

---

191) 1코린 15,28 "하느님은 모든 것 안에서 모든 것이 되실 것이다."

# 나가는 말

　이 세상은 삼위일체 하느님의 작품이다. 그래서 우주 만물에는 삼위일체 하느님의 각각 개별 위격의 고유한 흔적들이 서로 구별되어 존재한다. 이 삼중적인 흔적은 시공간의 영역에서 점진적으로 완성을 향해 나아가고, 결국 개별 존재자의 완성은 삼위일체 하느님과의 유사함이라는 차원에서 작가이신 그분을 완전하게 닮게 되는 것이다. 그리고 그 닮음의 정도만큼 삼위일체 하느님에 참여(partecipatio)하는 것인 동시에 또한 그만큼 그분과 내밀한 일치를 이루게 되는 것이다.

　그런데 이러한 모든 일은 어찌해서 발생하게 되었는가? 스스로 자존하는 신적 충만함에 부족함이 생겨나서 일어난 것인가? 창조는 신적 존재의 충만함으로부터 기인한다. 그러나 그 충만함은 고정적인 것이 아니라 빛처럼 역동적이다. 마치 물이 완전하게 차오른 상태로서의 충만함을 의미하는 것이 아니라 무한히 흘러넘치는 충만함에 비유할 수 있다. 삼위일체 하느님의 역동적 충만함은 빛처럼 자기 존재 밖으로 뿜어져 나가듯이 운동한다. 바로 이 운동이 창조라고 부르는 차원에 근원적 원인에 해당한다. 삼위일체 하느님 운동으로서의 창조는 '거룩한 바람(= 성령)'처럼 허무(nihil)의 바다 위에 당신의 영원한 생각(Logos)대로 다양한 모습으로 그림을 그려낸다. 그래서 없던 것들이 생겨나고 저마다 고유한 아름다움으로 우주를 장식하게 되었다. 바로 이 때문에 우주 전체는 작가이신 삼위일체 하느님의 생각과 작용을 비추는 거울과도 같은 흔적을 갖게 되어서, 그분의 얼굴을 '어렴풋하게(in aenigmate)' 알려준다.

특별히 인간은 가장 탁월하게 삼위일체 하느님의 얼굴을 성사적으로 드러낸다. 인간의 영혼은 하느님 모상으로 창조되었고, 인간 내면 안에 새겨진 흔적으로서의 삼위일체 하느님의 사진은, 그 어떤 피조물보다도 뛰어난 방식으로 삼위일체 하느님을 알려준다. 그러므로 삼위일체 하느님에 관한 물음은 인간을 중심으로 전개되어야 한다. 인간이 어떻게 생각하는지, 말하는지, 행동하는지 등등에 관한 분석은, 이제 삼위일체 하느님을 알고자 애쓰는 모든 이에게 가장 확실하고 명확한 길을 제시한다. 이 중에 특히 인간 의식 현상에 관한 분석은 삼위일체 하느님의 다양성 안에서의 일치나 개별 위격의 고유한 특성과 그 위격들의 관계성에 관해 이해를 얻는데 탁월한 길을 열어준다.

그런데 흔적을 통해 삼위일체 하느님을 바라보고 분석하는 신학적 여정의 끝자락은 인간을 포함한 온 우주가 지니는 흔적의 총체적 완성이라는 차원으로 이해의 지평을 이끈다. 다시 말해 온 우주가 완성된다고 함은, 성령에 의해 로고스의 구상대로 성부의 창조 과정을 통하여 개별 존재자들의 고유한 흔적을 완성했다는 의미이고, 동시에 성부의 영원한 생각인 로고스의 물질화도 완전하게 성취되었음을 의미한다. 그때에는 사람이 되신 하느님인 성자와 온 우주가 신비체로 결합한 '총체적 그리스도'가 성부 하느님을 '직접' 바라볼 것이다. 그리고 성령에 의해 그 둘 사이를 하나로 일치시킬 것이다. 하느님 창조는 시공간의 모든 운동을 종결하고 하느님 안에 누리는 평화(quies in Deo) 상태로 머물게 될 것이다. 바로 이때 온 우주에 창조주 하느님의 목소리 "보시니 참 좋았다."라는 하느님 사랑의 찬가가 영원히 울려 퍼지게 될 것이다.

# 참고문헌

## 1. 원전(Fontes)

### 1) 아우구스티누스

*Confessiones*(= Conf., 고백록), CSEL 33/1.

*Contra Iulianum*(= Cont. Iul., 율리아누스 반박) PL 44.

*Contra secundam Iuliani responsionem imperfectum opus*(= C. Iul. op. imp., 율리아누스 반박 미완성 작품) PL 45.

*De civitate Dei*(= De civ., 신국론), CCL 47 (lib.I-X) - 48 (lib.XI-XXII).

*De diversis quaestionibus* 83(= De div. qq., 여든세 가지 다양한 질문), CCL 44/A.

*De doctrina christiana*(= De doct. chr., 그리스도교 교양), CSEL 80.

*De duabus animabus*(= De dua. an., 두 영혼), CSEL 25/1.

*De Mendacium*(거짓말), CSEL 41.

*De musica*(= De mus., 음악), PL 32.

*De Genesi ad litteram liber imperfectus*(= De gen. imp., 창세기 문자적 해설 미완성 작품), CSEL 28/1.

*De Genesi contra Manichaeos*(= De gen. c. man., 마니교도 반박 창세기 해설), CSEL 91; PL 34.

*De natura boni*(= De nat. boni, 선의 본성), CSEL 25/2.

*De peccatorum meritis et remissione et de baptismo parvulorum*(= De pecc. mer. rem., 죄벌과 용서 그리고 유아세례), CSEL 60.

*De Trinitate*(= De trin., 삼위일체론), CCL 50(lib. I-XII), 50/A(lib. XIII-XV).

*De vera religione*(= De vera rel., 참된 종교), CCL 32.

*Enarrationes in Psalmos*(= En. ps., 시편 상해), CCL 38-40.

*Epistolae*(= Ep., 서간집), CSEL 34/1(Ep.1-30), 34/2(31-123), 44(124-184/A), 57(185-270), 58(praefatio editoris et indices).

*In Epistulam Ioannis ad parthos tractatus*(= Ep. Ioan, 요한 서간 강해), SCh 75.

*Retractationes*(= Retr., 재론고), CCL 57.

*Sermones*(= Serm., 설교집), CCL 41(Serm. 1-50); PL 38-39(PL 39권은 Fragmenta. Serm. 50ss).

*Soliloquia*(= Sol., 독백), PL 32.

*Tractatus in Ioannis Evangelium*(= In Io. tr., 요한 복음 강해), CCL 36.

## 2) 그외의 저자들

Athanasius(아타나시우스), *De Synodis Arimini in Italia et Seleuciae in Isauria*(= De Syn., 이탈리아의 리미니와 이사우리아의 셀레우키아 교회 회의), PG 26.

_____, *Epistulae ad Serapionem*(= Ep. ad Serap., 세라피온에게 보낸 편지), PG 26.

Basilius(바실리우스), *Epistolae*(= Ep., 서간집), PG 32.

_____, *De Spiritu Sancto*(= De Sp., 성령론) SCh 17bis.

Boethius(보에티우스), *Liber contra Eutychen et Nestorium/ Liber de persona et duabus naturis contra contra Eutychen et Nestorium*(에우티케스와 네스토리우스 반박), PL 64.

Didimus(디디무스), *De spiritu snacto*(성령론), PL 23.

Eunomius(에우노미우스), *Apologia*(호교론), SCh 305.

Epiphanius(살라미스의 에피파니우스), *Panarion*(약상자), PG 42.

Gregorius(나지안주스의 그레고리우스), *Orationes*(연설), PG 36.

Gregorius(니사의 그레고리우스), *Oratio cathechetica magna*(대 교리 교육), PG 45.

_____, *De Spiritu sancto adversus Macedonianos*(성령에 관해 마케도니우스파 반박), PG 45.

_____, *Contra Eunomium*(에우노미우스 반박), ed. by W. Jaeger, Leyden 1960.

_____, *Ad Ablabium, quod non sint tres dii*(세 분의 하느님이 존재하지 않는 이유에 관해 아블라비우스에게), PG 45.

Justinus(유스티누스), *Apologia*(호교론), SCh 507.

_____, *Dialogus cum Tryphone Iudeo*(유대인 트리폰과의 대화), ed. by G. Archambault, Paris 1909.

Origenes(오리게네스), *De principiis*(= De prin., 원리론), SCh 252; 253; 269; 312.

_____, *In epistulam ad Hebraeos homiliae*)(히브리서 강해) PG 11-14.

_____, *Homiliae in Ieremiam*(예레미야 강해), SCh 232; 238.

_____, *Commentarii in Romanos*(로마서 주석), PG 14.

_____, *Contra Celsum*(켈수스 반박), SCh 136; 147; 150; 227.

_____, *Commentarii in Matthaeum*(마태오 복음 주해), SCh 162.

Pamphilus(카이사레아의 팜필루스), 오리게네스를 위한 변론(*Apologia pro Origene*), PG 17.

Platon(플라톤), *Timaios*, ed. and trad. it. by Giovanni Reale, Platone, Tutti gil Scritti, Milano 2000.

Plotinus(플로티누스), *Ennéades, texte établi* par E. Bréhier, Les Belles Lettres, Paris 1925; trad. it. di G. Faggin, Milano 1996.

Richard de Saint Victor(리카르두스), *De Trinitate*(삼위일체론), SCh 63
Theophilus(안티오키아의 테오필로스), *Ad Autolycum Libri III*(아우톨리쿠스에게), SCh 20.

### 3) 기타

*Conciliorum Oecumenicorum Decreta*, a cura di G. Alberigo, Bologna 2002.
*Vetus Latina*, ed. by B. Fischer, Freiburg 1951/4.

## 2. 연구물

### 1) 사전

*Augustine through the age. An Encyclopedia*, edited by Allan D. Fitzgerald, William B., Eerdmans Publishing Company, Grand Rapids/ Michigan/ Cambridge 1999.
*Augustinus-Lexikon*(= AL), edited by Cornelius Mayer, Basel 1986ss.
*Dizionario patristico e di antichità cristiane*(= DPAC), edited by A. di Berardino, Genova 1983.
*Vocabolario della lingua greca*, ed. by Franco Montanari, Loescher, 2000.
*Patristic Greek Lexicon*, edit. by G. W. H. Lampe, Oxford 1961.

### 2) 그 외

*Augustin Magister*(=AM), Congrès international augustinien, Paris 1954.
Bardy G., *La matière et les formes*, Bibliothèque augustinienne(=BA) 35, Paris 1959.

Bonner G., *Deificare* in AL II, Basel 1996-2002, 265-267.

_____, *Deificatio* in *Augustine through the Ages, An Encyclopedia*, ed. by Allan D. Fitzgerald, William B., Eerdmans Publishing Company, Grand Rapids/ Michigan/ Cambridge 1999.

Brennecke H. Chr., *Homéens* in *Dictionaire d'histoire et de géographique ecclesiastique* 24 (1993) 932-960.

Capanaga Victorino, *La deificacion en la soteriologia augustiniana*, AM II, 1954, 745-754.

Daniélou J., *Les symboles chrétiens primitifs*, Paris 1961 A. Solignac, *La matière*, BA 14, Paris 1992.

DeSimone J. R., *Introduzione alla teologia del Dio uno e tre. Da Tertulliano ad Agostino*, Roma 1995.

Du Roy O., *L'intelligence de la foi en la Trinité selon saint Augustin*, Paris 1966.

Harrison C., *Measure, Number and Weight in saint Augustine's aesthetics*, Augustinianum 28 (1988).

Gilson E., *Introduction a l'Etude de saint Augustin*, Paris 1949.

Mersch E., *Le corps mystique du Christ*, Paris 1930.

Rohmer J., *L'intentionalité des sensations chez St. Augustin*: Augustin Magister I.

Sciacca M. F., *Trinité et unité de l'esprit*: AM I, Paris 1954.

Simonetti M., *La crisi ariana nel IV secolo*, Studia Ephemeridis "Augstinianum" vol. 11, Roma 1975.

_____, *Omei* in Dizionario patristico e di antichità cristiane, edited by A. di Berardino, Genova 1983.

_____, *Alla ricerca dei cosidetti Omei*, Cassidorus 2(1996)

_____, *Commento XIII delle 'Confessioni'*, in Sant'Agostino, *Confessioni*, vol.V, Fondazione Lorenzo Valla, 1997

Solignac A., *Introd.*; Biblithèque Augustinienne 48.
Trapé A., *Agostino - l'uomo, il pastore, il mistico*, Citta' nuova 2001.
Vannier M. A., *Materia*, Augustinus Lexikon III.

몰트만 J.,『삼위일체와 하나님의 나라』, 김규진(역), 대한기독교출판사 1982.
정승익, "「고백록」 13,11,12에 나타난 '심리학적 삼위일체론'에 관하여", 『누리와 말씀』 21(2007), 269-290.
──────, "Augustinus의 성령론 - 창세기 1,2과 지혜서 11,21에 관한 주석을 중심으로",『누리와 말씀』 22(2007), 7-43.
──────, "니케아-콘스탄티노플 신경에서의 성자하느님의 '낳음(generatio)'과 성령하느님의 '발하심(processio)'의 구분에 대해 - 아우구스티누스의 심리학적 삼위일체론을 중심으로",『누리와 말씀』 27(2010), 191-222.
──────, "Augustinus의 「요한서간강해」에 나타난 '무게(pondus)' 개념에 관하여",『누리와 말씀』 29(2011), 37-79.
──────, "니케아-콘스탄티노플 신경에 나타난 '동일본질'과 '동일흠숭' 개념에 대해서 -바실리우스의 성령론을 중심으로",『신학과 사상』 68(2012), 129-172.
──────, "아우구스티누스의 '조명(illuminatio)'에 대하여",『누리와 말씀』 31(2012), 109-149.
──────, "창조주 하느님, 삼위일체 하느님 - 창세기 1,1-2; 1,26에 대한 아우구스티누스의 해석을 중심으로",『가톨릭신학』 22(2013), 5-46.
──────, "「삼위일체론」안에 나타난 심리학적 삼위일체론의 유비들 - 하느님을 알게 해주는 통로로서의 인간?',『누리와 말씀』 34(2013), 67-124.
──────, "탈출 3,14의 하느님 이름(Ego sum qui sum)에 대한 삼위일체적 해석 - 아우구스티누스의 삼위일체론을 중심으로",『누리와 말씀』 37(2015), 71-113.
──────, "마음의 삼위일체론 - 인간의 마음은 삼위일체 하느님의 모상이다",『누리와 말씀』 39(2016), 59-103.

_____, 해제: 아우구스티누스, 『마니교도 반박 창세기 해설 / 창세기 문자적 해설 미완성 작품』, 정승익(역), 분도출판사 2022.

_____, *La dottrina dello Spirito santo nel trattato De Spiritu sancto di s. Gregorio di Nissa*, Roma 1998.

_____, *Lo Spirito Santo nelle Confessiones di S. Agostino (Libri XI-XIII)*, Roma 2005.

Nihil Obstat:
Presbyter Raphael Jung
Censor Librorum

Imprimatur:
Ioannes Baptista JUNG Shin-chul, S.T.D., D.D.
Episcopus Incheonensis
die XXVI Decembris, anno Domini MMXXIV

## 초월($\varDelta\theta$), 흔적(vestigium)을 통해 바라보다

2024년 12월 26일　교회인가
2025년 03월 17일　초판 1쇄 펴냄

지은이 · 정승익
발행인 · 송태일
편집인 · 명형진
발행처 · 인천가톨릭대학교 출판부
　　　　(Incheon Catholic University Press of Korea)
　　　　인천광역시 강화군 양도면 고려왕릉로 53-1 (23058)
　　　　전화: (032) 930-8014
　　　　전송: (032) 937-8118
　　　　URL: www.library.iccu.ac.kr
NH농협은행 계좌 · 243063-51-016918 예금주: 인천가톨릭대학교
등록 · 제2006-2호
찍은곳 · 가톨릭출판사

정가: 15,000원 <파본은 바꿔드립니다>

ISBN 978-89-88033-41-8　93230